全国统计科学重点研究项目（2008LZ001）
国家社科基金重大项目（08&ZD037）
教育部人文社会科学研究规划基金项目（10YJA790266）资助

钟春平 著

# 中国农业税与农业补贴政策及其效应研究

ZHONGGUO NONGYESHUI
YU NONGYE BUTIEZHENGCE
JIQI XIAOYING YANJIU

中国社会科学出版社

图书在版编目（CIP）数据

中国农业税与农业补贴政策及其效应研究/钟春平
著.—北京：中国社会科学出版社，2011.6
ISBN 978-7-5004-9802-5

Ⅰ.①中… Ⅱ.①钟… Ⅲ.①农业税—税收管理—
研究—中国 ②农业—政府补贴—财政政策—研究—中
国 Ⅳ.①F812.42②F812.0

中国版本图书馆 CIP 数据核字（2011）第 084935 号

策划编辑 卢小生（E-mail：georgelu@vip.sina.com）
责任编辑 卢小生
责任校对 张玉霞
封面设计 杨 蕾
技术编辑 李 建

出版发行 中国社会科学出版社
社　　址 北京鼓楼西大街甲 158 号　　　　邮　编 100720
电　　话 010-84029450（邮购）
网　　址 http://www.csspw.cn
经　　销 新华书店
印　　刷 北京新魏印刷厂　　　　　　　装　订 广增装订厂
版　　次 2011 年 6 月第 1 版　　　　　　印　次 2011 年 6 月第 1 次印刷
开　　本 710×1000 1/16　　　　　　　插　页 2
印　　张 19　　　　　　　　　　　　　印　数 1—6000 册
字　　数 304 千字
定　　价 40.00 元

# 目　　录

## 第三篇 农业补贴概述及其国际比较

## 第四篇 农业补贴的政策效应的理论、问卷及分析方法

## 第五篇　农业补贴效应的经验与案例分析

## 第六篇　投资补贴及福利分析

## 第七篇　整体评价及政策含义

# 自　序

　　研究发展中国家的农业公共政策，既具有一定的偶然性，也有一定的必然性。

　　本质上，我是从宏观经济学角度研究该问题的。该研究直接起源于我在 2008 年高级宏观经济学教学过程中，讲解到投资和投资补贴问题时，安排阅读顶级杂志 AER 最新关于美国投资补贴的效应研究文献。后续的跟踪发现，宏观经济学家有不少从事动态公共财政的研究，因而对该问题的兴趣有所增强，乃至安排本科生李伊、孙小津和李礼（他们后来都去美国接受研究生教育）对税收进行研究以及建议肖琴作为博士论文题选，所以具有一定的偶然性。

　　而研究的必然性在于，在本科阶段，我曾经对农业问题做了很多的阅读和思考，同时，在农村的生活经历也为研究提供了不少素材，尽管现在看来很多想法都不成熟。作为一个关注中国现实问题的研究人员，研究较为落后国家中较为落后的农业、农村和农户是很自然而然的事情。

　　对于税收的研究，主要是从宏观经济学角度进行研究的，该问题的研究在 2007 年就初步完成。后续的修改和提升主要围绕着计量解释进行的。该研究事实上具有一定的国际化因素——后续修改得到了康奈尔大学农业金融教授 Calum Turvey 的大力帮助，在此基础上，我们合作完成了非常规范的英文论文，并将在 *Journal of Economic Policy Reform* 刊发。

　　为了进一步研究农业的公共政策效应问题，特别是农业补贴问题，我特地申请了全国统计科学科研课题。2008 年年底，该课题得以批复。在该项目的支持下，进行了较为全面的研究，特别是问卷调查，收集了较大规模的微观数据，从而为规范的研究提供了基础。

2008 年年底，初步完成了问卷设计，并在 2009 年年初进行了初步调研，实际的调研主要是由陈三攀完成的。所得到的结论基本上支持了初步判断。但在那时，我准备去加拿大多伦多大学从事访问研究，因而该研究曾一度停滞。

在多伦多的一年间，我集中研修国际标准的经济理论，当然，在学习和研究的同时，也对中国的社会现实问题做了对比分析，并且改变了很多想法。在比较中，对中国农业政策的独特性有着更为深刻的认识。

回国之后，我有部分精力研究农业及农业公共政策问题，2010 年年初，我进一步安排梁超燕、李春莉、陈三攀、肖琴等进行补充调查，并于 2010 年年底在孙焕民博士等帮助下，在安徽岳西进行重点调查。这些数据的进一步获取为计量检验提供了基础，也对计量方法本身提出了更多的研究课题。

事实上，我依旧是以标准的经济学理论来考量该问题的。虽然本书以农业税和农业补贴为研究对象，直接研究农业政策，但我对政策本身并没有太多的兴趣。在我心中，经济学和经济学者更主要的应该考虑的是科学性，而政策应用等问题相对而言不是我特别关心的问题。虽然我直接研究农业、农村和农户，包括前几年，博士后出站之后，我基于类似的研究方法，在安徽进行了农户信贷的研究，也包括我在硕士研究生期间对农业问题的研究，甚至包括我在本科期间对农业产业化的关注，但实际上我并没有把自己当做一个研究农业问题的研究人员。在我看来，不管中国的问题有多独特，中国的农业、农户和农村问题有多独特，但经济问题和经济理论问题本质上应该具有一致性，这就是为什么我更多地认为本书是从宏观经济学角度进行的标准研究。

不应该过多地强调中国的独特性和农业的独特性，是本书的基点，同时，我也认为是解决问题的关键。经济学理论和发达国家长期的实践事实上已经为中国的很多现实问题提供了很好的解释和参照，而这也正是我们需要认真学习借鉴之处。发展中国家人为地做了很多扭曲的制度安排，并且进一步以独特性或国情为理由刻意逃避问题的一般性，同时，时常以独特性不接受或者推迟借鉴成熟的做法，这种方式无疑会进一步扭曲政策的效应，延缓发展的步伐。经济理论和经济政策具有客观的一般性，为此我们需要的是认真地学习和借鉴。

　　在本书中，我们不厌其烦地设立标准的模型，模型在很多人看来都是无用或者不能直接解决复杂的现实问题，但恰好是这种"无用"的模型，却是分析和解决问题的起点。

　　拍脑袋无助于研究的推进和学科的进展，而基准的经济学模型却是经济学研究的起点和通用语言。

# 第一篇
# 研究起源与公共
# 政策的一般性研究

# 第 一 章
# 研 究 起 源

## 第一节 农业问题的重要性和农业领域 公共政策的必要性

脆弱的农业、贫困的农户和滞后的农村经济（"三农"）仍是中国经济高速增长过程中难以忽视的现实。全球性粮食短缺问题进一步引起了各界对粮食问题的关注。为了达到粮食增产的目的，中国政府逐步进行了农业税制的变革，并不断地增加农业补贴投入力度，税收减免和补贴已逐渐地成为中国农业和农户的一个重要的政策安排。除烟草外，农业税自2004年已经开始实施减免政策。中央政府取消农业税，加大对农业补助力度，其目的旨在增加食品产量，提高农户福利。但政策是否会产生实际的或显著的效应，或者在何种程度上起作用，值得进一步思考和研究。其中令人费解的是，近年来，农业补助虽然在增加，但是粮食产量并没有显著的提高，甚至有下降的态势。中国粮食生产的下降也可能是导致世界食品短缺的一个很重要的因素。

因而，农业补助（与税收减免性质大体相同）对农业生产和农户福利具有何种影响？近年来实施的农业税减免和不断增加的农业补贴与当前的粮食短缺是否存在关联？这些问题毫无疑问具有重要的理论和现实意义。

在理论上，社会决策者通过税收减免和补贴改变个体的预算约束，是否具有真实效应？这种效应是持久的还是暂时的？其作用机制何在？这些问题是国际学术的前沿领域，部分问题涉及了当前动态公共财政理论中的拉姆齐（Ramsey）税收和米勒斯（Mirrlees）税收之间的争论。

在实践中，如果政策目标确定为农户福利提高或者农业生产最大化，那么是否存在着最优的政策安排？比如，当前国内根据耕地面积进行直接补贴，事实上没有种粮（荒废或者转包）的农户往往也得到了补贴。相比之下，在美国广泛实施的农业保险补贴（crop insurance subsidy）却未能发展起来，而这种方式可能真正能调动粮食生产的积极性。因而如何选择最恰当的补助方式和补贴水平，将成为政府政策设计需要重点考虑的问题。更现实的问题是，当前的农业税减免和农业补贴政策是否在宏观上和微观上真正起着显著而正向的效应？很有必要探讨农业补助是否对农业生产有实际效应，以及这种效应如何表现出来。

显然，补贴及税收政策的变化本质上是一种公共政策安排，分析这种公共政策对微观主体行为的影响具有更一般性的意义。该问题不仅仅局限于农业问题或中国问题，它同时也会出现在高等教育、失业和公共物品等问题上，在其他许多发达国家也会出现。我们拟从中国的农业问题这一独特案例，对公共政策问题做一般性研究：进一步完善理论模型，力图更清楚地揭示政策变化对行为主体的影响，同时也基于经验研究为政策效应提供更真实的判断。

本书试图清晰地分析农业生产的动力和农户在接受补贴和税收补助之后的投入和福利变化，分析中国农户的行为，进而更准确地评估农业补贴和税收减免的政策效应。该方法和研究思路可以得到一般性结论。

## 第二节　二元经济的现实与挑战

### 一　农业、农户和农村的发展与国民经济的强烈反差：二元经济依然存在

中国经济在过去的几十年间保持了持续快速的增长，整体经济实力有着大幅度的增强，按照国内生产总值（GDP）看，事实上已经成为紧随美国之后的第二大国。但是，中国经济的二元特征依然明显，农业发展滞后、农户贫困和农村经济滞后于国民经济状况依然存在，所以，我们有必要对这一现实进行更加恰当的评估，并尽可能地寻找解决途径和方式。

中国二元经济结构在改革开放前后的发展态势显著不同，其诱因也各

异。其中，各地区内部的经济二元化程度又与全国不同。在二元衡量上也存在着多种方式，包括城市和农村、农业和非农业、农户和非农户等层面上。这三个维度都能反映一定程度的二元特性，并进一步展示出区域的、产业的和居民之间的多元特性。

**二　产出的二元特征**

在中国改革开放以后，农业产业的比重（AGR）确实在不断下降（见图 1－1），在 1982 年和 1983 年间农业产值所占比重超过 30%，此后整体呈现下降趋势，而在 2003 年和 2005 年则降低到 12.6% 的水平。而工业部门（MAG）整体保持平稳态势，整体比重维持在 45% 左右的水平，部分年份有波动，但变动不大。与农业部门相对应的第三产业（SERV-ICE）大体上呈现增加态势。在 80 年代所占比重大约为 25%，但到了 1988 年以后，逐渐增加到 30% 以上，2000 年以后所占比重大体上在 40%。

比重（%）

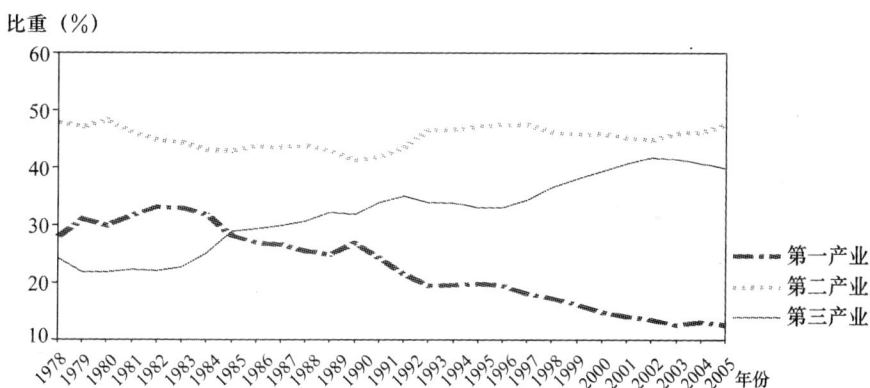

图 1－1　总产值比重

同样，关注劳动力或从业人口比重（见图 1－2）。从水平上看，第一产业仍然是最主要的劳动力积聚行业（P_AGR），在 2005 年还占整个社会劳动力的 44.8%，而从历史层面看，该比例在改革开放初期高达 70.5%。相对而言，第二产业（工业）部门整体比较稳定，在从业人员比重（P_MAG）上也同样如此，大体维持在 20% 的水平。同样，与第一产业相对应的第三产业的从业人员比重（P_SER）几乎是呈现不断递增的上升趋势。从改革开放初期的 12.2% 一路上升至 2005 年的 31.4%。

比重（%）

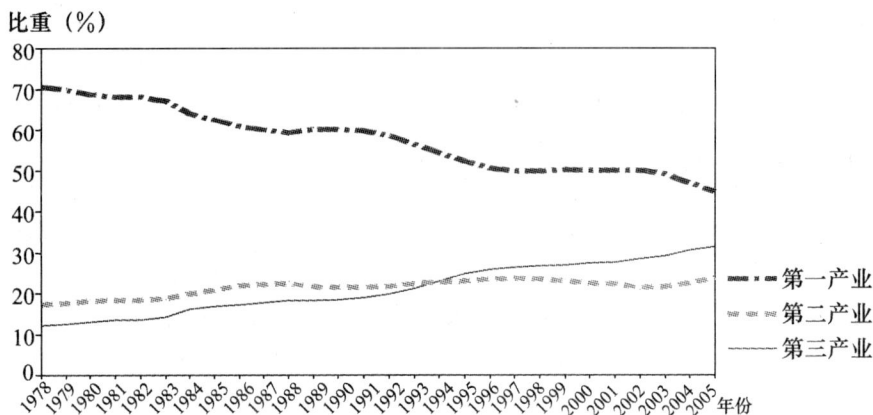

图 1-2　三次产业人口比重变化

　　为了进一步分析二元经济的真实状况，我们设计了一种衡量方法，也就是分析不同行业个体的效率。简单地说，就是衡量各行业的相对效率。在方法上，如果用 $V_i$ 表示各产业的相对生产总值比例，$P_i$ 表示各产业就业人数比重，那么效率 $E_i$ 直接等于 $V_i$ 和 $P_i$ 之比，可以得到各年各产业的效率。为进一步衡量产业之间的差异，我们还将效率水平最低的第一产业作为基准，衡量其他产业相对第一产业的差异系数。这样能将产业人均效率差异进一步放大。第二产业对第一产业的相对效率系数为：

$$I\_M = (V_2/P_2)/(V_1/P_1)$$

　　第三产业对第一产业的相对效率系数为：

$$I\_S = (V_3/P_3)/(V_1/P_1)。$$

　　通过将各年度的数据替代，可以得到各年度的相对效率系数（见图 1-3）。该指数在生产角度上衡量了产业之间的差异，可以认为大体上符合所谓的二元特征。从数据可以看到，$I\_M$ 和 $I\_S$ 都显著而且持续大于 3。从时间系列看，在改革开放初期，第一产业的效率不断提高，相对系数不断下降，到 1990 年相对差异降低到最低位，这可能意味着农业领域的改革确实提高了农业的生产效率，二元经济有所缓和，但这种缓和主要是农业领域内部效率提升的结果，更多的是提高了农户的积极性，而没有在本质上促进产业间资源的自由流动和更有效配置，所以，这种政策对缓和二元经济的效果有限。这也是在此后相对差异系数再次不断扩大的重要原因：第二产业和第三产业不断扩张，效率不断提高，相对而言，第一产业的发展空间有限，而从业人员和农业人口变化速率有限，直接导致了第一产业的相对效率下降，二元系数明显。当前的大体状况和改革开放初期的状况大体相当，可以认为农业和其他行业的二元特征明显，而且并没有被逆转的迹象。我们预计二元特性将在很长一段时间内维持。

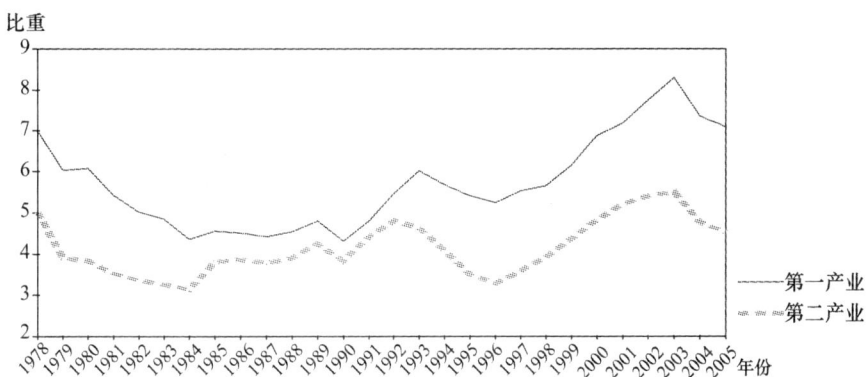

**图1-3　第二产业（I_M）和第三产业（I_S）相对效率指数**

事实上，如果依据行业进行细分，将得到多元特征，比如，第二产业和第三产业之间同样存在着显著而持续的差异，它们之间也大体可以视为存在二元性，因而从产业间看，三元经济客观存在。在改革开放初期，第三产业对第二产业的相对效率指数为1.4—1.5的水平，此后逐渐下降，到20世纪90年代，该指标下降，相对差异不是很明显，但从1993年开始，该指标不断提高，现在逐步回到1.5以上的水平。两者之间的效率差异也越来越明显，而且我们预计这种差异也难以改变。事实上，第三产业整体上也是劳动力密集型行业，对技术的要求也相对第二产业低。在2003年差异达到很高的水平，在2004年和2005年这种差异略有缓和趋势，但仍然保持较高的水平。

产出上的差异表面上反映为城乡在生产技术上存在的差异，而总产值比重的变化侧重反映了居民收入水平提高对各产业产品的需求产生了变化，就业人口也呈现出积极的迁移趋向，但最重要的是各产业人均效率指标却说明，相对效率差距显著（见表 1-1）。这说明劳动力可能没有完全依据需求变化而进行调整，从而导致技术上的差异并最终形成了生产效率的差异。如果市场完全，所存在的摩擦比较小，应该是劳动力大量转移到第二产业和第三产业，从而达到人均产出水平一致的状况，但现实状况表明，二元经济状况反而进一步加剧，且二元特征有进一步刚性化和强化的趋势。

表 1-1　　　　　　　　　　相对效率指数的描述性统计

|  | 样本 | 范围 | 最小值 | 最大值 | 平均值 | 标准差 | 波度 | 峰度 |
|---|---|---|---|---|---|---|---|---|
| I_M | 28 | 3.99 | 4.31 | 8.30 | 5.7295 | 1.12540 | 0.654 | -0.517 |
| I_S | 28 | 2.37 | 3.14 | 5.51 | 4.1553 | 0.66629 | 0.453 | -0.720 |

### 三　收入的二元特征

与生产能力对应，城乡居民家庭人均收入差距显著（见表 1-2）。在改革开放之后，平均差距为 2.67，最小差距为 1.86，最大差距为 3.23。

从时间趋势看，城乡收入差距呈现的是震荡扩大的态势。在改革开放初期，收入差距有缩小的趋势，并且在 1985 年两者之间的差异缩小到 1.86 的水平，这可能受改革在农村先期试点的影响，农户的积极性得到了发挥，新的制度安排促进了资源的更有效的利用，由此农户的收入大幅度增加。但在此后，更多的改革措施是在城市进行的，城乡收入差距进一步扩大，而农村的潜力有限，技术层面的推进整体缓慢，这使得城乡收入差距再度拉大。在 20 世纪 90 年代中期城乡收入差距有缩小的趋势，并在 1997 年降到 2.47，为较低水平，我们预计这主要是和城市发展受到宏观经济波动的影响，而部分原因是农村居民在 1994 年、1995 年和 1996 年收入也出现了较大幅度的增加有关。在 1997 年则主要是由于城市居民收入增长幅度放缓，使得城乡收入差距相对平缓。1998 年之后城乡收入差距逐步放大，在 2002 年之后相互之间的差异已经超过 3 倍的水平，近些年来还有进一步拉大的趋势。

应该说，收入是多角度的，包括工资收入和财产收入，财产收入统计有一定的困难。我们大体认为，人均收入是这两种收入的综合。源于生产能力的差异表明技术上的差异，因此一旦农村居民可以参与第二产业，特别是第三产业，那么他们的收入状况可能会提高，并在相当程度上缓和二元格局。这也就是说，若城乡之间的劳动市场完善，社会对劳动力资源的配置有效率且无摩擦的话，那么城乡居民应该保持大体一致的收入水平。换句话说，如果劳动力能够在各产业之间自由转换，那么二元经济将难以形成，但城乡居民的收入显著差异表明，无摩擦的理想状况确实没有实现，城乡居民在收入上的差距显著。

城乡生活水平差异也可以在恩格尔系数上得到一定的印证。整体而言，农村居民的家庭恩格尔系数高于城镇居民家庭系数。虽然城乡生活水平都有不同程度的提高，恩格尔系数不断降低，但城市的恩格尔系数更低。在改革开放初期，两者差别大体在10%，而在1989年甚至出现两者几乎相等的局面，但这种状况没有维持多久，农村居民家庭恩格尔系数再度加大，而整体上城镇居民家庭恩格尔系数不断下降。近几年来，城市居民家庭恩格尔系数大体维持在37%的水平，而农村则在45%的水平。这表明城镇居民的生活水平高于农村居民。

对大部分群体而言，由于城市和乡村生活的差异，选择从农村移民到城市通常会带来更高的收益，而留在农村获得更高的第二产业和第三产业的收益比较困难。因而大体上认为，可能并非农村劳动力主观上不愿意迁移，而是存在着现实的转移障碍，并由此形成了二元经济特征。

表1-2　　　　　城乡居民家庭人均收入及恩格尔系数

| 年份 | 城镇居民家庭人均可支配收入 | | 农村居民家庭人均纯收入 | | 城乡收入差距指数（农村为1） | 城镇居民家庭恩格尔系数 | 农村居民家庭恩格尔系数 |
|---|---|---|---|---|---|---|---|
| | 绝对数（元） | 指数（1978=100） | 绝对数（元） | 指数（1978=100） | | | |
| 1978 | 343.4 | 100.0 | 133.6 | 100.0 | 2.57 | 57.5 | 67.7 |
| 1980 | 477.6 | 127.0 | 191.3 | 139.0 | 2.50 | 56.9 | 61.8 |
| 1985 | 739.1 | 160.4 | 397.6 | 268.9 | 1.86 | 53.3 | 57.8 |
| 1989 | 1373.9 | 182.5 | 601.5 | 305.7 | 2.28 | 54.5 | 54.8 |
| 1990 | 1510.2 | 198.1 | 686.3 | 311.2 | 2.20 | 54.2 | 58.8 |

续表

| 年份 | 城镇居民家庭人均可支配收入 | | 农村居民家庭人均纯收入 | | 城乡收入差距指数（农村为1） | 城镇居民家庭恩格尔系数 | 农村居民家庭恩格尔系数 |
|---|---|---|---|---|---|---|---|
| | 绝对数（元） | 指数（1978=100） | 绝对数（元） | 指数（1978=100） | | | |
| 1991 | 1700.6 | 212.4 | 708.6 | 317.4 | 2.40 | 53.8 | 57.6 |
| 1992 | 2026.6 | 232.9 | 784.0 | 336.2 | 2.58 | 53.0 | 57.6 |
| 1993 | 2577.4 | 255.1 | 921.6 | 346.9 | 2.80 | 50.3 | 58.1 |
| 1994 | 3496.2 | 276.8 | 1221.0 | 364.3 | 2.86 | 50.0 | 58.9 |
| 1995 | 4283.0 | 290.3 | 1577.7 | 383.6 | 2.71 | 50.1 | 58.6 |
| 1996 | 4838.9 | 301.6 | 1926.1 | 418.1 | 2.51 | 48.8 | 56.3 |
| 1997 | 5160.3 | 311.9 | 2090.1 | 437.3 | 2.47 | 46.6 | 55.1 |
| 1998 | 5425.1 | 329.9 | 2162.0 | 456.1 | 2.51 | 44.7 | 53.4 |
| 1999 | 5854.0 | 360.6 | 2210.3 | 473.5 | 2.65 | 42.1 | 52.6 |
| 2000 | 6280.0 | 383.7 | 2253.4 | 483.4 | 2.79 | 39.4 | 49.1 |
| 2001 | 6859.6 | 416.3 | 2366.4 | 503.7 | 2.90 | 38.2 | 47.7 |
| 2002 | 7702.8 | 472.1 | 2475.6 | 527.9 | 3.11 | 37.7 | 46.2 |
| 2003 | 8472.2 | 514.6 | 2622.2 | 550.6 | 3.23 | 37.1 | 45.6 |
| 2004 | 9421.6 | 554.2 | 2936.4 | 588.0 | 3.21 | 37.7 | 47.2 |
| 2005 | 10493.0 | 607.4 | 3254.9 | 624.5 | 3.22 | 36.7 | 45.5 |

资料来源：《中国统计年鉴》（2006）及笔者计算。

## 四 消费的二元特征

在消费格局上，城乡的二元格局同样明显（见图1-4），而且有着扩大的趋势。就历史来看，在改革开放初期，城乡人均消费差异较大，在农村进行家庭承包责任制以后，一度降低到低于2的水平，但此后继续加大，近年来一直维持在3以上水平。同样的，居民生活质量即恩格尔系数也反映了这种状况，可以看到城乡居民的相对恩格尔系数差别同样持久。这在另一个层面证实了二元经济的客观存在。

比重（%）

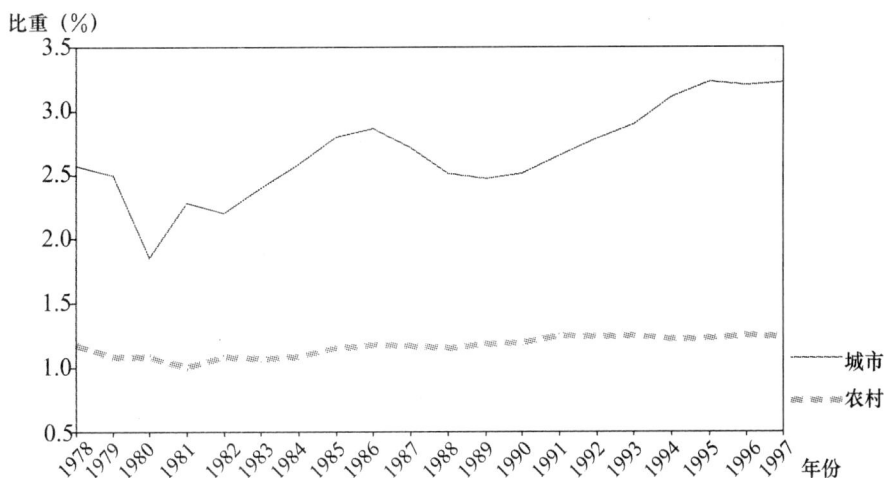

图1-4 城乡居民的二元收入格局

　　同样，该结论也可从横截面数据即各个省份的城乡消费数据上得到印证（见表1-3），城市和农村居民的消费差距平均值为3.29，当然各地的相对差异系数不同。最低的是上海，为2.1，而最高的是西藏，为5.9。大体上，消费差距指数和消费水平绝对值呈现负向关系，两者之间的相关系数高达-0.74。

表1-3　　　　　　　各地区城乡居民消费水平（2005年）

| 地 区 | 绝对数（元） | | | 城乡消费水平对比 | 指数（上年=100） | | |
|---|---|---|---|---|---|---|---|
| | 全国 | 农村 | 城镇 | （农村=1） | 全国 | 农村 | 城镇 |
| 北 京 | 14835 | 6635 | 16683 | 2.5 | 106.8 | 106.1 | 105.0 |
| 天 津 | 9484 | 4360 | 11394 | 2.6 | 109.4 | 105.9 | 109.6 |
| 河 北 | 4311 | 2449 | 7927 | 3.2 | 110.2 | 109.8 | 106.8 |
| 山 西 | 4172 | 2146 | 7104 | 3.3 | 109.8 | 109.4 | 106.9 |
| 内蒙古 | 4620 | 2460 | 7103 | 2.9 | 111.6 | 114.6 | 108.5 |
| 辽 宁 | 6449 | 3267 | 8688 | 2.7 | 111.3 | 113.7 | 107.3 |
| 吉 林 | 5135 | 2467 | 7556 | 3.1 | 110.0 | 113.3 | 108.5 |
| 黑龙江 | 4822 | 2419 | 6958 | 2.9 | 112.1 | 121.2 | 109.4 |
| 上 海 | 18396 | 9157 | 19573 | 2.1 | 110.0 | 116.0 | 107.8 |

续表

| 地　区 | 绝对数（元） | | | 城乡消费水平对比 | 指数（上年＝100） | | |
|---|---|---|---|---|---|---|---|
| | 全国 | 农村 | 城镇 | （农村＝1） | 全国 | 农村 | 城镇 |
| 江　苏 | 7163 | 4207 | 10199 | 2.4 | 113.7 | 110.2 | 112.5 |
| 浙　江 | 9701 | 5476 | 14097 | 2.6 | 115.9 | 110.4 | 116.3 |
| 安　徽 | 3888 | 2177 | 7136 | 3.3 | 110.4 | 110.4 | 106.3 |
| 福　建 | 6793 | 3730 | 10296 | 2.8 | 108.5 | 109.1 | 106.6 |
| 江　西 | 3821 | 2576 | 7329 | 2.8 | 109.6 | 108.1 | 109.5 |
| 山　东 | 5899 | 3078 | 9453 | 3.1 | 115.2 | 113.0 | 113.2 |
| 河　南 | 4092 | 2372 | 8145 | 3.4 | 107.7 | 105.1 | 105.2 |
| 湖　北 | 4883 | 2503 | 8051 | 3.2 | 110.6 | 114.1 | 108.2 |
| 湖　南 | 4894 | 2855 | 8477 | 3.0 | 111.6 | 110.3 | 108.5 |
| 广　东 | 9821 | 3947 | 13624 | 3.5 | 110.3 | 114.1 | 108.7 |
| 广　西 | 3928 | 2366 | 7149 | 3.0 | 115.7 | 120.4 | 107.2 |
| 海　南 | 4145 | 2458 | 6955 | 2.8 | 106.2 | 107.2 | 103.9 |
| 重　庆 | 4782 | 2251 | 7959 | 3.5 | 111.4 | 112.1 | 108.6 |
| 四　川 | 4130 | 2432 | 7577 | 3.1 | 111.0 | 111.0 | 106.8 |
| 贵　州 | 3140 | 1563 | 7498 | 4.8 | 114.7 | 115.4 | 110.8 |
| 云　南 | 3749 | 1913 | 8285 | 4.3 | 110.8 | 115.3 | 104.0 |
| 西　藏 | 3019 | 1532 | 9040 | 5.9 | 102.7 | 106.7 | 100.1 |
| 陕　西 | 3594 | 2024 | 8234 | 4.1 | 109.6 | 114.0 | 105.6 |
| 甘　肃 | 3453 | 1812 | 7410 | 4.1 | 109.6 | 112.7 | 104.1 |
| 青　海 | 3888 | 1941 | 6947 | 3.6 | 114.0 | 125.3 | 108.6 |
| 宁　夏 | 4413 | 2231 | 7495 | 3.4 | 113.0 | 109.5 | 109.3 |
| 新　疆 | 3847 | 1884 | 7311 | 3.9 | 110.7 | 113.5 | 106.3 |

注：本表绝对数按当年价格计算，指数按可比价格计算。

资料来源：《中国统计年鉴》（2006）及笔者计算。

### 五　城乡经济的二元特征

改革开放以后，受经济的快速发展和市场体制逐渐建立、农村和农业的改革与发展及其区域发展战略等综合影响，城乡二元经济结构呈现反复变化。1990 年以前，城乡二元经济结构不断缓和，主要是由于农村的土地制度改革和乡镇工业的出人意料的发展，它们使得城乡二元经济结构有所缓和。其中，来自农村和农业内部的结构转变起着主导性作用，乡镇企业通过自主贸易和吸纳农村剩余劳动力，提高了农村劳动生产力，降低了与城市和工业之间的差距。然而，此后改革的重点主要在城市和工业部门，农业部门和农村发展相对停滞。另外，由于乡镇企业的先天性不足，它的角色最终趋于淡化。因而 20 世纪 90 年代以后，市场化改革和向沿海地区倾斜的改革重点又回到了城市，农村改革陷入停滞。城乡二元经济结构开始加深，集中影响到东西部区域差距的扩大。这种差距是全方位、多角度的，可以从城乡居民的收入差距、产业之间的效率差异、区域之间（东中西、各省等层面）的差距得到印证。

总的来看，城乡的二元性是由多个因素造成的：第一，需求规律是潜在因素。由于收入需求弹性，农业所占的份额会降低，这也就是通常所说的库茨涅茨事实，同时，这个规律的存在也为部门之间的非平衡增长路径提供了基础，但需求规律仅是潜在因素，并不会必然导致二元经济的客观事实。第二，技术层面的差异是重要因素。各产业技术选择不同比较容易形成二元经济，特别地，如果技术选择差异很大，产业的差异将会较大，一旦技术是附带在劳动者身上的，意味着技术进步是技能为基础的，那么拥有更高技能的劳动者会获得明显高的收入。第三，最为关键和直接的因素是，劳动力市场并不是完美的，而是有摩擦的，在转换和迁移上存在着难以消除的障碍，那么二元性通常会产生。

我们的分析表明，城乡在生产上存在的显著差异，在根本上为城乡二元经济的形成埋下伏笔；而在收入上的显著差异则表明客观上形成了二元经济，这意味着农村居民并没有完全跨越第一产业从事第二或者第三产业从而获得更高的收入；在消费上同样存在差异，事实上这可以认为，迁移的内在动力是存在的，但是迁移是有障碍的，二元经济形成的条件恰好就是劳动力市场上的摩擦和缺陷，当然另一个原因是，劳动力本身是需要技能的，迁移的主要因素是技能，而部分农户在技能上无法满足其他行业的需要而难以顺利迁移。这些因素客观上促成了城乡显著的二元经济特征。

## 第三节 农业公共政策的重要性与现实难度

### 一 中国的农业政策现状：宏观数据

中国政府逐渐开始对农业进行补贴，包括种粮农户直接补贴、农资综合补贴、良种补贴和农机具购置补贴，也称为"四补贴"。据统计，在2009年，直接补贴金额为190亿元、农资综合补贴为756亿元、良种补贴为198.5亿元，而农机具购置补贴为130亿元（农业部产业政策与法规司，2010年3月8日），合计金额为1274.5亿元。并且在2010年进一步增加良种补贴的范围，扩大到水稻、小麦、玉米、棉花、东北和内蒙古的大豆、长江流域10个省市和河南信阳、陕西汉中和安康地区的油菜实行全覆盖；早稻、小麦、玉米、大豆和油菜每亩补贴10元，中晚稻、棉花每亩补贴15元。并进一步逐步扩大到马铃薯、部分地区的花生等。而在2008年农业补贴的数额大概在1000亿元，具有较强的增长幅度。

但客观地说，农业补贴占财政支出的比重很小。仅以2008年为例，全国财政支出额度为62592.66亿元，中央财政支出为13344.17亿元，地方财政支出为49248.49亿元。农业补贴占财政支出的比重不足2%。由于补贴额度有限，如何评价有限资源的利用效率就很值得研究，以便我们更有效地利用这些资源。

### 二 中国的农业政策观状：微观证据（国家统计局农户抽样数据）

农户抽样的数据表明，农户收入水平有着一定速度的增长，但相比国民经济有着一定的差距。在2007年和2008年人均收入分别为5791.12元和6700.69元，呈现快速增长趋势，而导致这种快速增长的主要因素是家庭经营收入，2007年和2008年分别为3776.7元和4302.08元；其次是工资性收入，分别为1596.22元和1853.73元；而转移性收入分别为289.97元和396.79元；财产性收入比较低，2007年和2008年分别为128.22元和148.08元。

表 1-4　　　　　　　　农村居民家庭收支基本情况（农户抽样）

| 项　　　目 | 1990 年 | 1995 年 | 2000 年 | 2007 年 | 2008 年 |
|---|---|---|---|---|---|
| 调查户数（户） | 66960 | 67340 | 68116 | 68190 | 68190 |
| 平均每人年收入（元） | | | | | |
| 总收入 | 990.38 | 2337.87 | 3146.21 | 5791.12 | 6700.69 |
| 工资性收入 | 138.80 | 353.70 | 702.30 | 1596.22 | 1853.73 |
| 家庭经营收入 | 815.79 | 1877.42 | 2251.28 | 3776.70 | 4302.08 |
| 财产性收入 | 35.79 | 40.98 | 45.04 | 128.22 | 148.08 |
| 转移性收入 | | 65.77 | 147.59 | 289.97 | 396.79 |
| 现金收入 | 676.67 | 1595.56 | 2381.60 | 4958.40 | 5736.99 |
| 工资性收入 | 136.43 | 352.88 | 700.41 | 1595.30 | 1850.58 |
| 家庭经营收入 | 481.19 | 1116.73 | 1498.81 | 2978.28 | 3370.48 |
| 财产性收入 | 59.05 | 38.19 | 38.89 | 100.95 | 126.95 |
| 转移性收入 | | 87.76 | 143.49 | 283.88 | 388.99 |
| 平均每人年支出（元） | | | | | |
| 总支出 | 903.47 | 2138.33 | 2652.42 | 5137.68 | 5915.67 |
| 家庭经营费用支出 | 241.09 | 621.71 | 654.27 | 1432.69 | 1704.53 |
| 购置生产性固定资产 | 20.29 | 62.33 | 63.90 | 147.17 | 161.58 |
| 税费支出 | 38.66 | 88.65 | 95.52 | 11.93 | 11.59 |
| 生活消费支出 | 584.63 | 1310.36 | 1670.13 | 3223.85 | 3660.68 |
| 财产性支出 | 18.80 | 55.28 | 19.74 | 26.77 | 31.96 |
| 转移性支出 | | | 148.86 | 295.26 | 345.32 |
| 现金支出 | 639.06 | 1545.81 | 2140.37 | 4533.13 | 5257.89 |
| 家庭经营费用支出 | 162.90 | 454.74 | 544.49 | 1287.20 | 1550.99 |
| 购买生产性固定资产 | 20.46 | 62.32 | 63.91 | 147.17 | 161.58 |
| 税费支出 | 33.37 | 76.96 | 89.81 | 11.66 | 11.56 |
| 生活消费支出 | 374.74 | 859.43 | 1284.74 | 2767.12 | 3159.40 |
| 财产性支出 | 47.59 | 92.35 | 9.82 | 26.77 | 31.96 |
| 转移性支出 | | | 147.60 | 293.21 | 342.40 |
| 平均每人年纯收入（元） | 686.31 | 1577.74 | 2253.42 | 4140.36 | 4760.62 |
| 工资性收入 | 138.80 | 353.70 | 702.30 | 1596.22 | 1853.73 |
| 家庭经营纯收入 | 518.55 | 1125.79 | 1427.27 | 2193.67 | 2435.56 |
| 财产性收入 | 28.96 | 40.98 | 45.04 | 128.22 | 148.08 |
| 转移性收入 | | 57.27 | 78.81 | 222.25 | 323.24 |

资料来源：《中国统计年鉴》（2009）数据为农村住户抽样调查资料。

　　而农户在 2007 年和 2008 年的总支出分别为 5137.68 元和 5915.67元。其中税费支出分别为 11.66 元和 11.56 元。在早先年份，税费支出较高，在 1990 年、1995 年和 2000 年税费支出分别为 38.66 元、88.65 元和95.52 元，在 2000 年税费负担整体较高。而现金支出项目中，1990 年、1995 年、2000 年、2007 年和 2008 年的税负支出分别为 33.37 元、79.96元、89.81 元、11.66 元和 11.56 元，大体上印证了 1990—2000 年间农户确实承担了不少税费负担，而取消农业税之后，农户的税费负担降低了。

　　转移支付收入中很大部分是政府的补贴收入，包括养老保险、医疗保险和农业直接补贴等，其中最主要的就是农业直接补贴。可以看到，在1990 年，农户没有任何转移支付所得；而在 1995 年之后，农户开始有一定的转移支付所得，但额度和比例都较低，1995 年、2000 年、2007 年和 2008年分别占比为 3.63%、3.50%、5.37% 和 6.79%，平均占比 4.82%。

　　从微观上数据可以得出：农户很长时间内，非但没有获取政府的支持，相反却承担了一定额度的税费，直到近年来才有政府的转移支付，但额度很少，所占比重很低。

　　**三　美国的农业补贴政策对农户的影响**

　　相比中国而言，发达国家对农业补贴的力度较大。以美国农户的数据为例（见表 1-5）。在 2000—2009 年间，农户获得的政府直接支付平均高达 164 亿美元，而农户的净现金收入为 648 亿美元，直接支付占比高达25.31%。近年来虽有下降趋势，在 2006 年政府直接支付为 158 亿美元，而 2007 年下降至 119 亿美元，2008 年上升至 122 亿美元，在 2009 年小幅度上升至 123 亿美元。

　　表 1-5　　**美国农户的收入表（Income Statement for U. S. Farm Sector）**

单位：十亿美元（$ billion）

| | 2006 年 | 2007 年 | 2008 年 | 2009 年 | 2010 年预估 | 2000—2009 年平均 |
|---|---|---|---|---|---|---|
| 现金收入表（Cash income statement） | | | | | | |
| 1. 现金收入（Cash receipts） | 240.6 | 288.5 | 318.3 | 283.4 | 301.8 | 241.2 |
| 谷物（Crops） | 122.1 | 150.1 | 176.8 | 163.7 | 164.3 | 124.0 |
| 牲畜（Livestock） | 118.5 | 138.5 | 141.5 | 119.8 | 137.5 | 117.3 |

| | 2006年 | 2007年 | 2008年 | 2009年 | 2010年预估 | 2000—2009年平均 |
|---|---|---|---|---|---|---|
| 2. 政府直接支付（Direct Government payments） | 15.8 | 11.9 | 12.2 | 12.3 | 11.9 | 16.4 |
| 3. 农业相关收入（Farm - related income） | 16.8 | 17.6 | 21.5 | 22.0 | 22.9 | 16.0 |
| 4. 总现金收入（Gross cash income）（1＋2＋3） | 273.2 | 318.0 | 352.0 | 317.6 | 336.6 | 273.7 |
| 5. 现金支出（Cash expenses） | 204.8 | 240.3 | 261.6 | 248.5 | 251.3 | 201.8 |
| 6. 净现金收入（Net cash income）（4－5） | 68.4 | 77.7 | 90.4 | 69.1 | 85.3 | 71.8 |
| 农业收入（Farm income statement） | | | | | | |
| 7. 总现金收入（Gross cash income）（1＋2＋3） | 273.2 | 318.0 | 352.0 | 317.6 | 336.6 | 273.7 |
| 8. 非现金收入（Noncash income） | 20.0 | 21.0 | 20.9 | 21.1 | 21.8 | 17.4 |
| 9. 存货调整价值（Value of inventory adjustment） | － 3.1 | 0.6 | 6.6 | 4.5 | 2.8 | 1.6 |
| 10. 农业总收入（Gross farm income）（7＋8＋9） | 290.2 | 339.5 | 379.6 | 343.2 | 361.1 | 292.7 |
| 11. 总生产支出（Total production expenses） | 232.7 | 269.2 | 293.0 | 281.0 | 284.0 | 227.8 |
| 12. 农业净收入（Net farm income）（10－11） | 57.4 | 70.3 | 86.6 | 62.2 | 77.1 | 64.8 |

资料来源：http：//www. ers. usda. gov/Data/FarmIncome/finfidmu. htm。

在农户收支表中，并没有出现农户税收支出。但这并不意味着美国的农户不缴纳税收，相反，他们也需要缴纳房产税、个人收入所得税和养老保障等税收，更可能的是，这些税收整体上较少，所以很难在收支表中显现。

整体而言，美国的农业补贴对美国农户非常重要，是其收入不可或缺的重要组成部分。

## 第四节　本书的独特性及结论的意义

基于中国独特的农业税悠久历史和逐步开始实行的农业补贴政策，我们对中国农业税政策进行规范评估，对半个世纪以来国外较大幅度的农业补贴政策进行跟踪，并由此对中国的农业补贴政策进行前瞻性研究，这对农业、农户和农村经济将有相应的理论和政策价值。

国际上有着诸多对一般形式的补贴和专门的农业补贴的规范研究，但对中国的农业补贴问题研究得较少，而中国独特的发展状况和制度扭曲又表明中国的独特性，比如二元经济现实等，因而这些基准的模型需要融入中国特殊的情形和设定才能更妥当地分析中国的农业问题和农业政策所可能的效应（比如价格扭曲和城乡差距）。值得注意的是，国际上部分机构测算出来的中国对农业的支持或者农业补助很大，可能会引起一些争议，这些测算事实上忽略了中国特殊的现实，比如中国的粮食收购价格远低于国际粮价，国内农户所获得的补助实际上微乎其微，等等。我们需要对这些结论的真实性进行准确的分析。

国内当前对农业补贴的研究主要侧重从定性或者静态角度从农业政策本身研究该项政策的效应。一方面，由于农业补贴政策在国内推行的时间有限，对该项政策的各种效应还有待进一步深入研究；另一方面，在研究方法上，相对较为滞后。比如，结合一般均衡分析的较少，相对忽略了资本、劳动力等各要素在各部门之间的均衡配置；同时，静态分析较多，而对政策的动态效应研究较少，比如对政策给农户所带来的收入效应和替代效应研究较少，也包括对政策本身设计所存在的动态效应研究有待进一步强化，如政策中存在的信息不对称及其引发的逆向选择等。目前的研究，在农业补贴方面，在经验的效应上较多，但动态效应研究方面有待进一步加强。因而分析农业政策的效应有必要进一步结合理论，尤其是结合动态一般均衡模型，将一般性效应更加清晰地用模型刻画出来。为此，需要建立动态的模型，借鉴当前宏观经济学、动态公共财政和劳动力经济学等的进展，将这种动态效应恰当地刻画出来。

我们的一个初步判断是，农业的比较收益较低，农业生产资料价格偏高和非农活动的收益较高，因此如果不加以补贴可能会进一步降低农业投入和生产的积极性。为了提高农业生产的积极性，必须采取相应的措施鼓励农业生产。但是，简单的补贴未必能够达到预期的目标，比如农业直接补贴产生收入效应，反而降低了生产的积极性，投入减少，增加了休闲或者其他非农活动。我们有必要恰当地评估补贴的效应，分析恰当的补贴规模和形式，使得补贴能够真正达到政策设定的目标（农户生活水平提高，或者农业产量提高，或者农村经济发展）。理解这些政策及其效应，需要结合一般均衡模型分析其综合效应。

在政策上，我们需要根据理论，判断是否根据产出确定补贴，真正产生激励。并且针对政策实施之后可能出现的问题作出前瞻性判断，防止逆向选择、套利和腐败等行为。

本书的独特之处包括：

第一，从公共政策的一般视角分析农业税和农业补贴问题，从而摆脱了"就农业问题分析农业问题"。从经济学的本质而言，税收和补贴都属于公共政策的两个主要方面。因而本书从公共产品和收入再分配两个理论层面，分析了公纂政策的必要性，并参照福利经济学第一定理和第二定理对农业税收和农业补贴问题进行深入分析，从而奠定了分析的理论基础。

第二，对公共政策可能出现的问题做了一般性研究，分析了社会计划者的公共政策和分散的市场手段之间存在着稳定性与效率、长期与短期的替代关系。更进一步地比较分析了中国公共政策和西方国家公共政策的巨大差异，从而对中国的公共政策能有着更直观的比较。

第三，对中国独特的农业税的税收制度本身进行了历史性跟踪研究，就其产生、变化和最终的取消进行了跟踪研究。

第四，对不同的税收制度可能的效应进行了分析，使用一般均衡模型分析了不同税收下的经济均衡特征，并进行相应的比较静态分析。从中发现，产出的比例税具有很强的扭曲效应，而定额税在社会福利上比较具有优势。

第五，结合中国1950—2004年的数据，分析了农业税对粮食生产的实际影响，从而进一步印证了理论模型的结论：定额税刘农业生产没有影响，但对福利有影响；而比例税对生产和消费及福利都有影响。

第六，跟踪比较了主要国家的农业补贴状况和补贴政策的演变，对西方发达国家的农业补贴政策做了更清晰的梳理和跟踪研究。在此基础上，对比分析了中国短暂的农业补贴的现状和可能存在的问题。

第七，建立了相应的理论模型，分析了不同补贴方式可能的影响。可以看到农业直接补贴通常不会对生产产生实质性的影响，但会对消费和福利产生影响。主要原因可能包括收入和替代效应之间的替代选择。

第八，结合理论模型，我们设计了相应的问卷，并在全国各地展开了较大范围的问卷调查，获取了一手资料。并在多次大范围的问卷调查基础上，我们进行了相应的经验分析，主要采取有有序 Logistic 模型，从而得出了较为真实可靠的结论：农业直接补贴确实能提高农户的福利，但对生产作用不明显。

第九，对投资性补贴进行了理论与经验分析，结果证实，会对农户产生相应的影响，但在现实中影响并不明显。

第十，在理论和经验分析基础上，提出了相应的政策建议。特别是结合理论与西方发达国家的实践，我们强调，信息及其透明度对公共政策极为重要。如果希望提高公共政策的效率，不能只是简单地调整公共政策本身，而需要进行更深层次的改革——即提高政策执行效率和社会公众信息的透明度。

本书的章节安排：

第一篇对研究的意义和目的做介绍和说明，在此基础上从一般角度上分析公共政策的效率问题，包括第一章和第二章。第一章是研究的起源，分别分析了"三农"问题的现实和农业公共政策的必要性。第二章对公共政策的意义和可能的问题做了论述，不仅从福利经济学角度分析了公共政策的理论价值，也分析了集中和分散之间的替代关系，从而为分析公共政策的局限性作铺垫。中国的公共政策的局限性可能更强，我们对比中国和美国的公共政策，并进一步分析中美农业公共政策，从中可以大致看到中国公共政策和农业领域公共政策可能的低效率问题。

第二篇对农业税进行回顾和分析，包括第三章和第四章，分别分析中国独特的农业税及其政策效应。由于中国是少数针对农业征税的国家，而且更少数的针对产出征收税收的国家，因而我们首先对农业税的历史做梳理，然后借用新古典模型分析定额税和比例税对经济均衡的影响。

其中，第三章对农业税进行了历史梳理，并总结了农业税的特点。在此基础上，我们分别分析了定额税和比例税条件下，经济主体的最优决策，从而分别得到了最优消费、投资和产出，并进行相应的比较静态分析。

第四章选择1950—2004年间的农业税和粮食产量的数据进行经验分析。由于农业税在大部分年限是按照实物征收的，因而可以很好地排除价格变动的影响，能更清晰地反映两者之间的关系。我们发现，农业税并没有严格按照比例税征收，在更多的时间内符合定额税特征，因而在相当长的时间区间内，农业税没有影响产出。但由于农业税事实上在不断地人为地调整，因而这种调整扭曲了农业生产行为，使得税收对生产产生了扭曲效应。

第三篇到第六篇对农业补贴进行研究。第三篇为一般性论述，第四篇为理论分析与相关分析方法，第五篇为案例分析，第六篇为投资性补贴和福利研究。

在第三篇，首先介绍主要组织（经合组织和欧盟）和发达国家（美国和日本）农业补贴的状况，再结合中国的初步实践，比较各自的补贴水平。

第五章对主要组织和国家的农业补贴进行比较研究，选取了经合组织和欧盟及主要发达国家（美国和日本）。同时，对各国的农业政策做相应的回顾和说明。

第六章对中国的农业政策进行回顾，并对中国的农业补贴状况进行比较分析，从而对中国的农业补贴政策进行整体性描述。

第四篇重点是方法介绍和说明，分别对问卷设计、问卷基本状况、理论模型做说明，并对计量分析方法做相应的研究及说明。

第七章，开始对农业直接补贴的政策效应进行研究，说明了理论模型的基本结论，在此基础上，对问卷的设计进行解释性说明，对问卷抽样的方式和选择的区域做介绍，并进行描述性统计分析。

第八章，结合问卷调查的数据特征，对所采取的计量方法进行研究和说明，重点是有序 Logistic 模型的有效估计。

第五篇是案例研究，侧重农业直接补贴的政策效应研究。选择三个典型区域进行调查，采取案例研究和定量研究的方法，对湖北省武汉市黄陂区、湖南省涟源市和湖北省广水市三个地区进行重点调查，在调查数据基础上进行经验研究。

第九章选取在省会城市周边农村地区——武汉市黄陂区，在 2009 年年初进行典型抽样调查，并建立了劳动力决策模型，在理论上分析农业直接补贴可能的政策效应。采取有序 Logistic 模型，对黄陂区的微观数据进行经验印证，结果大体证实，农业直接补贴会提高农户的福利，但对生产的影响较小。

第十章，选取平原地区——湖南省涟源市农村对农户进行抽样，并同样选择有序 Logistic 模型进行经验研究，结果同样证实了农业直接补贴对生产影响不大的结论。在这一章我们同样尝试对计量方法进行一定的探索。

第十一章，选择湖北省广水市作为典型案例，进行重点抽样研究，并侧重对农户的劳动力投入的影响进行分析。

第十二章，结合2010年年初补充调研的数据，我们建立了多部门的模型，分析收入性补贴对农户决策的影响，从而衡量部门之间的相对收益，结果同样证实，收入性补贴提高了农户的消费和生活水平，但对生产活动影响较小。

第六篇，我们进行了后续补充调研，因而分别进行收入性补贴和投资性补贴的政策效应研究。

第十三章，侧重分析投资性补贴对农户的影响，并以单部门模型为准，分析补贴农户生产的影响，同样大体证实了投资性补贴对农户影响不大的结论。

第十四章，将所有的问卷调查数据汇总，并综合分析各种补贴对农户福利的影响。结果证实，农业补贴对农户的福利具有正向影响。

第十五章，我们在2010年年底，对安徽省安庆市岳西县的农业补贴状况进行补充调查，根据调查数据，进一步验证了农业补贴对于农业产出、农业投入和农户福利水平的影响。

在第七篇，对全书的研究做了简单的总结，并就可能的政策做简要的说明，并对农业公共政策及一般意义上的公共政策进行评述和展望，我们特别强调，不能只是从农业领域分析农业公共政策，同时，中国农业政策的效应改进主要需要在长期内，根本性地提高公共政策本身的效率及全社会的信息透明度。

# 第 二 章

# 公共政策的一般性研究：公共政策基本评价与展望

## 第一节 公共政策的本质和价值

公共政策的目标在于实现社会福利最大化。如果分散的市场决策能够实现社会资源的最优配置，集中决策（或者社会计划者，social planner）也只能达到同样的社会福利，因而两种方式具有同等效应，市场将会是主要的配置手段，而无需公共政策。此时福利经济学第一定律成立，也就是"看不见的手"能发挥最佳的作用。

经济系统中，存在着很多对完全竞争市场、完美市场和对称信息等设定的偏离，因而，并不是所有的信息都能在价格信号中反映出来，即使最为重要的资源配置手段——价格，也难以发挥引导作用，从而导致"看不见的手"的部分失灵。

最为突出的案例是，如果存在着外部性，也就是某个主体的行为会对其他主体的行为产生影响，而这种影响没有恰当的补偿机制，从而导致价格没有反映这部分信息，这种状况下，资源的配置通常会偏离最优目标。如果是正的影响，比如基础研究，这种行为对其他研究及其应用有着隐性和较长时间的影响，但无法通过市场交易反映基础研究的价值，因而这种正向的外部性会降低基础研究的激励，从而市场的最优基础研究开发量应该是进一步增加的。

相反，如果存在负的外部性，那么市场的价格同样不能足够地反映社会价值，市场价格会较低，从而造成过度的供给和生产，比如污染，很多自然资源的价格没有反映足够的资源的长期价值，从而造成了过度开采和使用；对于空气质量等价值都没有恰当的反映，从而造成了过度排放。

因而公共政策的本质在于弥补市场失灵，从而达到社会资源的最优配置。

公共政策的第二项重要内容是，提供公共服务，解决公共产品中交易成本过高的问题。主要内容包括：基础设施建设、公共医疗和国防。由于这些产品或者服务难以很好地解决排他性问题，因而需要通过集中的方式提供，以便解决免费搭车问题，从而解决分散市场的交易成本问题。

公共政策的第三个内容则是进行转移支付，以便实现社会整体福利的最大化。如果存在着不同的群体，那么边际效用可能不完全一致，这给转移支付提高整体社会福利提供了一种可能。在理论上，福利经济学第二定律也为转移支付提高社会福利提供了一种可能。福利经济学第二定律表明：如果生产集是凸集，偏好关系同样为凸集，并且是局部不满足的，那么帕累托最优的配置可以通过转移支付加价格的均衡来实现（supported as a price quasi - equilibrium with transfers）。比如通过等额转移支付，将可以达到最优配置。

## 第二节　公共政策与集中配置的局限性
### ——效率损失与稳定性之间的替代

### 一　公共政策本身的效率

公共政策为市场失灵提供了一种可能的弥补方式，但通常情况下，不能期望现实的公共政策能带来太多的福利增加，即资源配置效率的提高，其原因在于，政府通常能采取的政策举措有可能带来进一步的扭曲，从而会导致效率的进一步损失。

在公共产品和公共服务提供上，虽然政府集中提供的方式可以比较有效地解决免费搭车问题，有可能避免交易成本居高不下的难题，但是，政府在提供这些公共产品和服务时，由于更多地通过行政方式运作，这就有可能使提供这些产品和服务的成本居高不下。政府部门的效率有可能会较低，并且存在着预算软约束问题，会导致相关产品和劳务的成本过高。

同时，通过政府集中的资源配置方式，在短时间内可能能够快速达到某项目标，但在长期内，有可能会导致效率较为低下，因而面临长期和短期效率之间的折中关系。在另一个层面上，面临稳定性和效率之间的替代关系：市场短期内很不稳定，但长期内很稳定；相反，政府手段在短期内很稳定，但在长期内要维系这种关系难度很大。

**二　集中与分散之间的折中关系：稳定性与效率**

稳定性和效率之间的替代并由此导致的折中在社会经济系统内很普遍，但并没有得到足够的研究①。通常的一个替代关系是，一种组织方式或行为能在短期内完成某项既定的目标，具有很强的稳定性，但这种行为通常难以持久，不具备稳定性；而替代的组织方式或行为很难形成，但一旦形成，具有很强的稳定性，可以抵御外部的冲击。最为直接的方式是政府干预和市场，政府的直接干预可以在短期内达到短期目标，但即使达到了目标，这种状态也可能很难维持，一旦停止干预，系统往往会恢复到原先的状态。而市场一旦自发形成良好的秩序，它能够自动地维持很长的时期。

为了衡量集中和分散所蕴涵的效率和风险之间的替代关系，我们借鉴统计学的知识。资源配置需要对信息进行收集、分析和判断，并由此进行决策。在整个过程中都可以抽象为信息和操作过程。而在整个过程中，信息和操作都存在一定的风险，因而判断和决策的失误在所难免。从组织设计角度看，无法满足杜绝这种风险和失误的要求，更多的是减少这种风险。

这种风险参照统计学可以划分为"弃真"和"纳伪"风险。"弃真"指的是拒绝了本应该接受的状况，丧失了机会；而"纳伪"表明接受了本应该拒绝的项目，对不妥当的事务判断为妥当，这种状况有真实的危害。而正常的信息被准确地识别，而未被误判，则可以认为是效率高的体现，这种正确甄别的概率可以用来衡量效率。

---

① 一个比较接近的研究领域是效率与公平的持久争议。

设定具有 $n$ 个主体进行甄别项目[1]，一种配置方式是集中型的层层授权（H 结构，即等级结构，hierarchies），另一种设计是独立分散授权（P 结构，即分权结构，polyarchies）[2]。每个主体的判断项目为"通过"的概率为 $x$，$x \in (0, 1)$。那么在第一种结构下，项目通过的概率 $x^n$，而第二种结构下项目通过的概率为：

$$\sum_{i=0}^{n-1} x(1 - x)^i = 1 - (1 - x)^n \tag{2.1}$$

此时设定各主体独立判断，而且相互之间没有沟通。

由于 $\sum_{i=0}^{n-1} x(1 - x)^i > x$，所以在第二种结构下，项目获得通过的概率要高，会有更多的项目获准通过。由此得到如下命题：

命题 1：分散结构下，更多的项目会被通过，效率更高。

与此同时，每个主体都会有失误，本该接受的项目而被拒绝的概率设为 $p$，$p$ 总是存在并且大于 0，而本该拒绝的项目被错误地接受的概率设为 $q$，$q$ 也总是存在并且大于 0，有 $p$，$q \in (0, 1)$。项目被错误地拒绝认为是丧失机会，而被错误地接受则会造成实质性的风险。分别分析在两种结构下的不同概率，前者概率表示为"弃真"概率 $\alpha$，而后者"纳伪"概率表示为 $\beta$。设定两种结构下，每个主体的"纳伪"能力一致，而且都独立进行判断而没有沟通。

结构 H 的"弃真"概率为：

$$\alpha(H) = 1 - (1 - p)^n \tag{2.2}$$

而结构 P 的"弃真"概率为：

$$\alpha(P) = 1 - \sum_{i=1}^{n} (1 - p)p^{i-1} = p^n \tag{2.3}$$

由于 $1 > p > 0$，有：

$$p^n < 1 - (1 - p)^n, \alpha(H) > \alpha(P) \tag{2.4}$$

---

[1] 对于两个主体和两个层次的研究参见 Raaj Kumer Sah and Joseph Stiglitz, The Architecture of Economic Systems: Hierarchies and Polyarchies. *American Economic Review*, 1986, Vol. 76, No. 4: pp. 716 - 727。在这对多个主体的多个层次情形进行一般化研究。

[2] 主要分析了两种特殊情况的组织框架，而对中间形式不做太多分析，比如矩阵结构，这种形式通常被认为是消耗资源和效率较低的形式。

这表明，在结构 H 下，犯 α 类错误将会比较多，会丧失一些机会。原因在于，在结构 H 下，"弃真"的错误是不断叠加的。而在结构 P 下，"弃真"的错误可以在一定程度上得到纠正，一个可行的项目经历的环节要少，而且还可以在被某个个体拒绝之后转换下一个个体寻找纠正的机会。进一步得到如下命题：

命题2：集中比分散结构的"弃真"概率更高，更多"好"项目将会被错误地否决，整体效率更低。

而相对应的，假设项目本身是不应该接受的，但发生了错误判断，而将项目接受了，该类"纳伪"概率在两种结构下分别为：

$$\beta(H) = q^n \qquad \beta(P) = 1 - (1 - q)^n \qquad (2.5)$$

同样有：

$$\beta(H) < \beta(P) \qquad (2.6)$$

从而可以得到如下命题：

命题3：分散结构比集中结构的"纳伪"概率更高，更多"坏"项目将被错误地接受，所蕴涵的风险水平更高。

这表明，就"活力"和效率而言，独立授权的分权结构优于集中的等级结构，前者能够获取更多的机会；而后者由于层次较多，放弃本该接受的好机会的概率较高，丧失的机会更多。而从风险角度看，分权结构蕴涵着更高的风险，将本该拒绝的项目接受的概率更高。一个组织设计者在选择组织架构时，将面临效率和风险的替代选择：效率越高，风险越大；效率低，风险相对低。

命题4：分散结构和集中结构面临效率和稳定性之间的替代关系。

无论选择集中还是分散的结构，"弃真"和"纳伪"的概率不可避免地存在，但未必是固定的，而取决于个体的判断能力；同时与所处的环境本身的风险水平有关。通常而言，风险水平越高的环境，个体误判的概率，特别是"纳伪"的概率越高[①]。而对于夹杂在高度分散和高度集中之间的系统表现，我们预计可能出现系统紊乱状态，即效率和稳定性同时都无法保证，效率低，同时稳定性较低。

---

① 我们判断，就组织选择的基础而言，提高组织内部个体的甄别能力及获取充足信息显得尤为重要。

### 三 集中与分散之间的替代效应及其调整：政治组织中从集权到分权的转变过程

由于很难直接找到集中和分散之间相互替代的微观案例，我们直接选择集中和分散之间替代关系在公共财政中集中和分散对效率和稳定性的影响，用增长速度作为效率的一个指标，由此也可以看到公共政策过程中，集中程度对效率的影响。

在中国历史上，选择恰当的集中程度历来是管理者的难题，在集中与分散、集权与放权之间总是在反复更换和交替。将权力集中在中央政府还是将更多的权限授权地方政府成为管理当局的大事，在这种选择中总存在一个困境：将权力集中到中央政府，确实可以实现最高管理当局的意志，比如，抵御外部侵略、实施水利等公共设施和一些自身的皇家宫殿等设施建设，但这种集权方式有种种弊端，其中一个重要的问题是地方政府的积极性受到抑制，而且一旦权力过度集中，各地会采取相应的对策，相互之间总在相互博弈过程，过多的博弈损伤了整个社会的效率，低效率几乎是集权社会的通病。集权通常是完成了中央政府的目标，而地方经济社会等发展有限。从整个社会看，社会的活力不足，效率不高。这种状况往往驱使中央政府主动或被动地将权力下放，地方的积极性得以调动起来，社会经济等事业能得到快速发展，但通常会削弱中央的权威，难以实现最高管理层的目标，地方架空了中央的权力和目标。可以用"诸侯经济"形容地方的强势，各地就是一个个诸侯，有着自己独立的利益，虽然受制于中央政府，但具有天然的优势，中央政府鞭长莫及。

这种权力的交替在中国的近现代史中同样存在，特别是 1949 年之后，建立了强有力的中央政府，各项权限收归中央政府。在这种政治安排下，初步完成了工业体系建设，但在改革开放之后，高度集中的政治体制导致了国民经济活力丧失，经济效率不高，因而逐步实行体制改革，从高度集中的计划经济体制有步骤地向相对分散的市场经济体制转轨。一方面将经营决策权还给微观经济主体，并允许更多的市场主体进入市场；另一方面，在政治体制上，为了调动地方的积极性，给予各省、市、区越来越多的自主权。但在这个过程中出现了"一放就乱、一收就死"的格局，特别伴随着经济的发展，经济利益得到了强化，同时政治民主意识得到巩固，地方政府官员一方面要受制于上级官员；另一方面和当地的经济政绩挂钩，因而中央和地方之间的博弈持续不断。但整体上，受整个市场经济改革取向影响，权力逐步向地方转移。在放权过程中出现了很多问题，比如各地架空中央政府预先制定的规则，由于各地具有天然的信息优势，因而"欺骗"中央政府的事时有发生。各地从自身利益出发，在和中央的博弈过程中使得中央统一的政策效果打折扣，比如中央政府试图采取一定的宏观调控措施，但地方由于"上有政策，下有对策"，初始的目标无法实现，很难统一实施一项目标。在社会保障和全社会统一信息系统建设中就存在类似的问题。当前中央政府强调从全局出发，加强中央政府的宏观调控能力，在财政和人事上采取了相对集中的方式，但事实上更多的实际权力仍然为地方政府所掌握。

　　由于两种权力格局各有利弊，所以很难界定哪种选择是最优的，或者说哪种权力分配才是最优的。不过，中国的政治格局的变迁过程大体证实了这一点：在战争或者相对动荡的年代，将权力集中有利于目标的实现，比如领土统一、抵御外部入侵和内部动荡，集中的格局能在较短的时间内实现预定的目标；但这种集中的"速成"是以长期效率缺失为代价的，通常导致了整个经济和社会的效率严重低下，而且集权导致实际意义上的稳定性不足，最终会导致社会由于效率过低而失控，这可以在中国的历史上找到佐证。新中国成立之后，采取了集中的方式完成了初步的工业体系建设，但这种初步健全的工业体系的代价是低效率，越来越多的国有企业在经济发展过程中越来越难以生存，所占的比重下降①。

　　为了更好地印证这一判断，以财政收支分配比重衡量集中和分散的程度，借此分析中央和地方的分权和集权动态过程。在1978—2005年间，财政分配出现了戏剧性的变化：在1993年之前，地方政府在预算内的财

---

　　①　政治体系的两难选择的困境一直没得到很好的解决，问题的本质在于，政治组织的微观基础一直确实地建立起来。如果微观主体——社会居民的合作意愿没有调动起来，整个政治组织体系的效率就值得怀疑。不过，从整个政治架构看，这种分层的等级结构却有着很强的稳定性，只是导致了不断地改朝换代，战争持续不断。这种政治格局的信息传导和政治的透明度较差，一直维持低效运作。一个极端的例子是，军队几乎采取了等级制度，层层等级，但强调了"下级服从上级"严格的制度，因而使得军队通常有着很强的稳定性。同时，很值得研究的是，中国这种严格的等级政治体制具有相当的稳定性，经历的时间有数千年之久，而且历史上，一个朝代也可以维持很长时期，即便是改朝换代，取代的也是等级制度同样严格的朝代。

政收入上占据绝对优势，1978 年则高达 84.5% ，其间出现了波动，但整体上，财政收入呈现的是分散格局。但在 1993 年以后，中央政府为了强化宏观调控，改变了税收等方面的分成比例，从而提高了中央收入的比重，大体维持了 50% 的比重。作为一个对应的是，1992 年前后，中国经济出现了大幅度的增长，似乎大体说明了，一旦分权，地方的积极性会较高①，但宏观经济出现过热等现象，经济体系呈现不稳定局面，在一定程度上说明了本书对分权的判断：分散的权力格局具有较高的效率，而稳定性较差，两者之间具有一定的折中效应。

为了综合衡量中央和地方的财政收支，测算中央财政支出在财政总收支的比重：总的集中度（R）、收入集中度（R_INCOME）和支出集中度（R_EXP）。总的集中度就是财政预算内收支和预算外收支总量②中中央财政所占的比重；收入集中度则是预算内收入和预算外收入总中中央收入所占的比重；支出集中度则是中央支出所占的比重。所获得的数据区间为 1989—2005 年（见图 2-1），从图中各指标可以看到，相对于预算内的收支比重，中央财政的比重有明显的下降。这蕴涵着一些有意思的现象和结论：地方政府现实生活中承担了诸多功能，同时也是为了扩大其权限，各级地方政府实际上具有庞大的预算外收入和支出，近些年来，预算外支出在整体支出上占有越来越大的比重，不过，这种非正式的财政安排也有可能在一定程度上提高了地方政府的积极性，从而推进了中国经济的增长。

图 2-2 刻画了经济增长速度和中央财政收支集中度之间的关联，并且尝试用不同的方法拟合两者之间的关系。从实际值看，中央财政收支集中度较低阶段，经济增长速度很快，这大体上证实了集中度低，整个经济效率会较高的结论。但随着集中度的增加，经济增长速度的变动很大。而如果集中度进一步提高会带来何种影响有待进一步考证，如果从简单的线性模型看，两者之间是存在着负向关系。但似乎包含平方项和立方项的拟合方程拟合度更高，这可能意味着两者之间并不是简单的线性关系，而存

---

① 分税制对地方经济的影响可参见张晏、龚六堂《分税制改革、财政分权与中国经济增长》，《经济学》（季刊）2005 年第 1 期。

② 不过，值得提醒的是，预算外收支在统计上存在着数据不完整等问题。但预算内收支不足以衡量各级政府的职能和权限，因而我们只能大体接受这些数据，认为预算内外收支能更好地衡量中央财政所占的集中度。

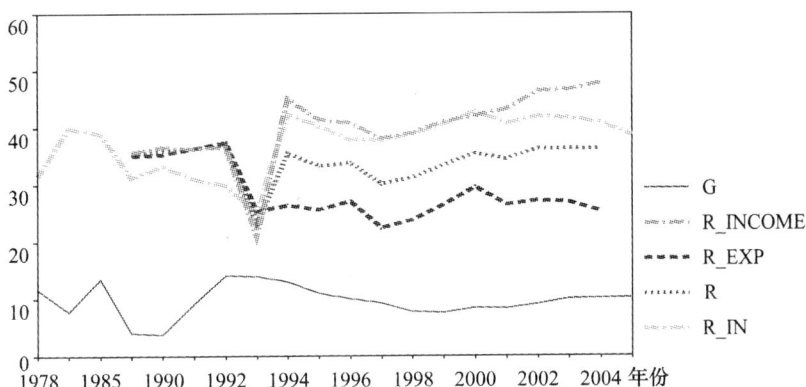

注：R_INCOME 为总收入项目中中央财政的比重，R_EXP 为总支出项目中中央财政的比重，R 为总收支中中央财政的比重。

**图 2 － 1　中央财政整体收支（预算内外）总集中度**

资料来源：《中国统计年鉴》（2005），中国统计出版社。笔者对数据进行了基本处理。

在着前文所说的多重替代关系。在分散程度很高区间，经济系统效率很高；同时，在集中度很高区间，系统也会出现较高的效率，但稳定性难以保证；更有意思的是在两个区间之间的状态，此时，系统更有可能处于动荡混乱状态。对此，我们的解释是，在高度分散的结构安排下，微观层面的主体（如地方政府或企业）能有着更多的决策权力，能够对变化的环境作出更及时的反应，从而能有更高的效率；而高度集中背景下，宏观层面的主体能够集中资源，完成一些既定的目标；但在两种状态之间，可能系统充满了太多的混乱，宏观主体和微观主体之间的权限未能恰当地界定，各主体之间过多的"摩擦"和"博弈"降低了系统的效率，同时系统的稳定性更差——在局部时点，中央目标占优会使得稳定性实现，但效率下降，而有些时点，地方政府占优，效率得以保证；由于缺少明确的显性规则，系统更多地处于两种状态大幅度波动之中。

中国的例证并不是独有的，在东南亚国家都存在类似的问题。对于东南亚国家普遍存在的政治集中问题，有建议认为应该强化分散的政治格局，特别强调中间层次政治机构的作用，比如放权给省级政府，发挥这些中间管理机构更多的作用（World Bank，2005）。但本质上，放权给中间层次的政治机构并不能从根本上解决这些问题，而且反倒有可能引起混乱，因为这种权力安排只是下放权限，而没有解决根本问题，倒有可能出现一放就乱的局面。

很有意思的是，欧洲却出现了反向趋势，欧盟一体化进程中，有着权力向欧盟集中的趋势，但从欧盟一体化的进程可以看到，权力仍然保留在各国和居民手中。本质上，欧洲各国居民更倾向于分散的权力格局，但在政府之间却存在着将权力进一步集中的倾向①。

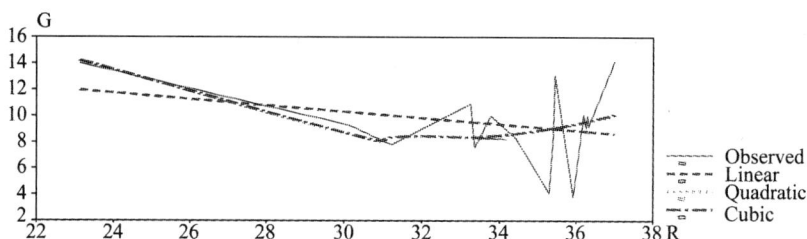

**图 2 - 2　中央财政收支集中度与经济增长速度之间的关系**

注：G 是 GDP 的增长速度，而集中度 R 采用的是收支总和的综合指标。Observed 是实际数值，Linear、Quadratic 和 Cubic 分别为线性、平方和立方拟合所得的关系，也就是分别选择集中度、再添加平方项及增加立方项进行拟合。

分析中国的组织方式选择过程中，不可回避的是中国的管辖范围过于庞大，同时受制于管理水平和信息传导速度，真正完全实行集中管理几乎是不可能的。同样，一个省、市、区、县都会碰到同样的问题，这种复杂特征时常会成为要求分散管理的理由。但这种集中和分散之争显然不能解决最终的政治组织的效率和效率问题。

## 第三节　公共政策的效率与决定因素

公共政策的目标在于，如果市场无法实现最优配置，那么只能通过政府集中的公共政策来实现。但值得注意的是，公共政策中最主要的手

———————

① 客观地看，欧洲的规模庞大，这也可以说明，中国规模过大必然要求分权的理由并不充足。

段——税收必然会带来无谓的福利损失。因而为了降低损失，必须选择恰当的税收征收方式和手段。即使在支出方面，也需要很好地选择恰当的补贴方式，以防止政府的公共政策有可能造成更大程度的扭曲，从而造成效率的进一步损失。

**一　政府的财政收入来源**

政府部门除了权衡何种配置方式最有效率之外，一项最主要的基本工作就是选择恰当的收支水平和收支手段。

如果政府部门决定用集中提供的方式替代市场分散的方式，那么需要有足够的财力和物力去提供该项产品或劳务。如果集中提供的产品或劳务越多，显然政府需要更多的财政能力，如果财力不够，则无法实现这种意愿。

政府的收入渠道主要有税收、发行债券和销售政府持有的资产。其中发行国债和政府持有的债券并不是每个政府都可以长时间采取的方式，比如发行债券，最终债券还是需要通过税收的方式返还，并且难以无限制地发行债券：一旦大量发行债券，一方面，利息支出会不断增加，从而有可能引发债务危机；另一方面，债券发行多之后，对债券的需求通常会下降，越来越难以发行新的债券。

销售政府持有的资产，只是部分政府资产能够在市场中获得较高的售价，主要是政府垄断的资产。在西方国家，主要包括政府持有的固定资产和专营许可权等。比如在加拿大，政府持有发电厂，而这些资产通常是优质资产，如果财政赤字较为严重，政府可以出售发电厂来获得一次性资产收入；政府同样也拥有某些特殊产品销售的专有权，比如烟酒的销售权。在加拿大，政府专营各种类型的酒，而这些资产通常也是优质资产，因而如果政府期望获得财政收入，也可以出售该部分资产和专有权。

政府最主要、最稳定的收入来源当属税收。按照西方国家的一个通俗说法，税收和死亡是任何一个人自出生以来就不可避免的两件事，由此可见税收的普遍性。对任何一个政府而言，税收也具有基本的意义和重要性。没有税收通常就没有财政收入，没有收入，政府通常就无法正常运作，因而即使在西方国家，政党的差别本质上最终都会简化为税收政策的不同：部分政党主张大的政府，意味着试图提供更多的公共产品和服务，但与此同时，会征收更高的税收，这对于中产阶级和富裕阶层意味着有可能会损失更多的利益，因而这部分群体可能会反对大政府、高税负的政党执政；而部分政党倡导自由为主，主张小政府，同样就意味着税负有可能会较低，但相应的公共产品和服务会有所消减，因而对于收入较低的群体而言，他们的福利可能有所降低，因而这部分群体可能会反对持有这种政策主张的政党。对于一个谋求执政的党派而言，虽然政治主张包装有所不同，但本质上都会归结于这种"服务多、税收高"还是"服务少、税收低"的两种替代选择问题。

所以，政府需要确定相应的收支规模，而这种收支规模对政府本身具有决定性的意义。如果税收过高，可能会引起更多的反对，政府的执政会受到挑战。比如中国历史上，朝代的更替在很大程度上也是与"苛捐杂税"繁多有关系：一旦税负很高，而有可能又面临自然灾害，政府的税收很难保障；而此时又同时会面临外部入侵的威胁，必须征收足够的财政收入，以保证国防和战争支出。如果税收和财政支出没有得到很妥善的处理，政府亏空过高，同时面临外部入侵，那么可能导致高税负引发的多次"农民起义"，因而导致朝代的更替。

以中国为例，财政收入主要还是以税收为主（见表 2 - 1）。比如在 2008 年，财政收入为 6.13 万亿元，而税收收入为 5.42 万亿元，所占比重高达 88.4%。当然，中国比较独特的是，还有较多的行政事业性收费和其他收入。

表 2 - 1　中国政府主要收入项目及其所占比重（中央和地方财政，2008 年）

| 项　　目 | 国家财政收入（亿元） | 所占比重（%） | 中央（亿元） | 所占比重（%） | 地方（亿元） | 所占比重（%） |
|---|---|---|---|---|---|---|
| 总计 | 61330.35 | | 32680.56 | | 28649.79 | |
| 税收收入 | 54223.79 | 88.41 | 30968.68 | 94.76 | 23255.11 | 81.17 |
| 国内增值税 | 17996.94 | 33.19 | 13497.76 | 43.59 | 4499.18 | 19.35 |
| 国内消费税 | 2568.27 | 0.05 | 2568.27 | 0.08 | | |
| 进口货物增值税、消费税 | 7391.13 | 13.63 | 7391.13 | 23.87 | | |
| 出口货物退增值税、消费税 | -5865.93 | -10.82 | -5865.93 | -18.94 | | |
| 营业税 | 7626.39 | 14.06 | 232.10 | 0.75 | 7394.29 | 31.80 |
| 企业所得税 | 11175.63 | 20.61 | 7173.55 | 23.16 | 4002.08 | 17.21 |

续表

| 项　　目 | 国家财政收入(亿元) | 所占比重（%） | 中央(亿元) | 所占比重（%） | 地方(亿元) | 所占比重（%） |
|---|---|---|---|---|---|---|
| 个人所得税 | 3722.31 | 6.87 | 2234.23 | 7.21 | 1488.08 | 6.40 |
| 资源税 | 301.76 | 0.56 | | | 301.76 | 1.30 |
| 城市维护建设税 | 1344.09 | 2.48 | 7.79 | 0.03 | 1336.30 | 5.75 |
| 房产税 | 680.34 | 1.25 | | | 680.34 | 2.93 |
| 印花税 | 1311.29 | 2.42 | 949.68 | 3.07 | 361.61 | 1.55 |
| 城镇土地使用税 | 816.90 | 1.51 | | | 816.90 | 3.51 |
| 土地增值税 | 537.43 | 0.99 | | | 537.43 | 2.31 |
| 车船税 | 144.21 | 0.27 | | | 144.21 | 0.62 |
| 船舶吨税 | 20.12 | 0.04 | 20.12 | 0.06 | | |
| 车辆购置税 | 989.89 | 1.83 | 989.89 | 3.20 | | |
| 关税 | 1769.95 | 3.26 | 1769.95 | 5.72 | | |
| 耕地占用税 | 314.41 | 0.58 | | | 314.41 | 1.35 |
| 契税 | 1307.53 | 2.41 | | | 1307.53 | 5.62 |
| 烟叶税 | 67.45 | 0.12 | | | 67.45 | 0.29 |
| 其他税收收入 | 3.68 | 0.01 | 0.14 | 0.00 | 3.54 | 0.02 |
| 非税收入 | 7106.56 | 11.59 | 1711.88 | 5.24 | 5394.68 | 18.83 |

资料来源：《中国统计年鉴》（2009），其中所占比重为笔者计算，税收所占比重和非税收入所占比重为税收收入和非税收收入与总收入的百分比；而其他则为相应收入占税收收入的百分比。

## 二　税收的扭曲效应比较

假设政府已经选择了相应的政府支出的水平和提供公共产品及服务的大致规模，那么接下来政府面临的主要问题就是如何最有效地征收相应的税收。

税收本质上具有扭曲效应。原因很直观和简单：税收是一种负向激励，意味着个人的所得将被削减，因而导致激励降低，有可能会降低市场活动及规模。

最隐蔽但最具有破坏性的是通过货币扩张来实现的财政收入，通常称作"铸币税"。铸币税一般情况下具有隐蔽性：假设公众并不知晓真实的通货膨胀，那么由于政府通常处于负债状况，因而政府的实际债务负担下降了。少数国家则能通过直接发行货币获得直接的收入,这在极端的情形下更为明显:比如1945—1949年,国民党政府为了维持军费开支,不断发行货币,降低了普通居民的实际财富积累。随着恶性通货膨胀的产生,几度重新设计和发行替换货币,进一步获得铸币收入。但显然可见,通过通货膨胀和发行货币获取的收入带来的长期负面效应是巨大而且致命的,它会导致公众的不信任,部分地导致在交易过程中转向实物交易,从而降低交易的效率和市场的规模;也会导致公众对通货膨胀的预期,从而将更多的精力转向交易方面,而降低了生产的努力,造成效率的损失;另外,恶性的通货膨胀最终可能会引起社会秩序的变更,从而带来强大的经济损失。

直接并严重影响效率的是增值税,也就是流转税。流转税带来扭曲的主要原因是,流转税是根据交易过程进行征收的税种,而很多产品和劳务都有着多次流转过程,对每一次的交易进行征税,会使得政府征收的成本加大,对征收对象产生的成本同样巨大。

比较具有效率、扭曲效应不太明显的是收入税和最终所得税。由于属于最终环节,一次性征收,因而税收对整个社会福利的影响相对较小。

税收的征收方式本质上反映了政府的执政能力和相关的基础设施水平,特别是信息的获取和甄别能力。

### 三 中国和美国的税制比较

中国的税收中,流转税占据的比重较大,同时针对企业的税收也占据相当比重,而且存在着独特的农业各税(见表2-2)。在1985年以来,增值税所占的比重越来越高,企业所得税同样一直占据较高的比重,营业税为第三大税收来源。消费税有所增加,但占比依然不高。

对1978—2008年主要税收做基本的描述性分析。表2-3显示,增值税已经成为最大的税收来源,平均比重高达32.5%,当然变动也较大,最低值是开征增值税的初期,为10.6%,最高的在1994年为45.1%。占第二大比重的是企业收入税,平均为17.3%,最高为1985年的34.1%,标准差为6.3,可以看到波动很大。第三大税收种类为营业税,平均占比15.5%,最高22.7%,最低10.3%。消费税平均额度只有6.9%,关税的平均比重为5.0%。有意思的是,农业税的比重平均为3.8%,这个税种是很独特的税种,大多数国家并没有这个税种,该税种平均比重为3.8%,

表 2 - 2　　　　　　　　　中国财政收支中的各项税收　　　　　　单位：亿元

| 年份 | 合计 | 国内增值税 | 营业税 | 国内消费税 | 关税 | 农业各税 | 企业所得税 |
|------|------|------------|--------|------------|------|----------|------------|
| 1978 | 519.28 | | | | 28.76 | 28.40 | |
| 1980 | 571.70 | | | | 33.53 | 27.67 | |
| 1985 | 2040.79 | 147.70 | 211.07 | | 205.21 | 42.05 | 696.06 |
| 1990 | 2821.86 | 400.00 | 515.75 | | 159.01 | 87.86 | 716.00 |
| 1991 | 2990.17 | 406.36 | 564.00 | | 187.28 | 90.65 | 731.13 |
| 1992 | 3296.91 | 705.93 | 658.67 | | 212.75 | 119.17 | 720.78 |
| 1993 | 4255.30 | 1081.48 | 966.09 | | 256.47 | 125.74 | 678.60 |
| 1994 | 5126.88 | 2308.34 | 670.02 | 487.40 | 272.68 | 231.49 | 708.49 |
| 1995 | 6038.04 | 2602.33 | 865.56 | 541.48 | 291.83 | 278.09 | 878.44 |
| 1996 | 6909.82 | 2962.81 | 1052.57 | 620.23 | 301.84 | 369.46 | 968.48 |
| 1997 | 8234.04 | 3283.92 | 1324.27 | 678.70 | 319.49 | 397.48 | 963.18 |
| 1998 | 9262.80 | 3628.46 | 1575.08 | 814.93 | 313.04 | 398.80 | 925.54 |
| 1999 | 10682.58 | 3881.87 | 1668.56 | 820.66 | 562.23 | 423.50 | 811.41 |
| 2000 | 12581.51 | 4553.17 | 1868.78 | 858.29 | 750.48 | 465.31 | 999.63 |
| 2001 | 15301.38 | 5357.10 | 2064.09 | 929.99 | 840.52 | 481.70 | 2630.87 |
| 2002 | 17636.45 | 6178.39 | 2450.33 | 1046.32 | 704.27 | 717.85 | 3082.79 |
| 2003 | 20017.31 | 7236.54 | 2844.45 | 1182.26 | 923.13 | 871.77 | 2919.51 |
| 2004 | 24165.68 | 9017.94 | 3581.97 | 1501.90 | 1043.77 | 902.19 | 3957.33 |
| 2005 | 28778.54 | 10792.11 | 4232.46 | 1633.81 | 1066.17 | 936.40 | 5343.92 |
| 2006 | 34804.35 | 12784.81 | 5128.71 | 1885.69 | 1141.78 | 1084.04 | 7039.60 |
| 2007 | 45621.97 | 15470.23 | 6582.17 | 2206.83 | 1432.57 | 1439.09 | 8779.25 |
| 2008 | 54223.79 | 17996.94 | 7626.39 | 2568.27 | 1769.95 | 1689.39 | 11175.63 |

　　注：（1）2006 年以前，农业各税包括农业税、牧业税、耕地占用税、农业特产税、契税和烟叶税；从 2006 年起，农业各税只包括耕地占用税、契税和烟叶税。（2）企业所得税 2001 年以前只包括国有及集体企业所得税，从 2001 年起，企业所得税还包括除国有企业和集体企业外的其他所有制企业所得税，与以前各年不可比。（3）国内增值税不包括进口产品增值税；国内消费税不包括进口产品消费税。

　　资料来源：《中国统计年鉴》（2009）。

在 1978 年该比重高达 5.5%，最低值为 1985 年的 2.1%，值得注意的是，虽然 2006 年全面取消了农业税，但以耕地占用税、契税和烟叶税为形式的农业税仍然存在，并且占总税收的比重仍维持在 3% 左右的水平。

表 2 - 3　　　中国税收来源的描述性统计分析（1978—2008）　　　单位：%

| 变量<br>（各税收占总税收的比重） | Obs<br>（观察样本） | Mean<br>（均值） | Std. Dev.<br>（标准差） | Min<br>（最小值） | Max<br>（最大值） |
|---|---|---|---|---|---|
| r_add （增值税份额） | 20 | 32.5 | 10.6 | 7.25 | 45.1 |
| r_opera （营业税份额） | 20 | 15.5 | 2.7 | 10.3 | 22.7 |
| r_cons （消费税份额） | 15 | 6.9 | 1.6 | 4.7 | 9.5 |
| r_cus （关税份额） | 22 | 5.0 | 1.5 | 3.1 | 10.1 |
| r_agri （农业税份额） | 22 | 3.8 | 0.9 | 2.1 | 5.5 |
| r_coop （企业收入税份额） | 20 | 17.3 | 6.3 | 7.6 | 34.1 |

资料来源：笔者对表 2 - 2 的计算所得。

在 2009 年的税收收入结构中，整体结构仍然以流转税为主，增值税仍然占据最大的份额，消费税所占比重仍然较低（见表 2 - 4）。

表 2 - 4　　　　　2009 年 1—12 月税收总收入和主要税种收入　　　　　单位：亿元

| 税种 | 收入 | 比去年同期增收 | 增长率（%） |
|---|---|---|---|
| 税收总收入 | 59514.7 | 5290.91 | 9.8 |
| 国内增值税 | 18481.24 | 484.3 | 2.7 |
| 国内消费税 | 4759.12 | 2190.85 | 85.3 |
| 进口环节增值税和消费税 | 7729.15 | 338.02 | 4.6 |
| 关税 | 1483.57 | - 286.38 | - 16.2 |
| 外贸企业出口退税 | - 6486.56 | - 620.63 | 10.6 |
| 营业税 | 9013.64 | 1387.25 | 18.2 |
| 企业所得税 | 11534.45 | 358.82 | 3.2 |
| 个人所得税 | 3949.27 | 226.96 | 6.1 |
| 证券交易印花税 | 510.47 | - 468.69 | - 47.9 |
| 房产税 | 803.64 | 123.3 | 18.1 |
| 车辆购置税 | 1163.17 | 173.28 | 17.5 |
| 城镇土地使用税 | 920.97 | 104.07 | 12.7 |
| 土地增值税 | 719.43 | 182 | 33.9 |
| 耕地占用税 | 632.99 | 318.58 | 101.3 |
| 资源税 | 338.24 | 36.48 | 12.1 |
| 契税 | 1734.99 | 427.46 | 32.7 |
| 税种收入合计 | 57287.78 | 4975.67 | 9.5 |

资料来源：财政部网站（http://szs. mof. gov. cn/zhengwuxinxi/gongzuodongtai/201002/t20100211_ 270552. html）。

从图 2 - 3 中可以看到，2009 年，流转税占中国税收的比重高达 56.3%，为最大的税收来源，而所得税所占比重只有 26.0%，其他税收所占比重为 17.7%。

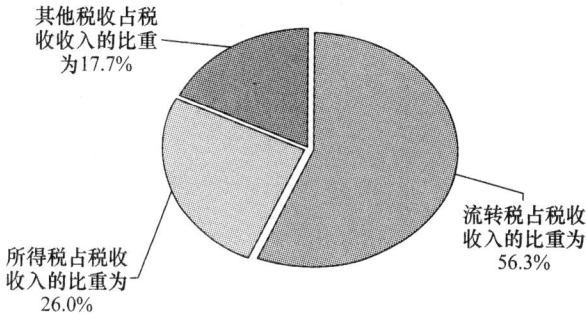

图 2 - 3　2009 年税收总量结构

资料来源：财政部网站。

美国政府的收入同样绝大部分源于税收收入（见表 2 - 5）。1980 年税收收入所占比重为 73.3%，1985 年为 67.8%，1990 年为 67.9%，1995 年为 68.5%，2000 年为 70.3%，而 2005—2009 年分别为 69.6%、70.3%、70.3%、68.2% 和 64.7%。

与中国税收结构有较大不同的是，美国的税收收入主要来源于个人税收。个人税收收入所占比重大致维持在 50% 的水平。1980 年为 51.0%，1985 年为 50.7%，1990 年为 51.1%，1995 年为 49.1%，2000 年为 55.9%，而 2005—2009 年分别为 47.5%、48.2%、50.4%、51.7% 和 47.3%。

对于生产和进口环节的税收，大概占 35%—40%。其中，2005—2009 年的比重分别为 36.5%、35.2%、34.8%、37.6% 和 42.5%。而公司收入税所占比重在 10% 左右的水平，在 2005—2009 年比重分别为 15.6%、16.2%、14.3%、10.1% 和 9.6%。

表 2 - 5　　美国政府的财政收支结构和税收组成

单位：10 亿美元

| 序号 | | 1980 年 | 1985 年 | 1990 年 | 1995 年 | 2000 年 | 2005 年 | 2006 年 | 2007 年 | 2008 年 | 2009 年 |
|---|---|---|---|---|---|---|---|---|---|---|---|
| 1 | 总收入（Current receipts） | 798.7 | 1214.6 | 1709.3 | 2215.5 | 3132.4 | 3659.3 | 3995.2 | 4197 | 4074 | 3726.9 |
| 2 | 税收收入（Current tax receipts） | 585.6 | 823.9 | 1161.3 | 1516.7 | 2202.8 | 2546.8 | 2807.4 | 2951.2 | 2780.3 | 2409.3 |
| 3 | 个人税（Personal current taxes） | 298.9 | 417.3 | 592.7 | 743.9 | 1232.3 | 1208.6 | 1352.4 | 1488.7 | 1438.2 | 1140 |
| 4 | 生产与进口税（Taxes on production and imports） | 200.3 | 308.1 | 425 | 557.9 | 708.6 | 930.2 | 986.8 | 1027.2 | 1045.1 | 1024.7 |
| 5 | 公司收入税（Taxes on corporate income） | 84.8 | 96.5 | 140.6 | 211 | 254.7 | 395.9 | 454.2 | 420.6 | 280.2 | 231.4 |
| 6 | 其他国家税收（Taxes from the rest of the world） | 1.6 | 1.9 | 3 | 3.9 | 7.3 | 12.1 | 14 | 14.7 | 16.8 | 13.2 |
| 7 | 社会保险收入（Contributions for government social insurance） | 167.2 | 282.8 | 412.1 | 535.5 | 709.4 | 877.4 | 926.4 | 964.2 | 992.1 | 975.71 |
| 8 | 资产收入（Income receipts on assets） | 39.9 | 84 | 98 | 91.8 | 118.8 | 111.9 | 129.6 | 144.2 | 146.9 | 162.2 |
| 9 | 利润与其他收入（Interest and miscellaneous receipts） | 39.8 | 83.8 | 97.8 | 90.8 | 117.4 | 109.6 | 127 | 141.6 | 143.8 | 140.8 |
| 10 | 红利（Dividends） | 0.1 | 0.2 | 0.2 | 1 | 1.4 | 2.3 | 2.6 | 2.6 | 3.1 | 21.5 |
| 11 | 转移支付收入（Current transfer receipts） | 11.1 | 23.4 | 36.3 | 58.4 | 92.3 | 126.7 | 136 | 149.2 | 171.4 | 193.5 |
| 15 | 总支出（Current expenditures） | 846.5 | 1370.9 | 1879.5 | 2412.5 | 2906 | 3916.4 | 4147.9 | 4430 | 4737.7 | 4998.8 |
| 16 | 消费支出（Consumption expenditures） | 465.9 | 720.1 | 966 | 1141.4 | 1426.6 | 1977.9 | 2093.3 | 2217.8 | 2382.8 | 2411.5 |
| 17 | 转移支付支出（Current transfer payments） | 281.7 | 420.4 | 592.4 | 882.4 | 1071.5 | 1534.9 | 1631 | 1743.4 | 1902.7 | 2164.9 |
| 22 | 利率支出（Interest payments） | 89.1 | 208.8 | 294.2 | 353.9 | 362 | 342.7 | 372.2 | 414.3 | 399.4 | 362 |

续表

| 序号 | | 1980 年 | 1985 年 | 1990 年 | 1995 年 | 2000 年 | 2005 年 | 2006 年 | 2007 年 | 2008 年 | 2009 年 |
|---|---|---|---|---|---|---|---|---|---|---|---|
| 25 | 补贴（Subsidies） | 9.8 | 21.4 | 27 | 34.8 | 45.8 | 60.9 | 51.4 | 54.6 | 52.8 | 60.3 |
| 26 | 工资（Less：Wage accruals less disbursements） | 0 | -0.2 | 0.1 | 0 | 0 | 0 | 0 | 0 | 0 | 0 |
| 27 | 政府净储蓄（Net government saving） | -47.8 | -156.3 | -170.3 | -197 | 226.5 | -257.1 | -152.7 | -233 | -663.6 | -1271.9 |
| 28 | 社会保障基金（Social insurance funds） | -14.5 | 2.2 | 44.4 | 19.7 | 116.3 | 56.4 | 17 | -1.1 | -53.2 | -249.8 |
| 29 | 其他（Other） | -33.4 | -158.5 | -214.6 | -216.7 | 110.2 | -313.5 | -169.8 | -231.9 | -610.4 | -1022 |
| | Addenda： | | | | | | | | | | |
| 30 | 总收入（Total receipts） | 807.4 | 1223.6 | 1725 | 2235.5 | 3168.1 | 3691.6 | 4028.3 | 4228.8 | 4107.9 | 3752.2 |
| 33 | 总支出（Total expenditures） | 883.1 | 1439.1 | 1976.9 | 2480.1 | 3021.5 | 4109.9 | 4319.8 | 4636.9 | 5020.2 | 5344.9 |
| 34 | 现期支出（Current expenditures） | 846.5 | 1370.9 | 1879.5 | 2412.5 | 2906 | 3916.4 | 4147.9 | 4430 | 4737.7 | 4998.8 |
| 35 | 政府投资（Gross government investment） | 100.3 | 158.8 | 215.7 | 232.6 | 304.3 | 392 | 425.1 | 456.5 | 495.5 | 503.4 |
| 36 | 资本转移支付（Capital transfer payments） | 0.4 | 0.1 | 7.4 | 0.6 | 0.4 | 42.3 | 18.4 | 29.1 | 104.6 | 161.8 |
| 37 | 非生产性资产的净购买（Net purchases of nonproduced assets） | -2.3 | 1.9 | 5 | -0.8 | 8.4 | 9.8 | -2.2 | 12.5 | -5.3 | 6.3 |
| 38 | 固定资产消费（Less：Consumption of fixed capital） | 61.8 | 92.7 | 130.8 | 164.8 | 197.5 | 250.6 | 269.3 | 291.3 | 312.3 | 325.3 |
| 39 | 净资本（Net lending or net borrowing） | -75.7 | -215.5 | -251.8 | -244.5 | 146.6 | -418.3 | -291.6 | -408.1 | -912.3 | -1592.7 |

资料来源：bea。http://www.bea.gov/national/nipaweb/TableView.asp? SelectedTable = 86&ViewSeries = NO&Java = no&Request3Place = N&3Place = N&FromView = YES&Freq = Year&FirstYear = 1980&LastYear = 2009&3Place = 2009&3Place = N&Update = N&Update&JavaBox = UpdateN&Update&JavaBox = yes#。

表2-6显示，在美国的税收来源中，个人税收占有最大的比重，在1969—2009年间，平均所占比重为49.4%，最高曾经达到57.1%，最低为42.3%，但整体变动不大，显示方差为3.3。生产和进口税所占比重为第2位，平均值为37.0%，最高为42.5%，最低为32.3%。企业所得税所占比重为第3位，所占比重平均为13.4%，最高为17.4%，最低为8.9%，方差为2.3。所以，整体上而言，美国的财政收入更多的是通过个人和企业所得进行征税，而对中间的流转环节征税较少。

表2-6　　　　美国税收来源的描述性统计分析（1969—2009）　　　单位:%

| 变量<br>（各税收占总税收的比重） | Obs<br>（观察样本） | Mean<br>（均值） | Std. Dev.<br>（标准差） | Min<br>（最小值） | Max<br>（最大值） |
|---|---|---|---|---|---|
| 税收占财政总收入比重 | 41 | 71.0 | 4.1 | 64.7 | 80.6 |
| 个人税占税收比重 | 41 | 49.4 | 3.3 | 42.3 | 57.1 |
| 生产和进口税占税收比重 | 41 | 37.0 | 2.3 | 32.2 | 42.5 |
| 企业所得税占税收比重 | 41 | 13.4 | 2.3 | 8.9 | 17.4 |
| 其他世界税收占税收比重 | 41 | 0.3 | 0.13 | 0.13 | 0.6 |

## 四　公共政策中的效率及其影响因素

如果政策选择对交易过程有着更多干预和扭曲的税收政策，显然，政策所带来的负面效应会更大，所带来的社会福利损失会更多。

事实上，税收政策的选择本身反映了政府的效率和整个社会效率的高低。如果能够以更低的成本获得政府提供公共产品和劳务所必需的政府支出，那么其本身可以节约政府的开支，从而降低社会的资源损耗，提高资源利用效率。

决定税收政策效率高低更基础性的因素是，信息获取的成本。如果信息能有效地获取，那么就可以有针对性地对不同的个体或群体征收相应的税收和税收额度。同样，可以根据公共政策的目标，设计对社会福利损失最小的税率及征收方式。而一旦获取信息的成本非常高，或者根本无从具体获取相应的信息，那么政府可能只能根据最简单的方式进行征税，有可能会导致税率很高，或者征收的税种具有很强的扭曲效应。

信息获取的成本一定程度上反映了政府的基础设施建设和实际执政能力。信息总是不对称的，因而信息获取总是有代价的。就税收而言，大部分个体总是有避税乃至偷税的动机，因而如何降低这种动机在很大程度上与政府的行政能力有着直接的关联。

首先，政府本身的透明度，特别是财政收支的透明度问题。如果政府收支较为透明，公众可以较为有效地监督公共部门的运作情况，并且会在一定程度上促使公共产品的增加。一旦提供的公共产品足够多，公众的满意度较高，那么公众主动纳税的意愿会提高。

其次，社会的透明度，即信息的可获取性及共享性，特别是违反基本纳税义务和社会法律的信息，能够为其他主体获取，从而形成切实的惩罚机制。

再次，政府和社会的时间偏好与耐心程度。由于信息的基础设施需要较长时间建立，因而需要公共部门有着较长期的投资，同时，更多地偏重长期的利益，而尽可能地克服短视行为。

最后，公共决策的水平。在制定政策时，需要有足够的信息才能保证决策的效率。在税收中，通常存在着倒 U 形关系：如果税率很低，那么经济活动的激励不会受到税收的太多影响，因而市场规模较大，但由于税率较低，所以税收也会较低；而随着税率的提高，市场主体的经济激励会由于税收而"打折扣"，市场规模会受到部分的抑制，而此时税率的提高将主要使得政府的税收会增加；随着税率的进一步提高，对市场主体的激励会由于税收增加而不断增加，一旦增加的幅度较高，那么市场主体可能会减少努力程度，或者以更多的精力用于逃避税收的行为，从而会降低税收的总额。对于政策制定者而言，需要考虑设置最优的税率，以此来有效地征收一定规模的税收，而这种决策是以有效地获取社会公众的信息为基础的。

以当前的国内税收收入为例，当前，更多的税收只能以流转税的形式征收，这在本质上表明，征税的方式受到了很大的限制，而且这种征税的成本较高。无论对公共部门，还是私人部门，都需要花费大量的时间和精力，以应对税收的征收事务。公共部门选择增值税的原因在于，由于信息难以获取，所以只能选择比较容易监管和征收的企业，特别是大型企业，来有效地满足财政支出需求。由于分散的个人和家庭，信息获取较为艰难，导致了源于个人和家庭的税收一直有限。这就是中国和发达国家在公共财政的税收中存在显著差异的根本原因。

对于地方政府，问题同样存在：地方政府的财政收入有限，却有着诸多支出项目和支出意愿，因而有着更多扭曲性的行为：早期主要是预算外收入和支出，这种预算外支出一度高出预算内收支，比如很多收费项目、罚没及摊派行为；后期，由于对该项目的限制，地方政府重新"挖掘"了土地收入，从而形成实际的"土地财政"：通过出卖土地，来获取地方的财政收入，而这种土地财政可视为"鸦片"，不仅造成了很多公众和地方政府部门的对抗，而事实上导致了地方政府的短期及"上瘾"行为。

在西方国家，地方财政很大部分源于房产税，根据房产的价格，每年征收一定比例的房产税，而这种税收事实上是很稳定的税收来源。卖地收入主要是一次性收入，而房产税则是持续的收入，两者相比无疑房产税更具有稳定性。但中国的地方政府难以有效地获取房产税的原因主要在于：信息的缺失，导致难以对房产的相关信息有效地采集，更难以公正地对房产的实际价值进行评估，因而增加了征收房产税的信息成本。而公众对于房产税的抵制，可能主要由公共部门收支不透明和公共服务有限所致。

在支出方面，政府的透明度和提供的服务将能增加公众的信任和纳税的积极性。西方国家普遍对公共产品采取免费的措施，比如，高速公路、基础的医疗和教育等。此外，在个人申报个人或者家庭所得的基础上，政府对低收入群体会有相应的补助或者退税措施。

如果政府通过实施转移支付，实现社会福利最大化，从而尽可能参照福利经济学第二定理达到资源最优配置。事实上，要实现福利经济学第二定理，需要满足很强的条件：第一，市场参与者必须是价格接受者；第二，集中决策者需要掌握详尽的信息，包括个体的偏好、初始财富及能力等方面的信息；第三，假使集中决策者掌握了信息，需要有足够的能力、时间和精力去实施转移支付，需要通过恰当的税收和转移支付实现。

因此，有效率的公共政策应该是有效率地提供公共产品，并对收入分配进行较为合理的再配置。

## 第四节　农业领域公共政策的初步评估：
## 政策内容和政策效应

### 一　农业领域的公共政策的内容

排除制度性的安排，农业领域的公共政策主要包含税收和补贴。在税收上，西方国家通常不针对农业生产环节征收税收，但会对农户进行征税。不对生产环节征税的理由就在于生产环节征税会直接扭曲市场交易，从而带来效率损失。

西方国家征收的税收大概包括房产税和收入所得税。房产税，即农场中的建筑物同样会收取相应的房产税，但税收同样低于对城镇住宅征收的房产税；收入所得税，如果农户或者农场主的收入超过一定的额度，那么农户或农场主需要交对应比例的收入所得税。

中国在历史上相当长的时间内，对农业生产领域征收税收。很长时间内，这种税收成为财政收入的非常重要的来源。它的特点是，往往不计生产的成本和收入，而只是根据社会往年平均的产量来征收。对农业征收生产环节的税收，一方面可能是整个社会以农业为主，只能依靠农业税；另一方面的原因是，此种征收方式在主观上具有惯性，客观上依据当年产量征收则具有估算的难度。

对于支出的补贴，近年来，中国政府开始对农业进行补贴。补贴的原因可能是，农业发展整体滞后于其他行业；从事农业生产的农户生活水平低于从事其他行业的居民；在农业生产区域的农村发展程度远远落后于整个社会的发展水平。同时，政府的财政实力的增强，在客观上具备了大规模转移支付的可能；对照西方发达国家在经济发展过程中对农户和农业的补贴，促使中国政府对本国的农业和农户进行补贴。

### 二　政策的可能效应

农业税这种极其独特的、对产量征收的公共政策，可以大致预见其有很强的负面效应。它不仅造成了社会福利的损失，并且有可能是造成中国农业和农村经济长期落后的重要原因，在客观上也可能使得农户收入长期保持较低水平。这种农业税政策可能和工农"剪刀差"一起，为国家工业化进程积累了资金，但客观上使得农业和农户的利益受到了很大的损失。随着时间的推移，过度忽视农业来发展工业化的策略被证实是难以持续的：工业的基础不稳固——源于农业的原材料供给受到严重制约；同时，整个国民经济也难以持续发展——农产品价格会出现较强的波动，农户的利益难以保证。

片面地追求工业部门快速增长的最后代价可能是整体经济的长期效率降低，最终加大了部门之间的差距。

农业补贴作为一种转移支付，有可能提高社会的福利，因为财富较低的个体的边际效用会高于财富高的个体的边际效用，从而在整体上进一步提升社会福利。

但我们对补贴的作用不能过于乐观估计。理论上，作为公共政策，转移支付能够实现社会福利的改进需要满足相应的条件，比如，政策制定者需要掌握相应的信息，而这种信息通常是难以获取的。在中国，信息的透明度很低，这可能导致不管何种形式的补贴都难以奏效。

在实际中，中国的农业补贴更是可能难以达到相应的额度，特别是考虑到农业人口的数量，具体到单个农户的农业补贴数额可能非常小，以至于农业补贴对农户的行为不会产生太大的影响。这与西方国家有很大的不同：西方国家财力较强，农户数量较少，但政治影响力较大，国内能获得规模较大的农业补贴。

政策目标上，国内的农业补贴的目标比较含糊，部分目标是提高农业生产，部分目标是提高农户的生活水平，也有部分目标是改善农村经济，而这些目标虽然具有一定的相似之处，但也存在着内在的冲突，因而最终可能的政策效应会较为混杂。

结合中国农业补贴的形式，补贴的方向很有可能过于多样化、补贴方式过于简单，从而进一步弱化政策的效应，一个很有说服力的例子是，对生产资料的补贴，可能更多的收益被垄断的生产企业截取，而对于农户生产并没有产生实际的效应。

# 第 二 篇
# 农业税历史回顾
# 及其效应评价

# 第 三 章

# 中国独特的农业税概述及其政策效应：历史回顾和理论分析

## 第一节　中国农业税的历史与特点[*]

农业税是中国历史赋税最早的一个税种。经过夏朝至今有四千多年的历史演变过程，主要是以征收实物到折算税金的税收形式，其共同特征是土地和农业收入一直为国家税收的主要来源；税人或税地、纳物或纳钱始终是税收制度的核心；随着改朝换代和税费改革税收负担一直是高低循环，从根本上难以改变，跳不出"黄宗羲定律"。直到 2006 年 1 月 1 日，中国才取消农业税。

### 一　农业税收政策的起源

#### （一）农业税的起源

大约公元前 2200 年，夏王朝建立，开始实行贡赋制度，是我国农业税的雏型。现存《尚书·禹贡》是其一部较完整和系统的农业税法，规定根据土地的肥瘠情况制定出贡赋的等级。《春秋·左传》记载，夏禹向众多诸侯贡赋："禹会诸侯于涂山，执玉帛者万国，远方图物，贡金九牧，铸鼎象物，百物而为之备。"商代实行助法，以划地为区，区分私田公田，奴隶助耕公田纳贡后，不论是私田或公田，耕其土地收获物向王室

---

[*] 本节赵芳丽做了资料整理工作，并参考了傅光明写的《论我国农业税的起源主历史演变》（网络文章）及伍丹戈编写的《中国农业税的问题》，立信会计图书用品出版社 1952 年版。

赋贡。商主把一部分土地交给农户去耕种，实行七十税一，孟子说是十一税率。周朝是我国奴隶制社会的末期王朝，由于助耕制度下私田收益较大，公田收益减少，影响了王室贵族的助赋收入，所以又把公田分给奴隶耕种，在赋税上由"助法"改为"彻法"，即"民耕百亩者，彻取十亩以为赋"，彻法按土地数量进行课征，是"通力合作，计亩均收，比率为民得其九，公取其一"的什一实物赋税政策，并且有专人征收实物税收。

（二）农业税的确立时期

春秋时期，公元前594年鲁宣公15年废除传统的借田以力的徭役租，颁布"初税亩"，对公田私田一律按亩缴税，亩十取一。

公元前221年，秦朝建立，设置治粟内史统管财政，统一农业税，开始了集中统一农业税制的时代。《史记》记载，秦始皇三十一年（公元前216年）令"黔首自实田"，田赋分田租、口赋和力役三种形式。当时力役负担"三十倍于古"；史称秦代赋税"田租、口赋、盐铁之得二十倍于古"。

（三）农业税的改革发展时期

为了巩固自己的统治，缓和矛盾，各朝代对农业税采取了不同的做法。如西汉采取"薄赋省刑"政策，实行"十五税一"和"三十税一"的田税制。东汉末年把田租与户赋两者结合，两者时分时并，到唐朝演变为租庸制，唐中叶租庸调瓦解，此后各朝实行计亩征税、计户而征的办法。唐朝于公元780年废止租庸调法的一切杂税和杂役，统一实行两税法，不分人户贵贱，均按贫富等级征税，即"居人之税"和"田亩之税"，改征实为征钱，从实物向货物税过渡；把"以丁为本"改为以资产为主，把田、户、口税和杂税合并到两税征收。北宋中期王安石变法，颁地方田均税法、募役法。明朝中期，由于土地兼并剧烈，减少了国家税收，张居正推行一条鞭法，"役归于地"，将夏税、秋粮、里甲、均徭、杂役和土贡合并征收，计亩征，税收以货币缴纳。一条鞭法名义上减轻赋税，但后来还是把各种负担和课税转嫁给农户，苛捐杂税越来越多，税负更重。清代中期实行"摊丁入亩"，役赋合并，将所有应收的丁银摊入到地亩，将人头税归于财产税，结束了各朝以来混乱征收地户、丁的现象，租庸调、两税法、一条鞭法和摊丁入亩在古代农业税史上影响深远。

1. 租庸调

租庸调制承袭了北魏的"租调"，为隋和唐中期前实行的赋税制度，"粟二石"者谓之租（成年男子每年给国家缴纳田产四十分之一），"岁役二旬"者谓之庸（成年男子为国家服力役二十天），"征乡土所产者"谓之调（服徭役期限内，若不服役可以缴纳绢或布来替代役）。租庸调规定，以"人丁"为本，不论土地的多少，按丁缴纳同等数量的绢、粟，由县尉负责，8月开始征收，9月运往京城。租在收割后于11月开始运送。

唐高祖武德二年（619年）二月规定，每丁纳"租二石、绢二丈、绵三两"。又规定，丁男18岁以上，授田百亩，其中20亩为永业田，80亩为口分田。死后还田。政府依据授田记录而向人民征收租庸调。不论贫富，一律缴纳定额的租庸调。租即田租，每年要纳粟2石。庸则是力役，每年替政府服役20日，调是户调，男丁随乡土所产而纳。除租庸调外，人民还需负担杂徭和色役。陆贽称许租庸调法："国朝着令赋役之法有三：一曰租，二曰调，三曰庸。……此三道者，皆宗本前哲之规模，参考历代之利害。其取法也远，其立意也深，其敛财也均，其域人也固，其裁规也简，其备虑也周。""有田则有租，有家则有调，有身则有庸。"

租庸调一定要配合均田制，一旦均田制遭到破坏，租庸调则大坏，武周后由于人口增加，土地又不断遭到兼并，到后来，唐朝廷已无足够土地实行均田制，男丁所得土地不足，又要缴纳定额的租庸调，使农户负担不来，遂使农户逃亡。安史之乱后，中央朝廷负担剧增，于唐德宗建中年间改行杨炎的两税法。

2. 两税法

两税法的主要内容是：原来所有税负废除，量出制入，即预算每年的开支，按大历十四年的垦田面积分摊，分夏、秋两季交纳，以各地现居户口为纳税人，鳏寡孤独及赤贫者免税，行商由所在州县征收；户税交钱，由中央分摊到居户；地税交米粟，以大历十四年的垦田数为基准平均负担；商人按收入税三十分之一。但时隔不到三年，政府就下令每千钱加征200文，此后又多次加征。

两税法是我国赋税史上标志性的改革，具有重大意义，为后朝所沿用。其一，量出制入，可以控制官府胡乱开支；其二，税收按占有土地、资产分开征收，在所居或所在州县缴纳，不分贵践和农商；其三，户税以货币计征，促进了商品经济的发展。

3. 一条鞭法

明神宗时期，张居正任首辅秉政，均徭役，抑制土地兼并，于万历六年（公元 1578 年）下令清丈土地，进行赋役改革，三年后在全国推行"一条鞭法"。一条鞭法的具体内容是：田赋、力役合并为一条鞭，并入田赋，计亩，按土地多少征。此后，一条鞭法所征课额中，包括田赋、各种杂税和力役。有丁无粮之家，仍纳丁银。赋税一律征银，把货币和实物混合税全部转为货币税。

一条鞭法名义上计亩征银，有利于商品经济的发展。但事实是一旦有新需要，就任意加征加派，如著名的"三大饷"加派：辽饷、剿饷、练饷加派。

4. 摊丁入亩

康熙五十一年（公元 1712 年）规定固定丁银数量，以康熙五十年丁册为常额，固定丁银 335 万多两，此后新增人丁，不再征赋。四年后，规定将固定的丁银首先摊入田亩征收，以广东为试验，此后逐渐推行到全国。地税从此也称"地丁"，该政策称为"摊丁入亩"。地丁完全按田亩征收，按田多少征赋，赋负趋于合理。

摊丁入亩，继续简化了税负内容，再次统一了全国赋制，不但有利于执行国家的财税制度，还发展了地方社会经济。但该改革十分困难，全国正式推行的时间为雍正元年 1723 年，到光绪二九年（1883 年）长达 150 多年。

**二　农业税的混乱时期**

晚清政府虽然在统一的田赋制度下，随着国家内忧外患，朝政财力空虚，出现了名目繁多的地租、田赋附加、厘金和差徭等各种苛捐杂税。

1912—1927 年，中国为北洋政府统治时期，地方军阀各自为政，土地兼并十分严重，地主、富农占有全国 68% 的土地，苛捐杂税日益繁多。据统计，从 1922—1928 年田赋税率从 20% 提高到了 53%。1927—1948 年为国民党政府时期，农业税主要包括田赋、附加和预征；还有三征：田赋征实、粮食征购和征借。田赋、附加和三征是正税的多倍。民国三十三年（1944）颁布《田赋征收实物条例》，规定田赋征收实物，每年在作物成熟时一次性缴税，依各省、市、县册载赋额为基数，并依左列标准折征之。（1）征收稻谷区域，按赋额每元折征稻谷四市斗；（2）征收小麦区域，按赋额每元折征小麦二市斗八升；（3）征收棉花区域，按赋额每元折征皮棉五市斤。

相反，解放区开展土地革命，实行土地均分制，农户负担较轻，农业税施行分类税率。湘赣边区 1928 年颁布《湘赣边区土地法》，其中规定：土地税依生产状况分为 15%、10% 和 5% 三类，以 15% 为主，如遇虫害或水灾等自然状况和其他特殊情况，经政府批准，适用较低的税率。1931 年颁布《中华苏维埃暂行税则》，规定废除民国军阀的全部税负杂役，实行累进税。农户按人口均分土地，算出全家人口平均收获与每人生活支出数额，再向每人征收的最低数额比例的累进税。此后陆续颁布了《农业税暂行细则》、《土地税征税细则》及抗日期间的《战时合理负担办法》等一系列法律和法规。

### 三　1949 年后农业税政策的变化过程

（一）农业税的确立和变革（1978 年之前农业税的改革历程）

新中国成立初期，《新解放区农业税暂行条例》规定实行全额累进税制。1953—1957 年第一个五年计划时期，农业税实际负担率平均为 11.6%，较国民经济恢复时期继续降低，同时也减少了农户的其他税收和摊派负担。

1958 年 6 月，第一届全国人大常委会通过了《中华人民共和国农业税条例》，主要有以下规定：

（1）纳税人为从事农业生产、有农业收入的单位和个人。农业生产合作社和兼营农业的其他合作社，有自留地的合作社社员，个体农户和有农业收入的其他公民，国营农场、地方国营农场和公私合营农场，有农业收入的企业、机关、部队、学校、团体和寺庙。

（2）对农业收入征收农业税。粮食作物和薯类作物的收入，棉花、麻类、烟叶、油料、糖料和其他经济作物的收入，园艺作物的收入，经国务院规定或者批准征收农业税的其他收入。关于农业税率，全国的平均税率规定为常年产量的 15.5%；各省、自治区、直辖市的平均税率，由国务院根据全国平均税率，结合各地区的不同经济情况，分别加以规定，最高不得超过 25%。

（3）地方附加一般不得超过纳税人应纳农业税税额的 15%；在种植经济作物、园艺作物比较集中而获利又超过种植粮食作物较多的地区，地方附加的比例，可以高于 15%，但最高不得超过 30%。

（4）农业税分夏、秋两季征收。夏收较少的地区，可以不进行夏征，在秋季一并征收。征收的时间，由省、自治区、直辖市人民委员会规定。农业税以征收粮食为主。对于缴纳粮食有困难的纳税人，可以改征其他农产品或者现款。

《农业税条例》以轻税和农业生产发展为主线。后来，由于人民公社化和大跃进运动导致农业产量假报、虚报，而税负比例不变，这样间接地大幅度地提高了农户负担，同时由于把农村资源集中调到工业上，此时农业发展停滞。加上三年自然灾害，1958—1960 年农业税年均负担率为 13.5%，和新中国成立初期基本持平；1960 年，政府提出"调整、巩固、充实、提高"八字方针，政策的及时转变使得 1963—1965 年的农业负担率（农业税占实际产量的比例）降到 7.5%。

"文化大革命"时期，计算农业税以生产单位——主要以生产队实际产量核算征收，实际上仍旧以三年困难时期按法定亩核定的标准征收；其他农业生产组织则按照实际种植的农作物或其他经济作物的收获、收入核算。农户负担稳中有降，中央采取积极措施，对安徽、新疆、湖北等省（自治区）内农户税负畸轻畸重现象作了适当的调整，农业税负进一步下降。

表 3-1　　　　　　　　农业税负担（1965—1975）　　　　　　单位:%

| 年份 | 1965 | 1966 | 1967 | 1968 | 1969 | 1970 | 1971 | 1972 | 1973 | 1974 | 1975 |
|---|---|---|---|---|---|---|---|---|---|---|---|
| 负担率 | 7 | 6.5 | 6.1 | 6.7 | 6.7 | 6.2 | 5.9 | 5.6 | 5.4 | 5.1 | 4.9 |

注：负担率 = 农业税/实际产量×100。

资料来源：《中国农村经济统计大全》（1949—1986）有关计算，中国农业出版社 1989 年版。

（二）1978—2000 年间我国农业税的变化过程

1978 年中国开始了家庭联产承包责任制改革，以生产队为主体的基本核算单位转变为一家一户的农户，因此农业税的征税分解到各个农户。

在一个生产队内，平均每法定亩征收的税率相同。按照农户承包的法定亩数量分摊到农户，故此称为"田亩税"。基层组织（主要为生产大队）在核算和协助征收农业税的时候，简单地按照人口计算方式来平摊税负，故被戏称为"人头税"。为了平衡农村各种作物的税收负担，促进农业生产的全面发展，1983 年，开征"农林特产农业税"，规定凡从事农林特产品生产，取得农林特产收入的单位和个人，都应当缴纳农业税，具体办法由各省、自治区、直辖市来定。

（1）农林特产收入的征税范围：①园艺收入，包括水果、茶、桑、花卉、苗木、药材等产品的收入；②林木收入，包括竹、木、天燃橡胶、柞树坡（养柞蚕）、木本油料、生漆及其他林产品的收入；③水产收入，包括水生植物、淡水养殖、滩涂养殖产品的收入；④各省、自治区、直辖市人民政府认为应当征收农业税的其他农林特产收入。

（2）各种农林特产收入的核定计算方法及具体征税办法，由各省、自治区、直辖市人民政府根据具体情况制定。农林特产农业税的税率一般定为 5%—10%。在此范围内，由各省、自治区、直辖市人民政府按照不同农林特产产品的获利情况，在不低于粮田实际负担水平的原则下，分别规定不同产品的税率。对少数获利大的产品，可以适当提高税率，但最高不得超过 15%。

1994 年农林业特产税改为农业特产农业税和牧业税（畜牧区）；农业税制实际上包括农业税、农业特产税和牧业税三种形式。1994 年 1 月 31 日发布的《关于对农业特产收入征收农业税的规定》征收的范围为除粮食作物以外的其他种植业、渔业、林业和畜牧业等产品，包括烟叶（31%）、园艺（毛茶 16%，柑桔、香蕉、荔枝、苹果、梨，一律为 12%）、其他水果干果（10%）、果用瓜和蚕桑（8%））、水产（海淡水、滩涂养殖和海淡水捕捞及水生植物 8%）、林木（原本原竹、生漆天然树脂、天然橡胶，一律为 8%）、牲畜产品（牛皮、猪皮、羊皮、羊毛、兔毛、羊绒、驼绒，一律为 10%）、食用菌（黑木耳、银耳、香菇、蘑菇，一律为 8%）和贵重农产品（海参、鲍鱼、干口燕窝、鱼唇、鱼翅，一律为 25%）；纳税对象为农业特产品的生产单位和个人。对主要产品实行全国统一税目和税率，税目未及产品由省、自治区、直辖市政府在 5%—20% 的幅度内规定。税额按照农业特产品实际收入和规定的税率计算征收，实际收入由当地征收机关按照农业特产品实际产量和国家规定的收购价格或者市场收购价格计算核定。

1982—1986 年间连续出台五个"中央一号文件"，促进农业发展，减轻农户负担。实行"基数在组、任务到户、按户缴纳结算"的办法，由征收粮食为主，改为折征代金等，以后随着粮食产量的提高，农户缴纳农业税的负担逐年下降。但是，从 20 世纪 90 年代开始，各地出台了一系列相关政策，无端地向农户收取费用，相应增加了农户税外负担，形成了"一税轻、二费重"的情况，给农村经济发展带来一定的影响，农户"增产不增收"的现象已经初现端倪，例如 1996 年农户人均纯收入比上年实际增长 9%，1997 年增幅降至 4.6%，1998 年进一步降至 4.3%。"三农"问题逐渐显现，且越来越严重。

（三）2000 年后中国农村税费改革过程

为了减轻农户负担，解决"三农"问题，国家连续出台了一系列措施。2000 年 3 月 2 日，发出了《关于进行农村税费改革试点工作的通知》，决定在安徽进行试点，取得了成效，同年国务院决定扩大农村税费改革试点，包括湖北在内的 16 个省、自治区、直辖市。此次的目标是建立一个以农业税、农业特产税及其附加，以及"村级一事一议"筹资筹劳为主要内容的农村税费制度框架。2003 年 5 月 18 日，《国务院关于全面推进农村税费改革试点工作的意见》提出，对部分农业特产品（除烟叶外）不再单独征收农业特产税，改为征收农业税。随着我国经济的发展，农业税占财政收入的比重越来越低，由 1952 年的 13.8% 降低到 2002 年的 4%，取消农业税的时机逐渐成熟。

**四 农业税的取消**

2004 年，《政府工作报告》提出五年内取消农业税，《中共中央、国务院关于促进农户增加收入若干政策的意见》提出，有条件的地方，可以进一步降低农业税税率或免除农业税，对种粮农户实行直接补贴、对粮食主产区的农户实行良种补贴和对购买大型农机具户的农户给予补贴；同时加大中央转移支付力度，降低农业税税率 1 个百分点。吉林、黑龙江等 8 个省份全部或部分免征了农业税，河北等 11 个粮食主产省区降低农业税税率 3 个百分点，其他地方降低农业税税率 1 个百分点。

2005 年上半年，中国 22 个省免征农业税；2005 年年底，28 个省、区、市及河北、山东、云南三省的 210 个县（市）全部免征了农业税。

2006 年 1 月 1 日，全国取消农业税，结束了几千年来农户交皇粮的历史。值得注意的是，统计数据显示，2006 年以后，仍然有农业税统计，其原因在于：2006 年以前，农业各税包括农业税、牧业税、耕地占用税、农业特产税、契税和烟叶税；从 2006 年起，农业各税仍然征收包括耕地占用税、契税和烟叶税为形式的农业税。

此后各年度，国家继续出台关于"三农"的"中央一号文件"，加大补贴力度，我国粮食产量稳步提高，农户收入持续增加。

## 第二节　定额税与最优产出：理论模型

### 一　背景和模型的基本含义

本部分结合农业税的特征，侧重对固定税和比例税所具有的效应进行了理论分析，并以中国的农业税为例，对两种税制安排的实际效应进行了经验分析。理论模型证实，固定税只影响消费，而对生产活动没有影响；而比例税则会扭曲消费、资本投入和最终产出。在经验分析中得到，中国的农业税整体上对农业生产的影响不显著。在 1950—1961 年间，比较符合比例税特征，因而税额对生产存在着影响。1962 年之后，大体符合固定税制，对生产的影响不大，但税率变化对产出的变化具有一定的影响。对产量变化和税收变化之间的直接分析表明，实际税收变化对产量变化几乎没有什么影响。

为了实现粮食产量增加目标，中国政府在农业税收制度上进行了一些重大变革：2001 年推广实施费改税，2003 年开始尝试取消农业税试点，2006 年提前全面取消农业税。取消农业税的措施结束了中国长达两千多年的农业税征收历史[①]。

从更一般角度看，税收是项重要的公共财政，如何进行最优税收安排是公共决策中的一项重要内容，比如中国经济快速增长过程中，税收会不会由于过高而阻碍了后续的快速增长进程？如何减少税收引起的扭曲？这

---

① 不对农业征税客观上与绝大部分国家通行做法相符。

些都是非常值得研究的问题。按照通常的看法，税收会引起扭曲，改变个人或者厂商的行为，因而理想的税收应该是尽可能低的税率。现实生活中，为了满足公共财政的需要，政府通常需要征收一定的税收，公共支出在一定条件下可以促进整体产出的增加或者整个社会福利的提高。扭曲和公共财政的积极意义之间通常需要进行恰当的权衡和折中。近年来，动态公共财政（Dynamic Public Finance）成为宏观经济学和公共经济学的前沿与热点问题之一（M. Golosov, A. Tsyvinski and I. Werning, 2006）。在公共财政中，税收安排包括了经典的拉姆齐税收和米勒斯税收，其中引起当前更多注意的是米勒斯税收，它将信息不对称和异质性引入最优税收安排。本书也将涉及在征税对象难以完全观测背景下的税制变动及其影响。

有意思的是，税制有时会变动，税制变动所带来的影响引起了研究兴趣。参照经典的理论，如李嘉图和巴罗等价定理认为，税制变动在长期中不会产生实质性的影响。而美国的税制在 2001 年发生了一些变化，它为研究税制变化对经济的影响提供了很好的样本。更多的经验研究表明，税制的变动会引起个人和厂商行为发生短期变化，但从长期看，对整体经济的影响确实不显著（Christopher L. House and Matthew D. Shapiro, 2006, 2008）。与税收具有等同性质的是补贴[①]，同样可以看到补贴对实际生产和福利的相应研究及其经验结论也充满着争议（David Card and Dean R. Hyslop, 2005; David Card and Daniel Sullivan, 1988）。

中国也经历了类似的税收变化，特别是随着中国经济的日益增长，税收制度进行不断变化和改进，税收调整的效应具有很重要的政策和理论意义。比较有意思和独特的案例是农业税。中国具有非常长的征收农业税的历史，有记载的就长达 2600 多年之久。在以农业为主导的经济中，绝大部分税收很自然地依赖于农业和农户。这种情况一直延续到 1950—1960年。此后，随着中国经济实力的增强，财政收入不断增加，而农业税总额增加有限，因而农业税所占的比重越来越低。同时出于各种政策目标的考虑，例如减轻农户负担、促进农业生产和加入世界贸易组织的国际接轨，中国政府在农业税收领域进行了一系列变革，包括 2001 年推广的费改税和 2003 年开始取消的农业税，而且农业税在 2006 年在全国范围内全面提

---

① 税收是负向激励，而补贴可以认为是正向激励。

前取消。

值得注意的是，中国的农业税在计收方式上具有一定的特殊性，不同于通常对增值部分进行征税，农业税在政策设计上是对总产量进行征税。这种征税方法可能是扭曲效应最显著的。这在本书的模型中可以得到印证。

在政策目标上，取消农业税，一方面，包含有减轻农户负担，提高农业的国际竞争力的目的；另一方面，是为了提高农业产量。值得注意的是，随着农业税的取消，甚至近几年增加了农业补贴（这可以认为，税收一样是激励安排，税收是负向激励，而补贴可视为一种正向补贴），而农业产量似乎并没有实际提高。

因而我们有必要对税收政策的变化进行恰当的评估，揭示政策变化的影响，其意义在于：第一，从理论上论证这种政策的可能效果；第二，从经验上对政策及其效应进行评价；第三，可能的话，提出更为恰当的政策安排。

为此，建立了一个简单的模型，描述不同的税制安排对生产和消费的影响，特别是，中国农业税采取的是对最终产出征收比例税，这种征税方式在理论上证实是扭曲效应最显著的，而固定税对生产不会有实际影响。这种分析有别于其他类似的研究。

特别地，我们对固定税和比例税之间的转换及其效应进行了研究，而这种简单的关系在以往的研究有所忽视。可以看到，在时间区间较短的条件下，固定税在一定程度上可以转换为比例税，从而使得实际税率与产出变化之间有着显著的关联，税率的下降会进一步促进产出的增加。

在经验分析上，本书对中国的农业税进行回顾，特别是 1950 年之后的农业税的变化做了阐述，并重点对税收变化及其效应进行了研究。研究发现，农业税在 1960 年前后具有最为显著的影响，其原因可能是在这些时间段，税收更多的是比例税，而且税率很高，这导致了较为严重的负面影响。大体上证实了比例税具有最大扭曲效应的结论。而在 1962 年之后，特别是随着农业产量的实际提高，而农业税变动不大，这客观上使得农业税逐渐转化为固定税，固定税的扭曲效应不断降低。

与固定税结论相对应的，税收的效应具有时间特性，不同的时间段具有不同的效应，这可能的原因是，中国农业税是变动的。例如，分别对 1961 年和 1999 年时点进行了区分，结果大体证实了这些时间发生的税收变化所具有的影响。同时还考虑了 1984 年时点，主要是考虑到农业生产方式发生了显著变化。

直接分析了实际税收变化对产量变化的影响，结果表明，两者之间关联很小，这意味着税收变化对产量变化几乎没有什么影响。即使考虑到不同时点的影响，主要的时间区间内，两者之间的关系也不大，唯一不同的是，在新中国成立初期，两者之间出现了正的关系。

**二 没有税收和定额税条件下的最优决策：一般情形**

我们分别分析了不同的税收安排下，代表性代理人（representative agent）的最优决策，包括比例税和定额税。在定额税税制下，无论产出如何，政府征收一样的税收（通常指对每个人征收同等税收）；结合中国农业税的实际，在比例税条件下，税收与产出（或者投入）成一定的比例。第一种税制与产出无关，这看起来是最无效的税收安排，但在一定条件下却可以被证明是有效率的税制安排，它对经济体产生的干扰最小；而比例税从直观上看，似乎是最公平的税制安排，但在一定条件下，它可能是扭曲效应较大的税制。

对于没有税收和固定额度税收的情形，模型比较简单，并与一般的宏观模型没有太多的差别，在这里主要为了比较不同税收情况下的均衡状况，我们将整个模型完整地刻画出来。

（一）基本设定

设定代表性个体最大化其生命周期效用，每一期的效用 $U(c_t)$ 源于消费 $c_t$，相对风险偏好系数为 $\theta$，效用为消费的不减函数，时间偏好为 $\rho$，人口增长速度为 $n$。代表性个体的目标可以表示为：

$$\text{Max} \int_{t=0}^{\infty} e^{-(\rho-n)t} U(c_t) dt \tag{3.1}$$

个体拥有初始资本 $A_0$，并无弹性地提供劳动力。在每一期（如果不影响表述，通常忽略时间 $t$ 的下标）获得相应的工资收入 $w$，而政府征收一定的税收 $T$。个体在资本市场将资产租赁给厂商，因而其动态的预算约束可表示为：

$$\dot{A} = (r-n)A + w - c - T \tag{3.2}$$

其中，$\dot{A}$ 表示变量 $A$ 的变化（下同）。

厂商生产函数为 $Y = F(K, L)$，其中，$K$ 为资本，而 $L$ 为劳动力。

（二）没有税收情形下的经济均衡

首先假设没有税收，那么经济的均衡可定义为：

定义：消费路径 $C_t$（总量，人均 $c_t$），资本存量 $K_t$ 和资产 $A_t$，以及均衡价格工资 $w_t$ 和利率 $r_t$ 构成动态均衡，满足如下条件：

（1）消费者最大化其效用，通过选择消费 $c_t$ 和每一期的资产 $A_t$ 达到最大化效用目标；

（2）厂商最大化其利润，主要通过选择资本投入 $K_t$ 实现；

（3）产品市场、劳动力市场和资本市场出清：$Y = C + \dot{K}$，$A = K$。

命题1：存在并唯一存在均衡水平，最优条件为：

$$\dot{c}/c = \left[ f'(k) - \delta - \rho \right]/\theta \quad \text{且} \lim_{t \to 0} e^{-\rho t} k_t = 0 \tag{3.3}$$

而在没有税收条件下，没有任何扭曲，此时可得到定点状态的资本存量 $k^*$、产出水平 $y^*$ 和消费 $c^*$：

$$k^* = \Phi^{-1}(\rho + \delta), y^* = f(k^*), c^* = f(k^*) - (n + \delta)$$

$$k^* = f(\Phi^{-1}(\rho + \delta)) - (n + \delta)\Phi^{-1}(\rho + \delta) \tag{3.4}$$

如果简化设定人均产出的函数形式为：$y = k^{\alpha}$，则可得到最终产出水平为：

$$y^* = f(k^*) = \left( \frac{\alpha}{\delta + \rho} \right)^{\alpha/(1-\alpha)}$$

（三）定额税收情形下的经济均衡

在税收理论中，一个很重要的争议是，存不存在着统一固定的税收，因而我们首先简单地分析一下如果政府对每个个体征收统一固定的税收、消费者和资本积累等关键行为和变量。

消费者同样是最大化其效用，形式同如（3.1）式。其他条件同样和基本设定一致，有所变化的是，由于政府征收了税收 $T_c$，因而个体的预算约束随之改变。此时动态的预算约束为

$$\dot{A} = (r - n)A + w - c - T_c \tag{3.5}$$

资本市场同样出清（$A = K$），因而等价地可以将厂商的资本积累方程表示为：

$$\dot{K} = f(k) - c - (n + \delta)k - T_c$$

此时可以得到经济均衡时的最优条件仍然遵循（3.3）式。不设定生

产函数的特殊形式，而一般性地设定 $f'(k) = \Phi(k) = z$，得到，$k = \Phi^{-1}(z)$。在定点状态条件下，均衡值分别为：

$$k^* = \Phi^{-1}(\rho + \delta)$$
$$c^* = f(k^*) - (n + \delta)$$
$$k^* - T_c = f(\Phi(\rho + \delta)) - (n + \delta)\Phi(\rho + \delta) - T_c$$
$$y^* = f(k^*) \tag{3.6}$$

和没有税收条件下的均衡对比可以得到如下命题：

命题 2：如果税收在人均意义上固定不变，那么税收只会影响定点状态条件下的消费，而不会影响资本存量和产出水平。

可以看到，这种固定不变的税收安排可能是最恰当的，因为它没有对实际生产活动产生影响。

## 第三节  独特的按最终产量征收比例税条件下的经济均衡

我们刻画中国独特的、根据最终产出按照比例征收税收所可能的影响。作为对比，分析比例税条件下代理人的行为特征，同时结合比较静态的影响，分析税率的变化对产出和消费的影响。此外，我们还对定额税和比例税的对应关系做了说明，如果在较短的时间跨度内，定额税可以转换为一定水平的比例税，从而形成实质性的影响。

（一）比例税及其影响

在税收安排中，通常会考虑效率和公平准则的折中，比如，在收入税中，高收入者征收额度较高的税收，而收入较低者收取较低的税收，即一般的模型和税制是对劳动收入征税，但根据中国经济的现实，税收是针对产出征税的，比如农业税，它根据农业的产量直接征收税收，而不考虑生产投入，因而我们建立相应的模型分析这种独特的征税方式所产生的影响。

这种税收的特点是，根据所观测的最终产出，按照一定的比例征税。比如增值税中，是根据生产活动的总额，按照一定的比例来收取税收，同样，营业税也大体如此。在农业税中，最初的政策也是根据农业常年产量来征收固定比例的税收。这种征税方式对于征税者来说相对简单，只要获取经济活动的经济价值总额即可。对被征税者而言，不管投入多少，最终征税的基数是最终产出。对于单个主体来说，他们的产出与实际征收的税收没有直接的关系，因为采取的是一视同仁的常年产量。

目标函数仍然遵循（3.1）式的形式，其他设定不变。此时，同样主要影响着约束方程为：

$$\dot{K} = Y - \delta K - C - \tau Y \tag{3.7}$$

人均意义上的动态约束方程为：

$$\dot{k} = f(k) - (\delta + n)k - c - \tau f(k) \tag{3.8}$$

可以得到通常意义上的欧拉方程，即最优条件：

$$\dot{c}/c = [(1-\tau)f'(k) - \delta - \rho]/\theta \tag{3.9}$$

而在定点状态条件下，（3.8）式和（3.9）式为 0 可以得到定点状态下的资本存量、消费和产出，不设定生产函数的特殊形式，而一般性地设定 $f'(k) = \Phi(k) = z$，由此得到，$k = \Phi^{-1}(z)$。从而分别得到定点状态条件下的资本存量、消费和产出为：

$$k^* = \Phi^{-1}\left(\frac{\rho + \delta}{1 - \tau}\right)$$

$$c^* = (1-\tau)f(k^*) - (n + \delta)$$

$$k^* = (1-\tau)f\left(\Phi^{-1}\left(\frac{\rho + \delta}{1 - \tau}\right)\right) - (n + \delta)\Phi^{-1}\left(\frac{\rho + \delta}{1 - \tau}\right)$$

$$y^* = f(k^*) \tag{3.10}$$

可以得到如下命题：

命题 3：在比例税条件下，税收扰动会影响人均资本存量、消费和产出。随着税收的提高，资本积累、消费和产出会降低。

同样，简化设定人均产出的函数形式为：$y = k^\alpha$，则可得到资本存量、最终产出和消费：

$$k^* = \left[\frac{(1-\tau)\alpha}{\delta + \rho}\right]^{1/(1-\alpha)}, y^* = f(k^*) = \left[\frac{(1-\tau)\alpha}{\delta + \rho}\right]^{\alpha/(1-\alpha)},$$

$$c^* = (1-\tau)\left[\frac{(1-\tau)\alpha}{\delta + \rho}\right]^{\alpha/(1-\alpha)} - (n + \delta)\left[\frac{(1-\tau)\alpha}{\delta + \rho}\right]^{1/(1-\alpha)}$$

$$= \left[\frac{(1-\tau)\alpha}{\delta + \rho}\right]^{1/(1-\alpha)}\left(\left[\frac{\delta + \rho}{\alpha} - (n + \delta)\right]\right)$$

可以看到，对最终产出征收的比例税具有的扭曲很大，不仅影响着消费，同样影响着资本积累和总的产出，因而更好的税收制度是选择不对最终产出征税，而选择对要素收入征税，比如劳动所得。

## 第四节　比较静态分析

### 一　不同税收方式的不同影响

在固定税收条件下，固定税收对资本积累和产出不会产生任何影响，而对消费会产生直接的影响。即 $\partial k^{*}/\partial T_{c}=0, \partial y^{*}/\partial T_{c}=0, \partial c^{*}/\partial T_{c}=1$。

而在比例税下，税率对资本积累、产出和消费的影响分别为：

$$\partial k^{*}/\partial \tau = -(\rho+\delta)\left[\Phi^{-1}\left(\frac{\rho+\delta}{1-\tau}\right)\right]'\left(\frac{1}{1-\tau}\right)^{2}$$

$$\partial y^{*}/\partial \tau = -(\rho+\delta)f'(k^{*})\left[\Phi^{-1}\left(\frac{\rho+\delta}{1-\tau}\right)\right]'\left(\frac{1}{1-\tau}\right)^{2}$$

$$\partial c^{*}/\partial \tau = -f\left(\Phi\left(\frac{\rho+\delta}{1-\tau}\right)\right) + (1-\tau)(\rho+\delta)f'(k^{*})\left[\Phi^{-1}\left(\frac{\rho+\delta}{1-\tau}\right)\right]'\left(\frac{1}{1-\tau}\right)^{2}$$

$$+ (n+\delta)(\rho+\delta)\left[\Phi^{-1}\left(\frac{\rho+\delta}{1-\tau}\right)\right]'\left(\frac{1}{1-\tau}\right)^{2} \tag{3.11}$$

由于通常 $z=\frac{\rho+\delta}{1-\tau}>0$，$k^{*}=\Phi^{-1}(z)>0$，因而税率对资本存量、产出和消费的影响通常为负向的，这表明，如果税率下降，会促进资本存量、产出和消费的增加。

### 二　从固定税到比例税的转变及其影响

在理论模型中，固定税更多的是影响消费，而比例税则直接影响生产和消费，但固定税和比例税的区分可能并不是绝对的。第一，比例税可能会变为固定税；第二，固定税在一定条件下可能会变为比例税。比如，如果征税的对象观测存在难度、信息收集不完全或者成本很高，很可能原先的比例税就变为固定税——按照某些年份的产出等水平征收固定比例的税收，而产出等税基可能是变化的，这使得不再是原先意义上的比例税了，而转变为固定税。第二种情形同样会出现在产出等已经发生了变化，而征税的总额不变，事实上，相对收入等税基而言，这种税收已经退化为比例税了。如果产出不断增加，而税额不变，对产出而言，这种税率也在不断下降。

由于信息收集的难度、实际投入或产出者可能难以完全测定或完全衡量，这导致了税收的实际征收过程中难以确切地衡量采取的是哪一种税制。

另一个导致税制变化的问题是时间长度。在理论模型中，考虑的都是无限期限。在无限期内，无论是多少的固定税，如果产出（税基）增加，那么固定税折算成比例税，大体上可以认为是趋近于零的比例税。但是，在实践中，个体决策可能难以真正做到无限期决策，因而即使是固定税，也会变为一定比率的比例税。

固定税额会在一定程度上转化为比例税，这使得虽然税额不变，从而不会影响总的产出，但实际税率会变化，这种变化与总产出的变化呈现一定的关系。比如产出，如果实际在不断增加，而税额不变，这实际上使得实际税率在下降，那么会导致税率的降低和产出的增加呈现较大程度的相关。同样，可能实际税率下降会对生产形成正向激励，从而导致投入增加和最终产出增加①。

因而，随着实际税率降低，产出可能会有一定程度的提高，而不论初始时是固定税还是比例税。

**三　中国的税收变化的可能效应**

在理论模型中也可以看到，税率降低更多地改变产出水平，通常难以改变长期增长速度。

就中国而言，偏离理论结论的可能性包括：

第一，信息不透明导致的税收扭曲，很难简单地界定是固定税还是比例税，特别地，由于农户的规模小而分散，对于地方征税的官员和机构来说，尽管有可能获取产量的信息，但成本太高了。出于征收成本考虑，中国政府采取的是一视同仁的态度，不管实际产量多少，单位面积的农地税收总量都是一致的，与实际产量脱钩。

第二，中国的税收制度比较独特并且在不断调整，从而变化较大。直至当前，中国的税收仍然以间接的流转税为主，且受制于信息和税收征收手段，直接的所得税、物业税等仍占较低的比重。

---

① 这意味着税率和产出之间可能有着双向关联、互为因果关系。

# 第 四 章

# 农业税对粮食产量影响的经验分析
# （1950—2004）

## 第一节　中国农业税变更及其影响

中国的农业税具有很悠久的历史。有历史记载的农业税为春秋时期的鲁国（公元前594年）实施的"初税亩"，汉代为"祖赋"，唐朝为"租庸调"，民国时期叫"田赋"[①]。1949年新中国成立后，也继续征收农业税，1958年6月3日，颁布《农业税条例》；1983年开征"农林特产农业税"，并在1994年改为农业特产税，部分省份开征牧业税。2000年开始进行费改税；2004年开始取消除牧业税和烟叶以外的农业特产税；2005年大部分省份取消了农业特产税。2005年年底，宣布自2006年起，正式废止《农业税条例》。至此中国结束了2600多年历史的农业税。

在新中国成立初期，农业税在财政收入中占有较高的比重，一度超过15%，而随着整体经济实力的增强，农业税所占的比重也越来越低，这在客观上为取消农业税创造了条件。

事实上，税收政策最初设计是按照比例税实施的，规定按照农业最终常年产量核定，而随着农业单位产量的提高，并没有相应地核实每年的产量。这在客观上使得农业税随着农业生产效率提高而降低，因而中国经历了较高的农业税、低农业税到取消农业税的过程。

---

① 根据《维基百科》中的"中国农业税"。

有意思的是，农业税从征收时起，在很长时间内维持的是实物形式，即农户交粮食以完成税收任务。这样我们就可以得到农业产量及其相应税收（税率）。

我们对税收是否显著地影响了农业产出做计量分析。按照理论模型，在固定税条件下，税收不会显著影响产量；而在比例税条件下，税收会显著影响农业生产和农业产量。并且如果税收越低，影响会逐步降低。

## 第二节　数据与描述性统计

有意思的是，中国的农业税是以实物形式缴纳的，因而可以更加恰当地分析税收对生产的影响，而排除价格因素的影响。从《中国财政年鉴》获取 1950—2003 年各年的农业实产量（Food）、以实物衡量的实征农业税（Tax）数据，其中实征农业税包括正税和附加税。对粮食产量和税收进行对数化处理得到相应的变量（Food_ln 和 Tax_ln）。同样，将实征农业税与农业实产量相除得到实际税率（Rate_tax）①，通常比率不进行对数化处理。由于 2003 年之后部分省份取消了农业税，同时也没有再提供以实物衡量的农业税，因而我们在时间上只选取到 2003 年。

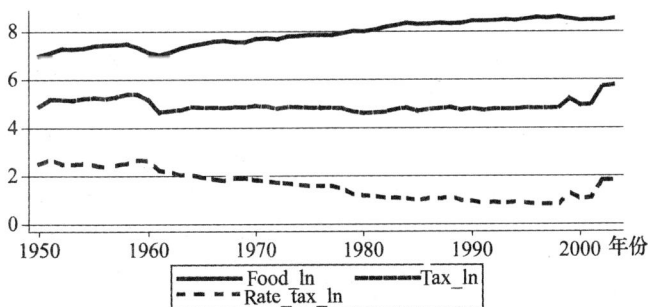

**图 4 - 1　粮食产量（对数）和实际税率（%）**

资料来源：数据引自《中国财政年鉴》（2006）。

---

①　用实物为单位的一个很大的优点是能够消除物价变动的影响。

　　从图 4 - 1 可以看到，粮食产量大体呈现不断增加的态势，实际税收总量在更长的时间内保持稳定，从而税率不断降低。有所例外的是，粮食产量在 1960 年前后发生了较大幅度的波动，1998 年之后粮食产量达到较高水平之后出现了回调；而农业税率在 1959 年出现了较大幅度的增加，同样在 2003 年也出现了一个逆向回调。2000 年之后税收出现了较大的增加，一部分原因是费改税，加大了对税收的征收力度，另外一部分原因是部分省份对常年产量进行了再核定，从而提高了税基。从表 4 - 1 的描述性统计指标看，农业产量和农业税率的波动幅度都比较大。农业税率最高达到 14.5%，而最低为 2.3%，平均税负为 6.08%。相对而言，税收总量波动幅度较小，比如，在 1961—1998 年间，基本保持稳定，但在少数年份出现了较大程度的跳跃，比如在 1957 年、1960 年和 2002 年。

　　一个比较明显的特征是，整体上，农业产量在不断增加，而税率却在不断下降，作为时间系列，有可能是存在着时间趋势的，或者说是不平稳的，而总税收保持相对平稳，有可能是平稳的，因而我们对产量和税率进行单位根检验。结果显示，粮食产量、税率和税收总量三个变量都不平稳，而存在着单位根。而一阶差分之后，产量的变化量（用 Food_ln_d1 表示）、税收的变化量（Tax_ln_d1）和税率的变化量（Rate_tax_d1）都满足平稳性条件。

　　由于中国的农业税出现了多次比较大的变动，从数据看，在 1961—1998 年间，农业税总额保持相对稳定，因而尝试着在此区间做平稳性检验，结果显示（见表 4 - 2），税收总额在这个时间区间内是平稳的。这意味着在这段时间内，农业税总额大体是保持不变的，具备一定的定额税特征。进一步看，我们可以进行简单的 t 检验，探讨在这段时间内税收是否大体维持不变。

　　在 1961—1998 年间，税收额度平均值为 121，因而做零假设 $H_0$：税收等于 121，结果，t 值为 0.489，自由度为 36，因而不能拒绝零假设。大体上可以认为，中国的农业税在这段时间内具有定额税特征。

　　定额税在全球看，都非常少，因而中国的农业税提供了一个独特的案例，可以分析这种税收可能的影响。

表 4－1 　　　　　粮食生产和农业税的描述性统计

| 变量 | 观测数 | 均值 | 标准差 | 最小值 | 最大值 |
|---|---|---|---|---|---|
| Food（亿公斤） | 54 | 3073.043 | 1450.827 | 1097.7 | 5528.8 |
| Tax（亿公斤） | 54 | 143.3594 | 44.56507 | 101.37 | 319.89 |
| Rate_tax（%） | 54 | 6.081481 | 3.777194 | 2.3 | 14.5 |
| Food_ln | 54 | 7.910346 | 0.507137 | 7.000972 | 8.617726 |
| Tax_ln | 54 | 4.929727 | 0.252425 | 4.618777 | 5.767977 |
| Rate_tax_ln | 54 | 1.623899 | 0.603886 | 0.8329091 | 2.674149 |

资料来源：《中国财政年鉴》（2006）。根据数据做了基本统计处理，得到上述结果。

表 4－2 　　　ADF 单位根检验（样本量为 53，差分后则为 52）

| 变量 | 参数值 | 1%临界水平 | 5%临界水平 | 10%临界水平 | P 值 |
|---|---|---|---|---|---|
| Food_ln（粮食产量） | －1.330 | －3.576 | －2.928 | －2.599 | 0.6155 |
| Tax_ln | －1.123 | －3.576 | －2.928 | －2.599 | 0.7057 |
| Rate_tax_ln（税率） | －1.486 | －3.576 | －2.928 | －2.599 | 0.5405 |
| Food_ln_d1（产量变化，一阶差分） | 4.826 | 3.577 | 2.928 | 2.599 | 0.0000 |
| Tax_ln_d1（税收变化，一阶差分） | 7.048 | 3.577 | 2.928 | 2.599 | 0.0000 |
| Rate_tax_d1（税率变化，一阶差分） | 7.224 | 3.577 | 2.928 | 2.599 | 0.0000 |

# 第三节　计量方法及其说明

结合理论模型结论，我们分别分析税收总额和税率对粮食生产的影响，印证产量 $y$ 与税收 $T$ 之间是否存在着关联。为了尽可能将问题简化，我们主要选择时间系列模型，解释农业生产是否受到税收的影响，选择税收的变量做解释变量，并选择滞后多期的税收变量和滞后多期的产量变量，以尽可能消除其他因素的影响。不考虑其他变量的另一个原因在于，其他变量难以与税收和产量的质量保持一致：税收和产量在本书的数据中都是实物数据，非常独特。在税收变量上，我们选择税收额度及税率，考察对生产的影响。

同时，为了尽可能排除独特事件的影响，我们分别引入了一些虚拟变量：Dummy_1982（在 1950—1982 年设为 1，其他年份为 0）主要衡量联产承包责任制的影响；Dummy_1960_1964（在 1960—1964 年设为 1，其他年份设为 0）主要衡量大饥荒的影响；Dummy_1965_1977（在 1965—1977 年设为 1，其他设为 0，延到 1977 年主要考虑到"文化大革命"的后续影响）主要衡量政治运动的影响；Dummy_1999_2003（在 1999—2003 年设为 1，其他为 0）主要衡量费改税的影响。

根据理论模型，如果是按照比例税征收税收，那么产量会直接影响税收数量。在理论模型中，比例税会影响投入及最终产出，因而税收会直接影响产量。同时，我们分析税率对农业生产的影响。对于产量，可以用粮食生产的总量来衡量（Food），也可以取对数（Food_ln）。一个重要的原因是，在数据分析中可以看到，税率和产量都存在着时间趋势，因而尝试使用差分的方法在一定程度上能克服该问题。在税收上，类似地处理税收额度，得到农业税收额度的对数后差分值；对于税率，一般不取对数，直接差分得到 Rate_tax_d1。

根据理论模型，在没有税负的情况下，方程（3.4）表明均衡值为：$k^* = \Phi^{-1}(\rho + \delta)$，$y^* = f(k^*)$；同样，定额税负情况下，方程（3.6）表明均衡值同样为：$k^* = \Phi^{-1}(\rho + \delta)$，$y^* = f(k^*)$。这意味着税费对资本存量和产出没有实际效应。其简化形式可以表示为：$\log(y) = \alpha + \beta \log(T)$。如果没有影响，则 $\beta$ 系数显著为 0；如果存在着显著效应，则系数 $\beta$ 应该显著不为 0。

但在比例税条件下，方程（3.9）表明均衡值为：$k^* = \Phi^{-1}\left(\dfrac{\rho + \delta}{1 - \tau}\right)$，$y^* = f(k^*)$，即 $y^* = f\left(\Phi^{-1}\left(\dfrac{\rho + \delta}{1 - \tau}\right)\right)$。

设定时间偏好和折旧整体上变化不大，主要考虑税收和其他一些潜在的因素，因而在计量方法上选择：

$$\log(y_t) = \alpha + \beta \tau_t + \gamma h(.) + \varepsilon_t \qquad (4.1)$$

或者，我们考虑产出对税收额度的影响：

$$\log(y_t) = \alpha + \beta \log(T_t) + \gamma h(.) + \varepsilon_t \qquad (4.2)$$

其中，$\alpha$、$\beta$、$\gamma$ 为拟合系数，$h(.)$ 为其他影响因素，$\varepsilon$ 为残余项。同时，我们大体上认为，在 2000 年之前，农村劳动力供应整体上是充裕的，因而从人均过渡到总量不会有着显著的变化。同时，虽然农业领域有不同程度的技术进步，包括更多可选的农药、化肥和种子，但整体上，中国农业领域的生产可能没有发生根本的变化，这意味着大体上农业的生产函数变化不会很大，因而方程（4.1）和方程（4.2）中的 $\beta$ 系数整体上应该不会受到其他因素影响而显著改变。

$$\Delta \log(y) = \beta \Delta \log(T) + \gamma \Delta h(.) + \Delta \varepsilon_t \qquad (4.3)$$

按照理论结论，如果是定额税额，那么方程（4.3）可以得到 $\beta$ 将趋近为 0，而在比例税条件下，方程（4.3）将会得到 $\beta$ 应该显著不为 0。

进一步看，为了消除 $h(.)$ 的影响，我们尝试着引入滞后变量。同时，根据平稳性检验结果，我们更多地分析经过差分处理过的变量之间的相互影响。经过多次差分，可以减少不可观察但可能是常数的因素影响，因而，差分不仅可以消除趋势问题，还可以消除其他因素，而本身的关系不会受到影响。同时，可以将滞后变量纳入，从而减少其他因素的影响，考虑滞后 4 期，主要根据变量的显著性系数及中国农业税设计的初始方案（过去三年折算成常年产量），我们选择滞后 4 期作为解释变量，因而基本模型变为：

$$\Delta \tilde{y} = \alpha + \alpha_1 \Delta \tilde{y}_{-1} + \alpha_2 \Delta \tilde{y}_{-2} + \alpha_3 \Delta \tilde{y}_{-3} + \alpha_4 \Delta \tilde{y}_{-4} + \beta_0 \Delta \tilde{T} +$$

$$\beta_{-1} \Delta \tilde{T}_{-1} + \beta_{-2} \Delta \tilde{T}_{-2} + \beta_{-3} \Delta \tilde{T}_{-3} + \beta_{-4} \Delta \tilde{T}_{-4} + \nu X + \Delta \varepsilon_t \qquad (4.4)$$

其中，$\Delta \tilde{y}$ 和 $\Delta \tilde{y}_{-i}$（$i = 1, 2, 3, 4$）为处理后平稳的产出（先对数化，然后差分），$\Delta \tilde{T}$ 和 $\Delta \tilde{T}_{-i}$（$i = 1, 2, 3, 4$）为类似处理后的税收变量（包括税额和税率），在选择时我们分别尝试使用税收额度和税率来解释产量的变化，而 $X$ 为时间区间的虚拟变量。

计量分析中，围绕着方程（4.4），我们分别采用两种时间系列的方法：第一，VAR 方法，类似于方程（4.4）中排除控制的虚拟变量，对税收和产量进行相应的回归分析，分析变量之间的格兰杰（Granger）因果关系；第二，类似 ARMA 模型，在方程（4.4）中，尝试分析增加虚拟变量和没有虚拟变量的情形，侧重分析税收对产量的影响，但加入一些控制变量，在此基础上探讨变量之间的相互关联。我们尝试着控制不同时间区间的影响，主要原因是，中国在 1950 年以后进行了多次政策调整，也经历了不少重大的变革。比如在 1961 年前后发生了大饥荒，同时，与税收制度也可能有着一定的关联，此前税收很重，而此后对税收做了一定的调整；在 1999 年之后，开始费改税，并且在征收方式上，逐步允许用现金缴纳税金；进一步尝试分析与"文化大革命"和生产承包责任制是否存在着一定的关联。因而我们尝试着在解释变量中加入这些虚拟变量（X）。

## 第四节 经验分析结论

### 一 基于格兰杰因果检验的结论

我们主要根据变量的显著性，选择了滞后 4 期进行变量的自回归，在此基础上进行变量之间的格兰杰因果检验。

结果显示（见表 4 - 3），税收对产量存在一定的影响，在 10% 左右的显著性水平拒绝税收总量对粮食产量没有影响的原假设，这意味着税收总量会对粮食生产产生一定的影响。在理论模型中，如果税收是定额的，那么两者之间应该不存在着显著的关系，从而拒绝中国农业税是固定税的假设。

表 4 - 3　　　　　税收与产量的格兰杰因果检验（1950—2003）

| 方程 | 变量 | chi2 卡方 | 概率 | 是否存在格兰杰因果关系 |
|---|---|---|---|---|
| Food_ln_d1（产量对数的差分） | Tax_ln_d1 | 7.7763 | 0.100 | 有 |
| Food_ln_d1（产量对数的差分） | 全部 | 7.7763 | 0.100 | 有 |
| Tax_ln_d1（税额对数的差分） | Food_ln_d1 | 8.8395 | 0.065 | 有 |
| Tax_ln_d1（税额对数的差分） | 全部 | 8.8395 | 0.065 | 有 |
| Food_ln_d1（产量对数的差分） | Rate_tax_d1 | 7.6396 | 0.106 | 有 |
| Food_ln_d1（产量对数的差分） | 全部 | 7.6396 | 0.106 | 有 |
| Rate_tax_d1（税率的差分） | Food_ln_d1 | 4.1172 | 0.39 | 无 |
| Rate_tax_d1（税率的差分） | 全部 | 4.1172 | 0.39 | 无 |

同时，税率对产量确实存在着影响，同样，在10.6%显著性水平拒绝税率不影响粮食产量的原假设，从而说明，税率对产量形成了负面影响，这就证实中国的农业税对农业生产具有不利的影响。与理论假设大体一致，比例税对粮食产量具有负面影响。

而产量对税率并没有实质性的影响，但产量对税收总量有显著影响。可能的原因在于税制是不断变化的，同时，对于产量的核算并不完全准确。

## 二　分时间区间的计量分析结论

对产量分别用绝对值、对数化及其增长速度（g）、增加值（D_pro）来衡量，解释变量分别用当期的税率、滞后一期的税率 [Rate_tax（-1)] 及税率的变化（D_rate）（加常数项）分别衡量，结果见表4-4。

表4-4　　　　　　　　　　税收对产量的影响

| 变量 | food_ln | food_ln | Food | g | g | D_pro | D_pro |
|---|---|---|---|---|---|---|---|
| Tax | -0.0011606 (-0.74) | | | | | | |
| D_tax | | | | | | | 0.8087171 (0.91) |
| Rate_tax | | -311.1512 (-9.96) | | | | | |
| Rate_tax (-1) | | | -318.377 (-11.24) | | -0.0300368 (-0.11) | | |
| D_rate | | | | -0.7479502 (-0.75) | | -21.54407 (-0.87) | |
| 常数项 | 8.076736 (34.30) | 4965.303 (22.27) | 5045.805 (24.89) | 3.145302 (3.11) | 3.413987 (1.78) | 74.57701 (2.98) | 74.23327 (2.97) |
| Adj R² | -0.0086 | 0.6496 | 0.7124 | -0.0086 | -0.0194 | -0.0047 | -0.0032 |
| 样本量 | 54 | 54 | 53 | 53 | 53 | 53 | 53 |

注：括号内为显著性系数 t 值。

　　结果显示，税率对产量及其变化主要是负面作用，大体符合理论模型：比例税越高，产量会降低。对比第一个方程和第二个方程可以看到，相比而言，滞后 1 期的税率具有更强的解释能力，方程的解释能力，即拟合系数更高。而第二个方程和第三个方程相比，对数化的产量能得到更高的拟合度。但对产量的增速和变化值用税率和税收变化进行回归，结果发现，两者之间的关联微乎其微，调整后的拟合系数甚至为负。比如，产出的增长速度对滞后 1 期的税率和税收的变化量之间进行回归，最终的拟合系数为负，意味着几乎没有解释能力；同样，产出的变化对税率的变化进行回归所得到的拟合系数也为负，同样表明，税率的变化对产出的变化没有解释能力。更为直接的是，用税收额度的变化对产量变化进行回归，发现方程的拟合系数为负，这进一步证实税收变化对产量的变化几乎不会有显著的影响。

　　这大体上说明，总量上的高拟合度可能在较大程度上归结于产量的不断提高和税率实质上的不断下降的共同的时间趋势。而一旦去除时间趋势，所具有的解释能力会降低。

　　尝试分析时间点所带来的影响。在农业领域，比较大的变化出现在 1984 年前后：农村实行了联产承包责任制，包产到户的方式改变了原先的生产模式。因而我们建立虚拟变量，在 1984 年之前设定为 0，而此后为 1。在变量上，我们主要选择滞后 1 期的税率。被解释变量分别包括对数化处理的产量绝对值、增长速度和产量变化值。同样，对该变量进行回归分析，可以得到相应的方程。

　　结果发现（见表 4 - 5），加入该年份变量之后，较大程度地提高了部分方程的解释能力。其中最为显著的改善体现在农业总产量的拟合方程上，方程的解释能力提高到 0.9288，当然高度相关可能还是与共同的时间趋势有关。产出增长速度对滞后 1 期的税率和 1984 年的虚拟变量之后整个方程的解释能力转为正，但整体解释能力有限。而产出的变化对税率变化和 1984 年的虚拟变量回归之后，所得的拟合系数仍然为负。大体上可以认为，税收变化对粮食产量的变化解释能力有限，比如对粮食增长速度，用虚拟变量（1984 年之后）和税收变化量解释，整个方程的解释能力为负。即使增加 1984 年的虚拟变量，税率的变化对产量的变化量解释能力也有限，解释能力为负。

表4-5　　　　　　　　　　加入1984年年度之后的税收效应

| 变量 | food_ln | g | g | D_pro | D_pro | D_pro |
|------|---------|---|---|-------|-------|-------|
| Rate_tax<br>（-1） | -0.0787084<br>（-12.30） | -0.461152<br>（-1.33） | | -15.32238<br>（-1.78） | | |
| D_tax | | | | | | 0.9050489<br>（1.00） |
| 1984年之后 | 0.4581556<br>（9.19） | -5.094742<br>（-1.88） | -2.508952<br>（-1.19） | -99.73101<br>（-1.49） | -12.03062<br>（-0.23） | -30.55735<br>（-0.58） |
| D_rate | | | -0.489584<br>（-0.48） | | -20.30518<br>（-0.79） | |
| 常数项 | 8.233103<br>（146.36） | 7.957387<br>（2.60） | 4.121812<br>（3.17） | 207.8395<br>（2.75） | 79.25945<br>（2.43） | 85.42804<br>（2.70） |
| Adj R$^2$ | 0.9288 | 0.0290 | -0.0006 | 0.0251 | -0.0237 | -0.0163 |
| 样本量 | 52 | 52 | 53 | 52 | 53 | 53 |

注：括号内数字为显著性系数t值。

　　我们特别注意到20世纪60年代的粮食灾难、1984年农村联产承包责任制推广和1999年开始费改税这些时间段，农业税变化对产出变化的影响。由于农业税在1961年之后几乎没有进行大的调整，因而有可能出现后期等同于固定税额的情况，我们尝试着分时间段进行回归和拟合，探讨税收对产量的影响。选择1961年为界限的另外一个重要原因是，在1960年前后中国农业发生了较大程度的灾难。结果显示，这三个时点上对税收和产出的效应有着不同的影响。

　　税收总额对产量的影响。从整个区间看，几乎没有什么影响，但在1950—1961年间，两者之间的关系是正的，大体上说，税收总额越多，产量越高。这是个非常吃惊而且与理论背离的结论。大体上可以这样理解：新中国成立之后，生产逐渐恢复，而且国家财政的相当比例依赖于农业税，因而导致了这种情形的出现。但同样，高税收的延续可能在一定程度上加剧了1960年前后的粮食危机①。同样，在此后的时间内，

────────────

　　①　20世纪60年代可能一方面是自然灾害，另一方面可能也有人为的因素，比如征收的税收过高等。

税收总额对产量的影响几乎不存在。1960年前后，税收总额和税率都较高，这在一定程度上导致了此后几年的粮食生产下降。比如，1958年税率为12.5%，而1959年税负增加到14.3%，粮食产量则下降了了，但税收总额几乎没有变化。1960年，税率维持在13.8%的高税率，但是粮食产量却大幅度下降；自1961年之后实际税收总额大幅度下降到不足1958年的一半水平，税率也不断下降。与此同时，粮食产品逐步增加，因而1961年之后的税制安排出现了显著的调整，也改变了税收和产量之间的关系。

税率对产量的影响。在时间选择上，我们再特别选取了1999年，主要原因是在1999年对农业税进行了较大程度的费改税变革。有意思的是，在1980年之后，税率对产量的作用几乎是不存在的。同样，在1990年之后，变量的解释能力几乎为负。在整个区间内，对数化的产量用滞后一期的税率和参数项回归后，拟合度为0.81。而分区间看，1990年之后、1984年后和1980年之后，方程的拟合度都为负数，这意味着在这些年份，税率对产量的解释能力很低，两者之间的关系和相互影响很低。相反，在1962—1990年区间内，两者之间的关系最为显著，方程的拟合度可达0.898；更为显著的是在1962—1999年区间，方程拟合度可以达到0.9536。

税率的变化对产量增速的影响。在所有时间区间内，回归方程的拟合度为负；而在1962—1999年区间内，方程具有较好的解释能力，拟合度达到0.3959。

税收额度变化对产量变化的影响。比较有意思的是，在1951—1961年间，税收额度的变化对产出的变化具有较强的影响力，而不同于1962—1999年间方程解释能力较低的情形，1984—1999年间，两者之间的关联也较低。在1962—1999年间，产出和税率之间具有很高的方程拟合系数，这可能与时间趋势有关；同时，在1950—1961年间，方程的拟合系数在40.1%的水平，而且特别奇怪的是，税收变动的系数为正，这意味着税收额度增加，产量也增加。而产出的增长率与税率的变化之间的关系，在1962—1999年间较高，方程拟合系数将近40%的水平；而在1984—1999年间方程显著性系数为24.19%，1962年之后则为13.39%。

表 4 - 6    不同时间的解释能力及其年度效应

| 变量 | food_ln 1950—1961 年 | food_ln 1962—1999 年 | D_pro 1951—1961 年 | D_pro 1962—1999 年 | D_pro 1984—1999 年 | g 1984—1999 年 | g 1962 年后 | g 1962—1999 年 |
|---|---|---|---|---|---|---|---|---|
| Rate_tax (-1) | -0.0860846 (-2.82) | -0.1975404 (-27.59) | | | | | | |
| D_tax | | | 3.159405 (2.41) | -2.854548 (-1.11) | -5.514102 (-1.51) | | | |
| D_rate | | | | | | -7.092531 (-2.41) | -3.634194 (-2.71) | -9.872369 (-5.02) |
| 常数项 | 8.379135 (21.79) | 8.924961 (255.63) | 11.80792 (0.30) | 110.4846 (3.81) | 97.58291 (1.74) | 2.075668 (1.95) | 3.581435 (4.17) | 2.728379 (3.37) |
| Adj R² | 0.4096 | 0.9536 | 0.3923 | 0.0062 | 0.0794 | 0.2419 | 0.1339 | 0.3959 |
| 样本量 | 11 | 13 | 11 | 38 | 16 | 16 | 38 | 38 |

### 三　税率、税收额度及产量的经验结论

我们尝试着加入一些时间的控制变量等方式，分析税收对农业生产的影响。在税收的变量上，选择税收额度和税率。在时间划分上，我们特别关注的是 1960—1964 年，主要原因是，在此期间发生了大饥荒，可能跟税收有着紧密的关联，此时税收有着显著的变化。同时，还选择其他一些可能的虚拟变量，衡量不同时间段农业领域或者整个社会发生的较大的变革。

从整个时间区间看，农业税的额度对粮食产量产生了一定的影响。在表 4-7 中，方程（1）和方程（2）税收总额变量具有一定的解释能力，滞后两期的变量显著。在方程（1）中，税收额度的变量（对数）对粮食产量的变化作用为负，与理论判断大体一致。滞后 2 期和 3 期的影响系数分别为 -0.175 和 -0.189，表明两年和三年以前的税收对生产有着显著影响，而当期和滞后 1 期和 4 期的税收影响不是很明显。方程（2）添加了不同的虚拟变量，结果方程的显著性系数有所提高，从原先的 0.309 提高到 0.342，而诸多虚拟变量中，主要是 1960—1964 年的变量显著，系数为 -0.097，影响为负，这也大体上证实在 1960—1964 年间出现了加大的变化，而其他变化并没有实际影响税收和生产之间的关系，比如"文化大革命"期间，农业生产似乎没有影响税收和产量之间的关系，同样，联产承包责任制改革也没有影响这种关系，主要原因可能是税收并没有根本的变化。

但在 1962—2003 年间，税收额度对产量并没有产生影响，税收变量并不显著。方程（3）显示产量的变化主要与产量本身的滞后项相关，其滞后 2 期和 4 期的变量有着显著的影响，并且影响系数为 -0.464 和 -0.245。有意思的是，所有税收额度的变量都不显著了，而且影响系数明显低于 1950—2003 年的所有样本。大体上证实，在这段时间区间内，税收更多地具有定额税特征，而定额税不会影响实际生产活动。但此时，1999—2003 年的虚拟变量有着显著的负影响，大体上说明这段时间税收进行了较大幅度的调整，主要包括费改税和税收可以部分地用现金替代。

进一步说，我们尝试分析税率对生产的影响［方程（4）至方程（6）］。从税率角度衡量税收，方程（4）和方程（5）表明，在整时间区间（1950—2003），税率对产量会产生一定的影响，滞后 1 期和 2 期的税

率（差分）变量显著为负，大体上印证了比例税会影响生产。如果不增加控制变量，滞后 1 期和 2 期的税率变量系数分别为 - 0.018 和 - 0.029。加上控制变量之后，方程的显著性提高，从 0.364 增加至 0.497，同时，当期的税率变化率变量也显著，系数为 - 0.021，滞后 1—3 期的税率变化量同样显著，而且系数增大；虚拟变量同样是 1960—1964 年显著，并且有着负的影响，系数为 - 0.145。而在 1962—2003 年间，税率变量没有显著的影响，滞后多期的变量都没有相应的解释力，大体上可以认为税率在这段时期内对生产没有产生实际影响。

表 4 - 7　　　　　　　　税收变化等对粮食产量的影响

| 变量 | Food_ln_d1 (1) | Food_ln_d1 (2) | Food_ln_d1 (1962—2003)(3) | Food_ln_d1 (4) | Food_ln_d1 (5) | Food_ln_d1 (1962—2003)(6) |
|---|---|---|---|---|---|---|
| Food_ln_d1 滞后期：L1（1 期） | 0.363 ** (0.170) | 0.171 (0.186) | - 0.024 (0.158) | 0.316 ** (0.173) | - 0.038 (0.181) | 0.007 (0.156) |
| L2（2 期） | - 0.270 (0.177) | - 0.411 ** (0.191) | - 0.464 * (0.158) | - 0.338 * (0.164) | - 0.492 *** (0.159) | - 0.493 *** (0.149) |
| L3（3 期） | 0.370 ** (0.155) | 0.237 (0.163) | 0.189 (0.145) | 0.250 ** (0.148) | - 0.028 (0.154) | 0.074 (0.143) |
| L4（4 期） | - 0.231 (0.157) | - 0.332 ** (0.160) | - 0.245 *** (0.139) | - 0.180 (0.141) | - 0.247 ** (0.133) | - 0.234 * (0.130) |
| Tax_ln_d1（1—3）/ Rate_tax_d1（4—6） | 0.071 (0.062) | 0.076 (0.078) | 0.087 (0.068) | - 0.009 (0.009) | - 0.021 ** (0.010) | - 0.015 (0.014) |
| 滞后期：L1（1 期） | - 0.068 (0.063) | - 0.069 (0.082) | 0.066 (0.066) | - 0.018 ** (0.010) | - 0.027 *** (0.010) | 0.002 (0.010) |
| L2（2 期） | - 0.175 *** (0.090) | - 0.189 *** (0.110) | - 0.026 (0.088) | - 0.029 *** (0.013) | - 0.042 *** (0.012) | - 0.011 (0.012) |
| L3（3 期） | - 0.189 *** (0.102) | - 0.258 * (0.110) | - 0.117 (0.085) | - 0.016 (0.012) | - 0.039 *** (0.013) | - 0.016 (0.011) |
| L4（4 期） | - 0.011 (0.098) | - 0.039 (0.098) | - 0.085 (0.084) | 0.000 (0.011) | - 0.010 (0.010) | - 0.013 (0.011) |

续表

| 变量 | Food_ln_d1 (1) | Food_ln_d1 (2) | Food_ln_d1 (1962—2003)(3) | Food_ln_d1 (4) | Food_ln_d1 (5) | Food_ln_d1 (1962—2003)(6) |
|---|---|---|---|---|---|---|
| Dumy_1999_2003 | | − 0. 044 (0. 045) | − 0. 094 ** (0. 039) | | − 0. 024 (0. 032) | − 0. 055 (0. 033) |
| Dummy_1960_1964 | | − 0. 097 *** (0. 050) | | | − 0. 145 *** (0. 044) | |
| Dummy_1965_1977 | | 0. 014 (0. 026) | | | 0. 004 (0. 023) | |
| Dummy_1982 | | 0. 003 (0. 024) | | | 0. 018 (0. 021) | |
| 常数项 | 0. 018 *** (0. 011) | 0. 043 *** (0. 025) | 0. 058 *** (0. 013) | 0. 012 (0. 011) | 0. 031 (0. 021) | 0. 051 *** (0. 014) |
| Adj R² | 0. 309 | 0. 342 | 0. 331 | 0. 364 | 0. 497 | 0. 344 |
| 样本量 | 49 | 49 | 42 | 49 | 49 | 42 |

注：括号内数字为标准差；解释变量中，方程都包括了被解释变量（对数化处理的自然对数化产量的差分项 Tax_ln_d1 的滞后项），而方程（1）、方程（2）和方程（3）还包括税收额度自然对数处理之后的差分项，方程（4）、方程（5）和方程（6）则是税率的差分项 Rate_tax_d1 滞后项。

由此可以得到，农业税收从整个时间区间看，确实影响着农业生产，但从局部区间看，税收对生产影响不大。根据理论假设，比例税会对实际生产形成负面影响，不是最优的税制安排，这就意味着中国独特的农业税整体上确实不是最优的税收制度，对农业生产具有负面影响。但很有意思的是，从局部区间看（1962—2003），中国农业税存在着定额税特征，在这阶段，税收，无论是税额还是税率，都对农业生产都没有实质性影响。整个时间区间内都存在着负的影响，这可能也与税制的调整和税制设计是按照比例税设计有关。

整体而言，在整个时间区间内，税收的总额对生产没有显著影响。主要原因可能是，从整个时间区间看，税收是定额的，定额税不会对资本投入和最终产出产生实质性影响。但是，由于时间长度有限（不是理论模型中的无限期限），如果产出在增加，此时原先政策设计的是固定比率的定额税，将会变为不断下降的比例税，而税率的下降又会在一定程度上促使产量的不断增加。

由于税制在变化，因而时间区间效应明显。从时间区间看，税制正式确定之前（1960年之前），税率对产量的影响有限；而正式确定之后（常年产量是按照1960年前后计算的，此后都没有经过调整）到1999年之间，实际农业税率对产量的影响最为显著。此时，农业产量的变化与税率的变化之间关系也最为显著。经验分析证实，实际税率越低，产量会增加。

这大体上意味着，税率的变动在短期内会产生显著的影响。不管是固定税还是比例税，如果时间区间较短，即使是固定税，也可能实质上变为比例税。这导致了税率的变化会对产量产生一定的影响。

## 第五节 本章结论

在理论模型中，我们得到一些明显的结论：固定税对生产不会有实际效应，而比例税对生产会产生显著的扭曲效应，因而不同的税收安排会有不同的福利影响。但对于时间区间较短的情形，即使是固定税，也可能产生实际变化的税率，从而实际税率的变化会对产出的变化产生一定的影响。

以中国农业税为例，分析了农业税的效应。结果表明，1950年之后，税收出现了多次变化，从整个时间区间看，农业税收总量对农业生产影响不大。其中的主要原因是，在更多的时间内，中国的农业税是固定税额，固定税由于随着实际产量的增加而使得实际税率不断降低，因而固定税制可能产生的影响较小也就显得直观了。但由于税率和产量之间存在着显著的时间趋势，不能被轻易地认为税率和产量之间存在着真实和稳定的关系。

进一步的研究表明，在农业固定税条件下，实际税率随着产量的不断增加而减少，但由于在农户决策中，时间区间并不是无限的，这导致对于农户来说，实际税率并没有减低到为 0，因而税率随着产量发生了相应变化，导致了税率的变化和产量的变化存在着一定水平的关联。税率的变化对产量的变化具有一定的解释能力，大体上和比例税对生产具有影响的结论相符。这些经验结论印证了理论模型结论。本书特别发现了不同的时间区间内，农业税的效应具有一定的差异。

分时间区间看，1984 年的农业改革对整个农业生产产生了显著影响，同样使得税收对生产的解释能力有所提高，但整体上解释能力并没有太大的增强，可能的原因是，农业生产方式变化体现为耕作制度上的，这种制度激发的热情抵消了税收制度的效应。更主要的时间点在 1962 年和 1999 年。就税制本身而言，在 1961 年之前，税制在不断地变化，税收在较大程度上是比例税，因而税收对产量的影响明显。1999 年进行了税费改革，同时对常年产量进行了修正。1962—1999 年间，税制大体稳定，税额整体不变，这使得农业税退化为固定税制，税额对农业生产没有明显的影响，但实际税率和税收的变化对农业生产和产量的增长速度具有较明显的影响。值得注意的是，大部分方程的拟合系数不高，意味着税制的变化对产出的影响可能有限。虽然在时间区间上，理论模型设定的是无限期，但实际上我们考察的时间长度有限，因而固定税在一定时间内具有比例税特征，只是这种比例会随着实际产量的增加而不断降低。1999 年之后，事实上，增加了实际税负，粮食产量首先出现了回调，然后逐步增加，大体上也符合税收具有部分效应的结论。

对税收总量变化和产出变化之间的关系则证实，两者之间关联度较低，不管是增加了 1984 年虚拟变量，还是对时间区间进行分割。唯一比较独特的是在 1951—1961 年间，两者之间的关系较为显著，而且税收变化变量系数为正，意味着税收增加产量也会增加，这是一个比较奇怪的结论。可能的原因是在新中国成立初期，生产快速恢复，产量提高并没有受到税收的影响。当然，作为一个后续的反应，过高的税收可能部分导致了 20 世纪 60 年代的粮食灾难。

整体上，经验分析结论符合我们的理论模型所得到的结论，农业税不断转化为固定额度的税收，因而对产量的影响不显著。但在税额固定情形下，农业生产可能受其他因素影响，比如种子的改良和化肥的更广泛的应用，产量不断增加，使得总的税额不会影响产量，但税率却在不断下降，从而导致了税率和产量之间的高度相关。而且对税率明显影响产量的结论也值得特别关注，如果税率大体维持不变，那么税率和产量之间的关系更多地源于产量之间的内在关系[①]。

根据我们的研究结论，税率较低，税额的大体不变，而农业产量增加，农业税大体变为固定税额，这种税制对生产的影响不大，因而2005年之后的农业税取消对生产的提高作用可能有限，在短期内可以提高一定的产出，但随着时间推移，这种固定税的取消，对农业生产的效应有限，但并不表明这种税制改革没有效应，这种税制改革可能更多地提高了农户的消费和福利，而且如果没有进行这样的税制改革，农业生产可能会进一步恶化。

值得进一步研究的相关议题是农业补贴的效应（如钟甫宁等，2008）及其模式选择。在农业税取消之后，中国政府开始加大了农业补贴的力度。相对于税收这种负向约束，补贴作为一种正向激励，具有一定的共同之处，也可能存在一些差异，因而可能更有意思的是，分析农业补贴政策所具有的效应和影响，并探讨何种方式补贴更能实现政策目标。

---

① $y = a + bT = a + by_\tau$，如果税率变得不大，使得方程回归本质可能是 $y$ 对 $y$ 变量的回归。

# 第三篇
# 农业补贴概述及
# 其国际比较

# 第　五　章

# 主要发达国家的农业补贴状况[*]

## 第一节　农业补贴的整体状况

不同的国家或地区会采取不同的农业公共政策，比如，发达国家主要采取农业补贴政策保护农业，落后的最不发达国家却在征收农业税损害农户利益的同时征收高额农产品进口关税来保护本国农业。而不同的历史时期，同一个国家或地区也可能采取截然不同的两种农业公共政策，比如，在 2004 年之前，中国主要采取的农业公共政策是农业税，从 2004 年开始，中国逐步取消农业税，并转而采取完全相反的农业政策——农业直接补贴政策。

之所以会采取不同的农业公共政策，是因为不同的时期不同的国家具有不同的国情，也就是说，是当时国家的国情决定了采取哪种农业公共政策。发达国家的人均收入水平高，综合国力强，为了保证农户收入和提高本国农产品的国际竞争力，通常会采取生产补贴、出口补贴、价格支持等惠农政策来保护支持农业发展。但是，最不发达国家的人均收入水平低，综合国力弱，政府财政收入少，无法通过财政支出来保护农业，甚至还通过压低农产品价格，抬高工业产品的价格来支持工业发展。另外也通过征收高额的进口关税来对农业实行一定的保护。而中国经济发展的历程刚好是由最不发达国家向发达国家转变的一个过程，新中国成立初期，中国是

---

[*]　梁超燕根据笔者提供的数据对本章做了初步整理。

一个落后的农业大国，工业亟须发展，发展所需的资金自然就只能由占总人口 80% 的农业提供了，所以，中国于 1958 年 6 月 3 日通过了《中华人民共和国农业税条例》，继续对农户征收已经征收了两千多年的"皇粮国税"，然后将征收得来的财政收入用于大力发展工业和第三产业，并且通过在农产品与工业产品的交换中压低农产品的价格，抬高工业产品的价格来利用农业哺育工业；经过 60 年的发展，中国已经发展成为一个经济大国，2009 年 GDP 已经位居世界第三，仅次于美国和日本（2010 年超过日本，位居世界第二），工业也得到了很大的发展，所以，中国不再需要用农业来支持工业，现在已经转入工业反哺农业的阶段，于是中国用农业直接补贴政策取代了农业税。

我们将从同一国家的不同时期和同一时期的不同国家两个角度对国际农业公共政策进行分析比较。由于篇幅所限，我们只选择三个不同国情的典型的经济体进行详细分析。这三个国家（组织）均是经济合作组织（OECD）成员国，它们分别是美国、日本和欧盟。之所以选择美国、日本和欧盟这三个发达经济体进行分析，是因为它们的农业保护力是世界上最大的。2009 年，美国、日本和欧盟这三个经济体的农业补贴总额达 3203 亿美元（其中美国 1245 亿美元，日本 568 亿美元，欧盟 1390 亿美元），约占 OECD 总农业补贴额的 83%。

为了比较，我们建立 PPSE 指标：PPSE = PSE/（Y + PSE），其中，PSE 是生产者支持等值（producer support estimate），是对生产者的所有转移支付的总估计币值；Y 为农产品按市场均衡价卖出得到的收入，不包括价格支持项目的所得。这个指标的值越大，代表农业支持的力度越大；当指标值接近于 1 时，说明相对于 PSE，市场收入很小。根据 PPSE 指标，表5 - 1 显示，挪威和瑞士是 OECD 成员国中对农业保护强度最大的经济体。而加入墨西哥则是因为墨西哥是一个典型的发展中国家，它的农业补贴政策与中国更具可比性。

表 5 - 1　　OECD 的消费支持所占比重（PSE 占农户总收入比重）　　单位:%

| | 2002 | 2003 | 2004 | 2005 | 2006 | 2007 | 2008 | 2009 |
|---|---|---|---|---|---|---|---|---|
| 澳大利亚 | 5 | 4 | 3 | 4 | 4 | 5 | 4 | 3 |
| 加拿大 | 21 | 25 | 21 | 22 | 22 | 19 | 13 | 20 |

续表

| | 2002 | 2003 | 2004 | 2005 | 2006 | 2007 | 2008 | 2009 |
|---|---|---|---|---|---|---|---|---|
| 冰岛 | 66 | 65 | 66 | 67 | 65 | 58 | 53 | 48 |
| 日本 | 57 | 57 | 56 | 54 | 52 | 46 | 48 | 48 |
| 韩国 | 60 | 57 | 63 | 61 | 60 | 58 | 46 | 52 |
| 墨西哥 | 27 | 19 | 12 | 13 | 13 | 13 | 12 | 13 |
| 新西兰 | 0 | 1 | 1 | 1 | 1 | 1 | 1 | 0 |
| 挪威 | 74 | 71 | 66 | 66 | 64 | 57 | 60 | 66 |
| 瑞士 | 71 | 69 | 69 | 66 | 65 | 54 | 57 | 63 |
| 土耳其 | 24 | 30 | 32 | 32 | 28 | 30 | 36 | 37 |
| 美国 | 18 | 15 | 16 | 15 | 11 | 10 | 8 | 10 |
| 欧盟 27 国 | 34 | 34 | 33 | 30 | 29 | 24 | 22 | 24 |
| 合计 | 31 | 29 | 29 | 28 | 26 | 22 | 21 | 22 |

资料来源：OECD 数据库。

## 第二节　经济合作与发展组织的农业补贴

在农业补贴方面，发达国家不仅种类较为齐全，品种较多，而且数目较大，占国民经济的比重较高，农户受益的数额也高（见图 5 - 1）。虽然占国内生产总值的比重在下降，但在 2009 年仍然占 0.93%。在具体数目上也呈现不断增加的势头。

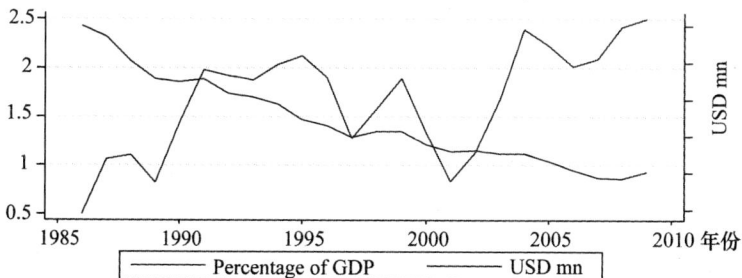

图 5 - 1　经合组织农业补贴的规模及占国内生产总值比重（1986—2009）

　　首先，我们大体上介绍一下 OECD 农业补贴数据包的框架。所有的农业补贴措施大体可以分为三大类：生产者支持等值（PSE）、一般服务支持等值（GSSE）和消费者支持等值（CSE）。这三大类中的每一类又可细分为很多小类，我们用表 5 - 2 来说明。

表 5 - 2 OECD 对农业补贴的分类

| 生产者支持等值（PSE） |
| --- |
| A. 基于商品产出的支持 |
| A1. 市场价格支持 |
| A2. 基于产出的支付 |
| B. 基于投入使用的支付 |
| B1. 可变投入使用 |
| B2. 固定资本形成 |
| B3. 农场服务方面 |
| C. 基于当前面积/动物数量/销售收入/总收入的支付，有生产要求 |
| D. 基于基期面积/动物数量/销售收入/总收入的支付，有生产要求 |
| E. 基于基期面积/动物数量/销售收入/总收入的支付，没有生产要求 |
| F. 基于非商品条件的支付 |
| F1. 长期资源休整 |
| F2. 一个特定的非商品产出 |
| F3. 其他非商品条件 |
| G. 其他支付 |
| 一般服务支持等值（GSSE） |
| H. 研究和发展 |
| I. 农业学校 |
| J. 检查服务 |
| K. 基础设施 |
| L. 市场营销 |
| M. 公众持股 |

续表

| N. 其他 |
|---|
| 消费者支持等值（CSE） |
| O. 从消费者到生产者的转移支付（-） |
| P. 来自消费者的其他转移支付（-） |
| Q. 从纳税人到消费者的转移支付 |
| Q1. 给消费者的商品特有转移支付 |
| Q2. 给消费者的非商品特有转移支付 |
| R. 过多饲养成本（Excess Feed Cost） |

然后，我们利用这个框架来对各国在不同时期的补贴状况分别进行详细的分析。

经济合作与发展组织农业补贴的描述性统计及各年度状况分别参见表5-3和表5-4。

表5-3　经济合作与发展组织农业补贴的描述性统计（1986—2009）

| 变量 | Obs（观察样本） | Mean（均值） | Std. Dev.（标准差） | Min（最小值） | Max（最大值） |
|---|---|---|---|---|---|
| 农业总价值（农户口径） | 24 | 753626.1 | 137205.4 | 538656.5 | 1118753 |
| 农业补贴总金额（百万美元） | 24 | 339908.9 | 29525.08 | 277780.6 | 383742.5 |
| 农业补贴占农业价值比重(%) | 24 | 45.8519 | 4.776664 | 33.90944 | 52.0284 |
| 占国内生产总值比重（%） | 24 | 1.449583 | 0.4529179 | 0.86 | 2.43 |
| 生产者补贴总额（百万美元） | 24 | 251526.9 | 17159.76 | 215337.7 | 280448.7 |
| 生产者补贴所占比重（%） | 24 | 30.63667 | 4.593911 | 20.71 | 38.23 |
| 服务补贴总额（百万美元） | 24 | 63438.06 | 13628.88 | 37201.61 | 95270.2 |
| 服务补贴所占比重（%） | 24 | 18.50667 | 2.779048 | 12.45 | 24.83 |
| 消费者补贴总额（百万美元） | 24 | -147082.5 | 27092.55 | -186152 | -97353.7 |
| 消费者补贴所占比重（%） | 24 | -21.9725 | 5.974618 | -31.36 | -9.92 |

资料来源：OECD，PSE/CSE database，2010，对数据进行了基本处理，包括生成占比数据。

**表5-4  经合组织国家农业支持力度的构成（1986—2009）**

单位：百万美元

| | 2007—2009年 | 1986年 | 1990年 | 1995年 | 2000年 | 2005年 | 2006年 | 2007年 | 2008年 | 2009年预测值 |
|---|---|---|---|---|---|---|---|---|---|---|
| 农业生产价值（农户口径）（Total value of production, at farm gate） | 1048371 | 538657 | 724491 | 775457 | 660843 | 834345 | 860987 | 1034136 | 1118753 | 992225 |
| 生产者支持测算（Producer Support Estimate PSE） | 256764 | 222059 | 249582 | 267103 | 243455 | 265959 | 252508 | 255720 | 262049 | 252522 |
| 依据产量的支持（Support based on commodity output） | 125215 | 180778 | 202206 | 192178 | 168608 | 158392 | 134925 | 132535 | 121427 | 121683 |
| 市场价格支持（Market Price Support） | 119651 | 168231 | 187678 | 184526 | 150428 | 141975 | 127055 | 127441 | 115321 | 116191 |
| 依据产出的支付（Payments based on output） | 5564 | 12547 | 14528 | 7652 | 18180 | 16418 | 7870 | 5094 | 6106 | 5491 |
| 依据投入的支付（Payments based on input use） | 33260 | 18305 | 23510 | 23379 | 19446 | 26958 | 28921 | 32474 | 35114 | 32192 |
| 依据面积、数量和收入的支付（Payments based on non – current A/An/R/1 production required） | 32314 | 19185 | 19035 | 44624 | 38176 | 37213 | 29576 | 28010 | 35195 | 33737 |
| 依据非面积、数量和收入的支付（Payments based on non – current A/An/R/1 production required） | 1355 | 881 | 93 | 472 | 69 | 848 | 997 | 1703 | 1328 | 1033 |
| 非生产性支付（Payments based on non – current A/An/R/1 production not required） | 58819 | 2191 | 1609 | 2949 | 14716 | 38806 | 53416 | 56174 | 61659 | 58623 |
| 非商品准则支付（Payments based on non – commodity criteria） | 5659 | 391 | 2761 | 3428 | 3078 | 4214 | 4891 | 4763 | 7131 | 5081 |
| 其他支付（Miscellaneous payments） | 143 | 328 | 367 | 74 | -639 | -471 | -218 | 61 | 195 | 174 |

续表

| | 2007—2009年 | 1986年 | 1990年 | 1995年 | 2000年 | 2005年 | 2006年 | 2007年 | 2008年 | 2009年预测值 |
|---|---|---|---|---|---|---|---|---|---|---|
| 生产支持的百分比（Percentage PSE） | 22 | 37 | 32 | 31 | 32 | 28 | 26 | 22 | 21 | 22 |
| 服务支持（General Services Support Estimate GSSE） | 86138 | 37202 | 54985 | 72861 | 56452 | 73788 | 76605 | 77337 | 85807 | 95270 |
| 研发（Research and development） | 8086 | 3201 | 4248 | 5834 | 5135 | 6725 | 7188 | 8066 | 8232 | 7961 |
| 农业学校（Agricultural schools） | 2453 | 762 | 914 | 1412 | 1394 | 2043 | 1686 | 2450 | 2516 | 2394 |
| 检查服务（Inspection services） | 3289 | 951 | 1297 | 1415 | 1788 | 3008 | 3092 | 3297 | 3382 | 3189 |
| 基础设施（Infrastructure） | 23505 | 13358 | 16851 | 30111 | 19684 | 22202 | 22987 | 22210 | 26006 | 22298 |
| 市场开拓（Marketing and promotion） | 45152 | 12611 | 16102 | 28607 | 23531 | 35402 | 38029 | 37488 | 42074 | 55893 |
| 公共股份（Public stockholding） | 962 | 4859 | 13584 | 3341 | 2218 | 1938 | 1160 | 1181 | 886 | 820 |
| 误差项（Miscellaneous） | 2691 | 1458 | 1989 | 2141 | 2704 | 2470 | 2462 | 2646 | 2711 | 2716 |
| 服务支持占总支的比重（GSSE as a share of TSE %） | 22.9 | 13.4 | 16.8 | 20.0 | 17.5 | 20.0 | 21.4 | 21.4 | 22.6 | 24.8 |
| 消费支出（Consumer Support Estimate CSE） | -104654 | -141722 | -153133 | -186152 | -140213 | -127886 | -112619 | -115263 | -101344 | -97354 |
| 总资助（Total Support EstimateTSE） | 375101 | 277781 | 327140 | 363888 | 322048 | 369291 | 358180 | 362197 | 379363 | 383742 |
| 来自消费者转移（Transfers from consumers） | 138021 | 172298 | 186000 | 213900 | 164112 | 159154 | 142648 | 146622 | 133358 | 134083 |
| 来自纳税人转移（Transfers from taxpayers） | 258814 | 124656 | 162821 | 187141 | 178379 | 231265 | 237146 | 238928 | 265153 | 272362 |
| 预算收入（Budget revenues） | -21735 | -19174 | -21681 | -37152 | -20444 | -21127 | -21614 | -23353 | -19148 | -22703 |
| 农业总支持占国内生产总值比重（Percentage TSE as of GDP） | 0.89 | 2.43 | 1.86 | 1.47 | 1.21 | 1.04 | 0.95 | 0.87 | 0.86 | 0.93 |

资料来源：OECD PSE/CSE database, 2010。

## 第三节　欧盟的农业补贴

欧盟实施公共的农业政策（CAP），对欧盟以外的农业产品实施限制准入措施，而对内则对农业进行各种形式的农业补贴加以保护。表5－5提供了欧盟整体的农业支持力度的描述性指标，从中可以看到，欧盟各国的农业补贴力度较大，尽管受制于预算等原因，农业整体补贴占国内生产总值的比重呈现下降趋势（见图5－2），波动较大，但整体上仍然保持在较高水平上，在2007年和2008年为0.8%，在1987年所占比重一度高达2.8%，在1986—2009年间，平均比重最高的水平为1.56%。而补贴的数额一直较高，平均维持在1066亿欧元的水平。

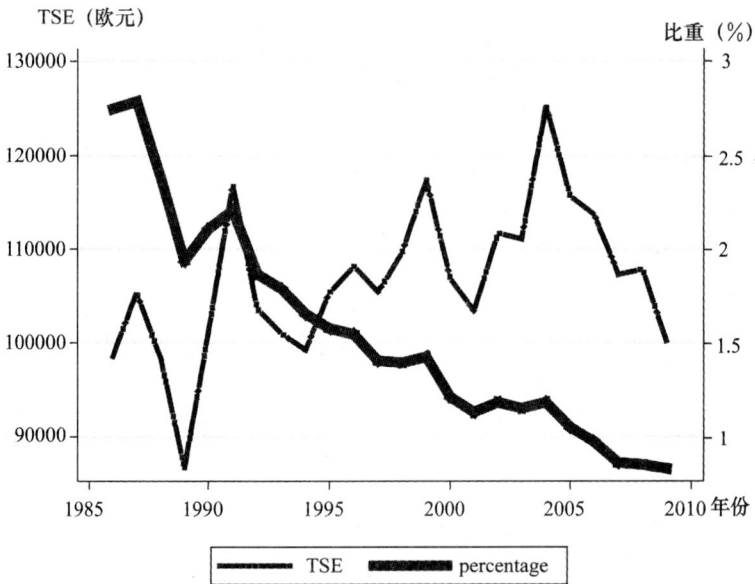

**图5－2　欧盟农业补贴的规模（1986—2009）**

资料来源：OECD, PSE/CSE database, 2010。其中，1986—1994年为12国，1990年以后包括联邦德国；1995—2003年以后欧盟包括15国；2004—2006年为25国，2007年包括27国。TSE表示总支持，而percentage表示总支持占GDP的比重。

表 5 - 5　　　　欧盟和美国总支持力度的描述性统计（1986—2010）

| 变量 | 观测样本 | 平均值 | 标准差 | 最小值 | 最大值 |
|---|---|---|---|---|---|
| 总支持（TSE） | 24 | 106627.5 | 8018.648 | 86624.03 | 125306.2 |
| 占 GDP 比重（%） | 24 | 1.5575 | 0.57073 | 0.84 | 2.79 |

欧盟的农业补贴大体分为三大块（见表 5 -6）：直接补贴、市场测算补贴（market measure）和农村发展基金，而直接补贴占有最大的份额。在 2009 年，直接补贴占比高达 67.0%。具体特征包括：

第一，补贴的品种很全，几乎包括了所有农产品，不仅包括了一般的稻谷、食品等，还包括了棉花、糖和酒、奶制品等。

第二，"农村发展"有着相当规模，2009 年占整个农业补贴的比重高达 22.5%。在 2008 年和 2009 年，该项支出分别为 133.03 亿欧元和 140.01 亿欧元。

第三，市场支持相对较少，但有一定的规模。在 2008 年和 2009 年，该项支出分别为 54.43 亿欧元和 70.05 亿欧元。

表 5 -6　　　　　　　　　欧盟的农业支持及构成

| | 2008 年 | 2009 年 | 2007—2009 年 | |
|---|---|---|---|---|
| | 金额（1000 欧元） | | 比重（%） | |
| 直接援助帮助（Decoupled direct aids） | 31414469.3 | 32794095.1 | 55.7 | 83.2 |
| 其他直接援助（Other direct aids） | 5620407.7 | 577592.0 | 10.4 | 15.5 |
| 额外的援助（Additional amounts of aid） | 533699.7 | 542232.1 | 0.9 | 1.3 |
| 直接补贴（Direct payments） | 37568578.8 | 39113919.2 | 67.0 | 100.0 |
| 市场测算的援助（Market measures） | 5 443 404.5 | 7 004 655.5 | 10.5 | 100.0 |
| 农村发展（Rural development） | 13 303 108.6 | 14 001 778.2 | 22.5 | 100.0 |
| 总资助（Total） | 56 315 089.9 | 60 120 352.9 | 100.0 | — |

根据 PPSE 指标，欧盟的农业保护强度属于中等偏上水平，在 40% 上下波动；根据总支持金额这个指标，欧盟是农业保护最严重的经济体，其总支持金额在 2009 年达到 1400 亿美元；但是，根据总支持金额占 GDP 比重这个指标，欧盟的农业保护力度却偏弱，在给出的 12 个 OECD 成员国中，它仅强于澳大利亚、加拿大、墨西哥和新西兰。

在欧洲，农业是其文明的重要组成部分，欧洲大部分地区是农村，其面积约占欧洲总面积的 80% 。同时，欧盟 27 个成员国的农地面积达 172.5 万平方千米，占整个欧洲面积的 16.9% 。再加上温和湿润的气候，欧洲是农业发展的天堂。即使欧洲有如此得天独厚的自然优势，欧盟还是实施了很多农业保护政策以提高其农产品的国际竞争力。巨额的 PSE 说明，欧盟对农业生产者给予了很大的支持。欧盟对农业生产者的支持（A）更多的是来自从消费者到生产者的转移支付（O）。

1962 年 1 月，在同一市场、共同体优先和财政一致的前提下，欧盟前身——欧洲共同体的欧洲委员会建立了欧洲共同农业政策（以下简称 CAP）的基本框架。在过去的 40 多年间，CAP 也经历了三次阶段性的发展和标志性的变化，逐步充实与扩展，其关注的对象也逐渐丰富。

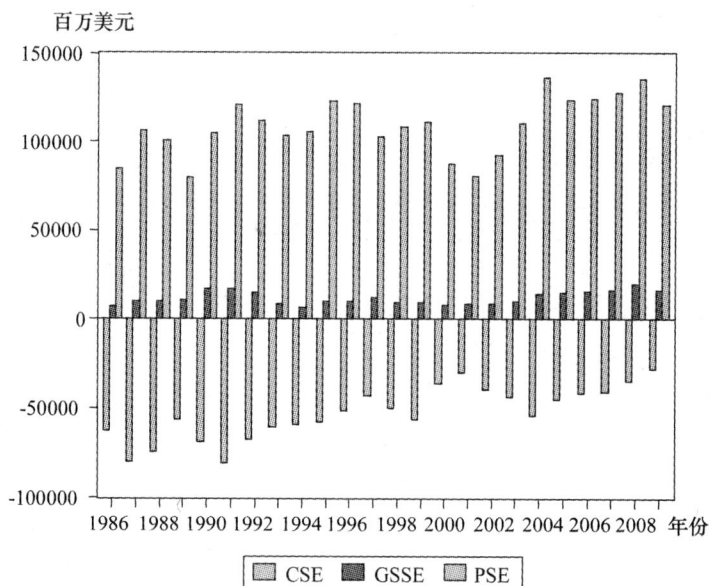

图 5-3　欧盟各时期三大类农业政策的额度

1. 第一阶段：1962—1991 年的价格支持为基础阶段

1962 年 1 月至 CAP 成立之时，欧洲正处于农产品短缺状况下，CAP 的主要目标是通过促进技术进步来提高农业生产率，增加农业从业者的收入，稳定农产品市场和保障供应。在具体政策措施上，CAP 对内实行价格支持，对外实行贸易保护，因而图 5-4 中的 A 曲线才会位于其他曲线之上（A 包括市场价格支持和基于产出的支付）。其主要措施有：制定统一的目标价格、门槛价格和干预价格，保护市场平衡，维护生产者和消费者的利益；通过采取价格支持和生产配额等措施干预农产品购销、调节生产和流通；通过差别关税等措施限制共同体外部的廉价农产品进口，同时利用出口补贴销售共同体剩余的农产品。

2. 第二阶段：1992—2002 年的以价格支持和挂钩直接补贴为主阶段

1992 年 6 月，新 CAP 政策正式被欧盟的部长会议采纳，标志着 CAP 第一次改革的开始。这次改革的主要目的是降低价格支持水平，控制农产品生产和财政预算开支的过度增长，进行国土整治和保护环境，促进农村发展，保障欧洲农业在世界上的竞争力。改革的主要措施有：

（1）降低支持价格水平和生产控制。图 5-4 中 A 曲线在这一时期的下降，说明降低价格水平这一措施得到了很好的实施，图 5-5 中 TVP（农业总产值）曲线在 1992 年和 1993 年的下降说明生产控制在短时期内得以实现。

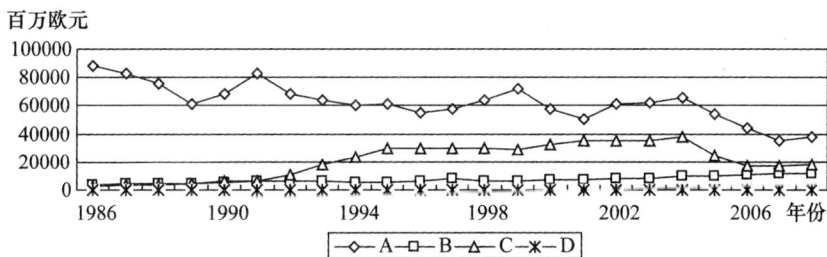

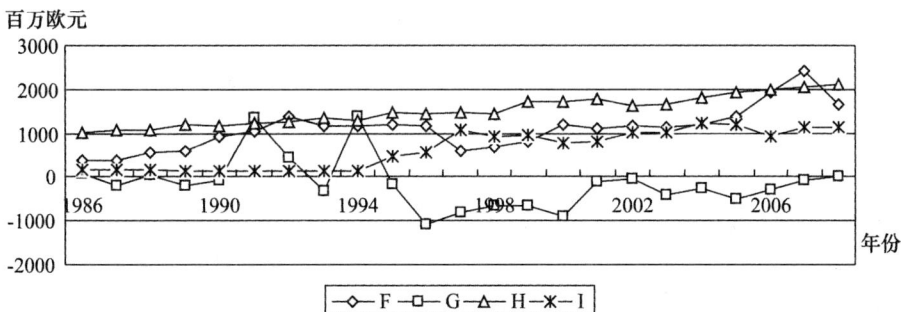

百万欧元

百万欧元

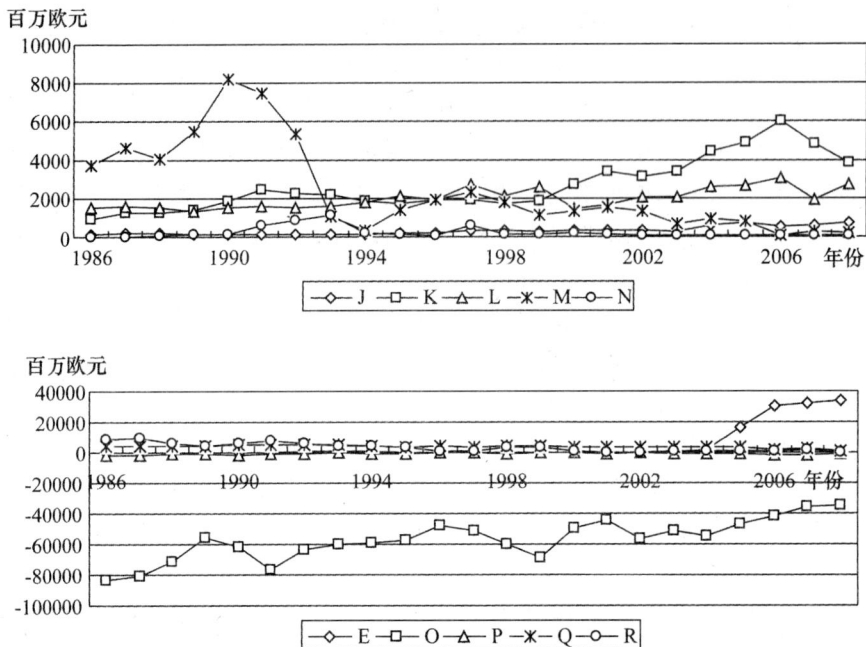

图 5 - 4　欧盟十八小类补贴值

（2）通过直接补贴进行收入支持。直接补贴的种类很多样，对受到支持价格下调直接影响的农户给予直接补贴，对那些冻结了 15% 耕种面积的农业生产者，以不同地区的平均单位面积产量为基础，根据种植面积给予补贴，同时还向每公顷土地的牲畜存栏率低于一定数量的农户支付额外的补贴，以鼓励农户进行多种方式的生产经营，同时防止土地过度耕作。图 5 - 4 中 C 曲线的突然上升在数据上证实了这一措施的成功实施，C 曲线代表基于当前面积/动物数量/销售收入/总收入的有生产要求的直接补贴。

3. 第三阶段：2003 年至今的挂钩直接补贴转换为脱钩直接补贴的阶段

为了应对环境问题的挑战和协调新老成员国的利益，同时缓解世界贸易组织成员国和贸易自由化的压力，2003 年 6 月，欧盟各国通过了 CAP 改革新方案。图 5 - 4 很好地反映了这一次的改革：其一，A 曲线从 2003 年开始明显具有下降趋势，这对应于改革中的降低支持价格；其二，很明显，从 2003 年开始 C 曲线下降，E 曲线上升，这对应于改革中的将挂钩直接补贴转换为脱钩直接补贴，因为 C 曲线代表基于当前面积/动物数量/销售收入/总收入的有生产要求的直接补贴，而 E 代表基于基期面积/动物数量/销售收入/总收入的没有生产要求的直接补贴（见表 5 - 1）。另外，值得注意的是，图 5 - 5 显示，从 2004—2008 年，欧盟的总支持金额 TSE 在逐步下降，但是，其农业总产值 TVP 却在快速上升，这说明这一次的 CAP 改革很成功，值得我们借鉴和学习。

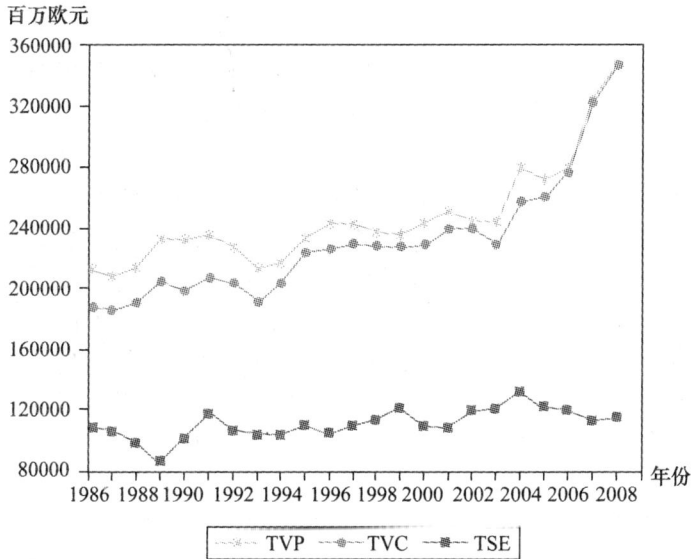

图 5 - 5 欧盟三大农业指标

# 第四节 主要发达国家的农业公共政策及比较

## 一 美国

美国自然资源丰富，发展农业有着得天独厚的条件。耕地有 28 亿亩，即 186.7 万平方千米，约占国土面积的 19.9%。目前，美国是世界最大的农产品出口国之一，是世界农业劳动生产率最高的国家，主要农产品如小麦、玉米、大豆、棉花、肉类等农产品产量都居世界第 1 位。而美国农业之所以能得到如此充分的发展，很大一部分原因是由于长期以来美国都实施强有力的农业保护政策，这些政策的实施改善了农户的收入，提高了美国农产品的国际竞争力。

如果以进行农业保护所花费的金额来衡量保护力度的强度的话，美国无疑是世界上农业保护力度最大的国家（见图 5 - 6）。图 5 - 6 显示了 2009 年 12 个 OECD 成员国的农业支持总额，很显然，美国的支持金额（1245 亿美元）远远大于其他国家，只是稍稍低于 27 个欧盟成员国的总和（1390 亿美元）。但是，这样的衡量指标是很片面的，甚至不具有可比性，因为相比于其他国家，美国的 GDP 同样很巨大，这就好比一头牛的食量和一只蚂蚁的食量不具有可比性一样，因而我们需要构造一个更好一点的衡量指标。最简单的方法是用总支持金额和 GDP 的比重来作为一个新的衡量指标，就如用食量和体重之比来衡量一样。图 5 - 7 给出了 2009 年各个国家的这个新指标值。从图 5 - 7 可以看出，根据占 GDP 比重这个指标，美国的保护力度在这 12 个 OECD 成员国中属于中等偏下水平，竟然连中等水平都称不上。所以，虽然美国对农业总的支持额度巨大，但是相比于其 GDP，就显得微不足道（不足 1%）了，也就是说，从相对角度来看，美国对农业的保护力度不大。

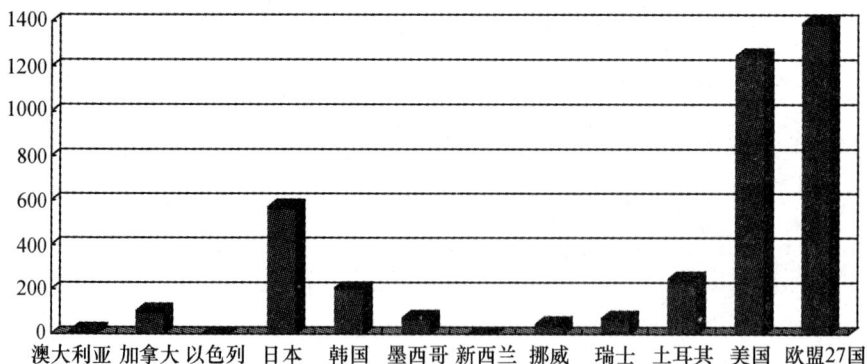

**图 5 - 6  2009 年 12 个 OECD 成员国的总支持金额（亿美元）**

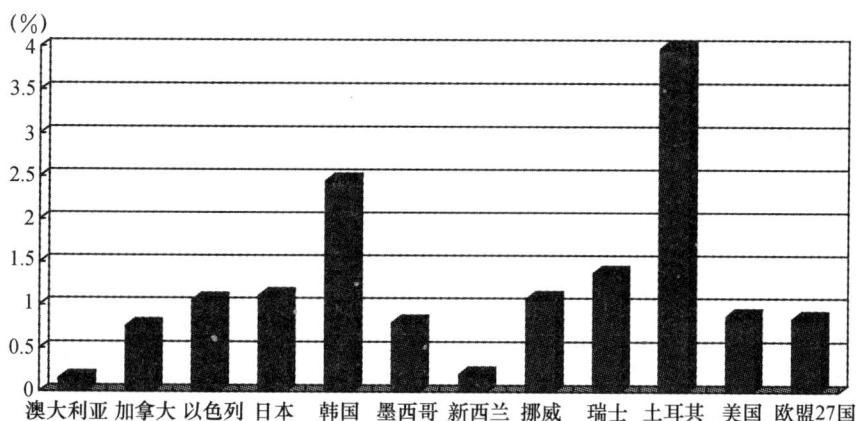

**图 5 - 7  2009 年 12 个 OECD 成员国总支持额占 GDP 的比重**

鉴于美国农业政策的实施成功地推动了美国农业发展这一事实,我们有必要对美国农业政策进行研究分析。所以,下面我们将详细分析美国农业政策的发展演变。

根据立法的不同,美国农业补贴政策的发展演变大致可以分为三个阶段。第一阶段为 1933—1995 年,主要依据是《1933 年农业调整法》;第二阶段为 1996—2001 年,主要依据是《1996 年联邦农业完善与修改法》(以下简称《1996 年农业法》);而 2002 年至今为第三阶段,主要依据为《2002 年农业保障和农业投资法》(以下简称《2002 年农业法》)。由于 OECD 只提供了 1986—2009 年间的数据,所以,我们只对这 24 年美国的农业政策的发展演变进行详尽分析。

1. 第一阶段:1933—1995 年

1933 年美国国会通过了《1933 年农业调整法》,制定了一系列的农业补贴政策,开始全面干预农业经济。这些农业补贴政策主要分为 PSE 和 GSSE 两大类。

随后,经过 50 多年的发展,到 1986 年,美国农业补贴系统已趋于完善,补贴的种类和金额也达到了一定规模,单 PSE 这一类就花费了将近400 亿美元(见图 5 - 8),从中可以看出,1986—1995 年美国的农业政策仍然以 PSE 和 GSSE 为主,也就是说,那时美国仍然是从生产者支持和一

般政府服务两个方面来支持农业的发展,而且具有减少 PSE,增加 GSSE
的明显趋势。更进一步说,根据对补贴进行细分得到的十八小类,我们可
以对美国这十八小类补贴的变化进行分析。图 5-9 画出了美国十八小类
补贴值在 1986—2008 年之间的演变情况,其中,由于 D、I、J、M 和 R
五类的数值一直都没有超过 1000,所以没有在图中显示出来。从图 5-9
中我们可以看出 A、L、O 和 Q 四类的数值显著大于其他类别,且波动幅
度也较大,因而我们可以通过这四类的波动变化来观察美国农业政策的变
动。另外,图 5-9 也显示了 A 和 O 的反向运动的关系,A 上升时 O 下
降,A 下降时 O 上升。从表 5-1 可知 A、L、O、Q 分别代表基于商品产
出的支持、市场营销、从消费者到生产者的转移支付(-)、从纳税人到
消费者的转移支付。图 5-9 显示,1986—1995 年间,基于商品产出的支
持和从消费者到生产者的转移支付虽有波动,但没有明显的上升和下降趋
势;不同的是,市场营销和从纳税人到消费者的转移支付都有明显的上升
趋势。这说明美国政府开始注重从一般服务方面支持农业发展,而不是一
味地对农产品价格进行支持。

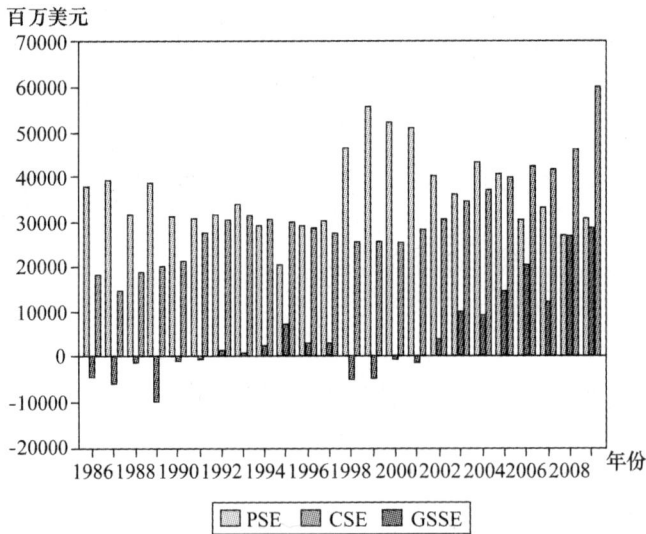

图 5-8 美国各时期三大类农业政策的额度

百万欧元

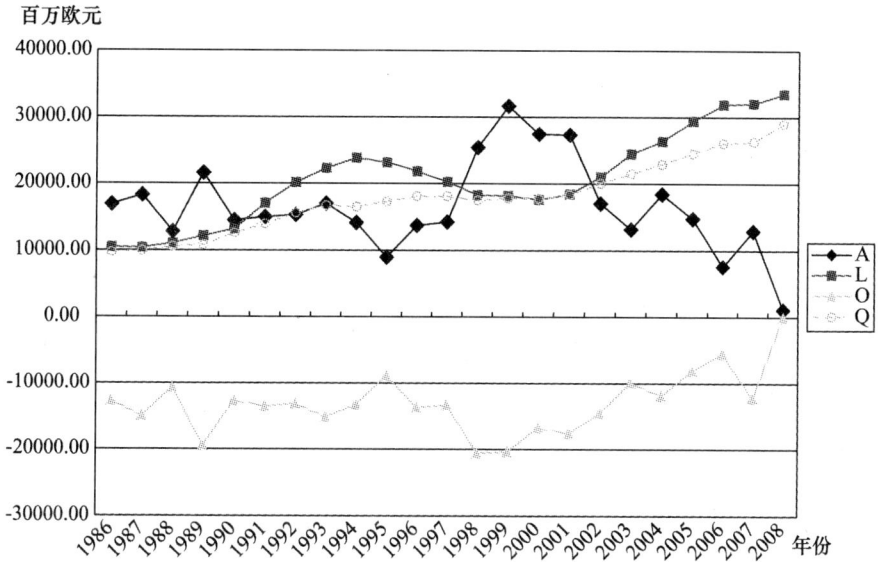

（1）1986—2008 年美国十八小类补贴金额（A，L，O，Q）

百万欧元

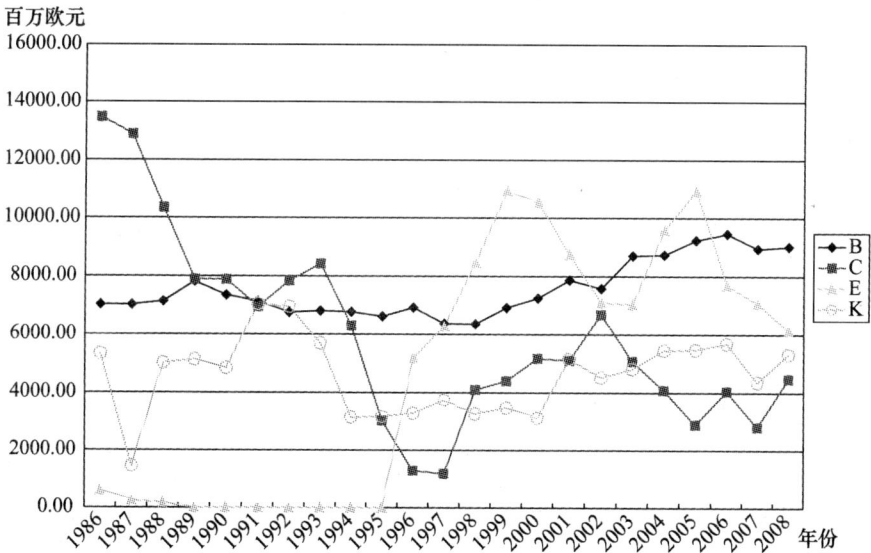

（2）1986—2008 年美国十八小类补贴金额（B，C，E，K）

百万欧元

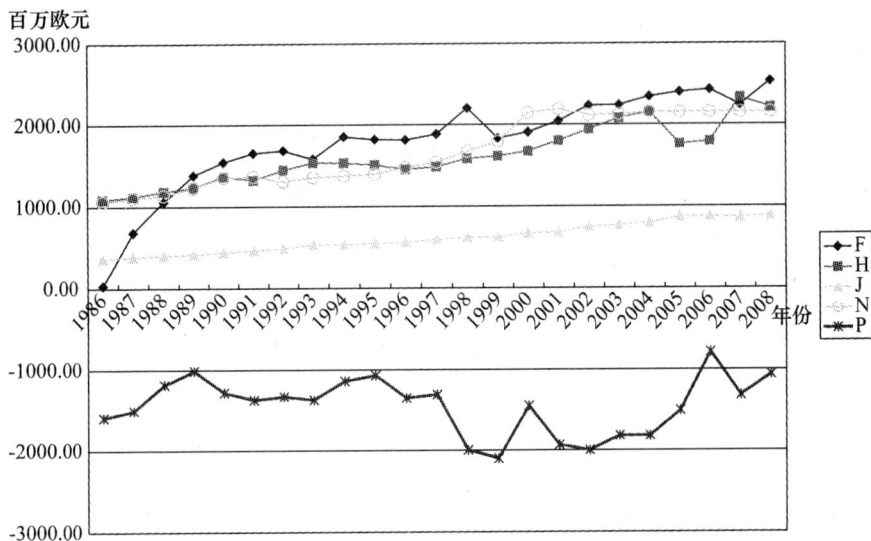

（3）1986—2008 年美国十八小类补贴金额（F，H，J，N，P）

百万欧元

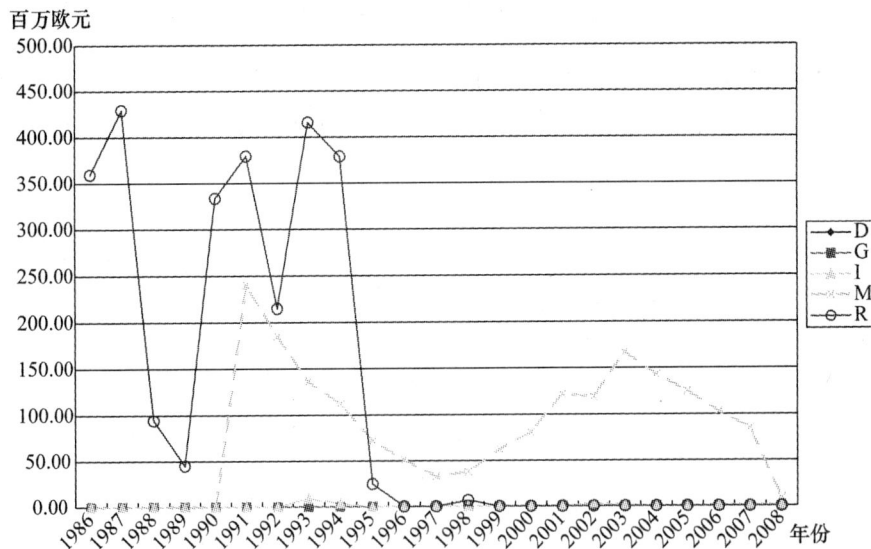

（4）1986—2008 年美国十八小类补贴金额（D，G，I，M，R）

图 5 - 9　1986—2008 年美国十八小类补贴金额

2. 第二阶段：1996—2001 年

20 世纪 90 年代，美国政府干预农业的政策思想也发生了转变：主张充分发挥市场机制的作用，从严格干预政策转向市场机制为基础，政策只用于纠正市场失灵问题，并遵循成本—效益原则。

这次改革最重要的是取消价格差额补贴，实行多种收入支持政策，这一项改革意味着美国农产品市场开始向市场经济迈进。这是由于目标价格和价格差额补贴严重扭曲了市场价格，使得市场无法在均衡水平下达到市场出清，进而使得资源无法得到最优配置。从福利经济学角度来说，此时的社会状态不是帕累托最优的，存在帕累托改进的可能性。因此，取消价格差额补贴这一项调整也意味着农业补贴政策由价格支持向收入支持的转变。

从图 5 - 8 来看，PSE 在这一阶段大幅上升，而 GSSE 则在这一阶段稍微下降，只有 CSE 依然围绕着零值上下波动。同时，这一阶段，基于商品产出的支持和从消费者到生产者的转移支付在数值上显著增加，而市场营销和从纳税人到消费者的转移支付则基本不变。这说明，到这一时期的结束，美国仍然是通过损害农产品消费者的利益来提高农户的收入，从而促进农业发展。

3. 第三阶段：2002 年至今

美国 2002 年 5 月出台了《2002 年农业保障和农业投资法》（以下简称《2002 年农业法》），实施期为 2002—2007 年 6 月，这次的农业法再一次增加了农业拨款。如图 5 - 10 所示，2002—2005 年，美国政府对农业的总支持金额有所增加；2006—2008 年总支持的额度基本维持不变。但是，这期间美国的农业总产值和总消费额却在快速增长，这说明这段时期的农业政策实施的效果很好，促进了农业的快速发展。

然后，我们从图 5 - 8 来分析美国这阶段的农业政策的调整。图 5 - 8 显示，在 2002 年至今这段时期，PSE 走势虽有反复，却明显具有下降趋势；相反的，GSSE 和 CSE 都有显著的上升趋势，尤其是 CSE，之前一直处于负值状态，却从 2002 年开始上升为正值，并且数值还在不断增大。这说明美国政府开始放弃之前牺牲消费者来支持生产者的补贴方式，改用兼顾消费者和生产者的补贴方式；由于 GSSE 中的项目没有扭曲市场价格，并且对农业发展有着持续的正向影响，所以 GSSE 的增加说明美国政府开始注重农业市场的自由化和农业的持续发展。图 5 - 10 显示，这段时期，基于商品产出的支持和从消费者到生产者的转移支付都向零逼近，而市场营销和从纳税人到消费者的转移支付都有较大幅度的上升。

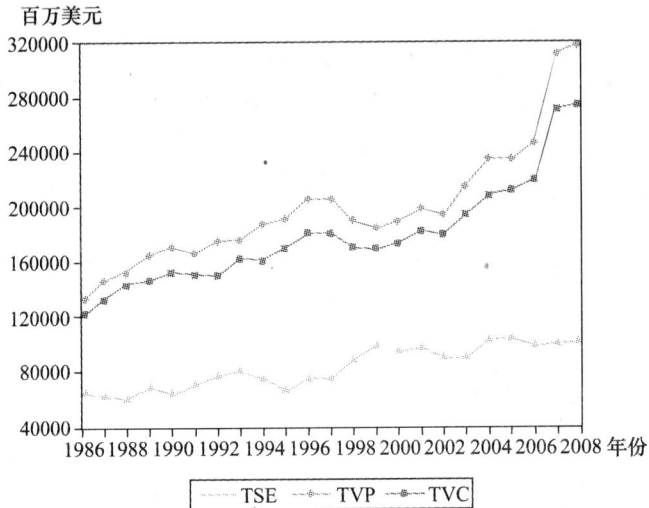

**图 5 - 10　美国农业的三个重要指标**

注：TSE 为总支持等值，TVP 为农业总产值，TVC 为农产品总消费值。

　　2007 年，美国参议院又以压倒性的优势通过了《2007 年农场、营养学以及生物能源法案》，补贴程度较之前有过之而无不及。新法案维持了对于如玉米、小麦、大麦、大豆等农作物的补贴，还将补贴范围扩大到了其他所谓的专业农作物，如水果、蔬菜，而水果及蔬菜在美国已经接近于自由市场。这是继 2002 年之后美国农产品市场自由化的又一次倒退，也是半个多世纪美国农业补贴政策的进一步深化。

　　**二　日本**

　　根据 PPSE 这个指标，日本的农业保护强度大于美国，属于中上水平；根据总支持金额这个指标，日本的农业保护力度也是很大的，仅次于欧盟和美国；而根据占 GDP 的比重这个指标，日本的农业保护强度则只能算是中等水平。日本是一个农业耕地资源十分有限却又经济高度发达的国家，作为一个小岛国，2010 年之前，它的 GDP 却仅次于美国。因而日本为了让在国际市场上没有任何优势的农业能在本国生存下来，它花费了大量的资金来保护本国农业，但是，相比于其 GDP，这个资金额就显得不大了。这就是以上农业保护强度处于中等水平的原因。

同样，日本对农业的保护政策也可以分为三个阶段来分析：第一阶段：1955—1994 年，关税及贸易协定框架下日本的农业保护政策；第二阶段：1995—2000 年，世界贸易组织框架下日本的农业保护政策；第三阶段：2001 年至今，世界贸易组织新一轮农业谈判背景下日本的农业政策走向。接下来我们对日本这三个阶段的农业政策进行详细的分析。

1. 第一阶段：1955—1994 年，关税及贸易协定框架下日本的农业保护政策

从 1955 年加入关贸税及贸易总协定到 1994 年的 40 年间，日本政府直接管制农产品的内外贸易，对本国农业和贸易流通实施了一系列强有力的支持和保护政策。

1986 年，日本在"乌拉圭回合"中被迫让出一部分国内农产品市场后，这样的高成本自然就使得消费者的利益在消费本国农产品时受到严重损害。这也就是 CSE 数值这么大的主要原因。对图 5 - 11 仔细研究发现：

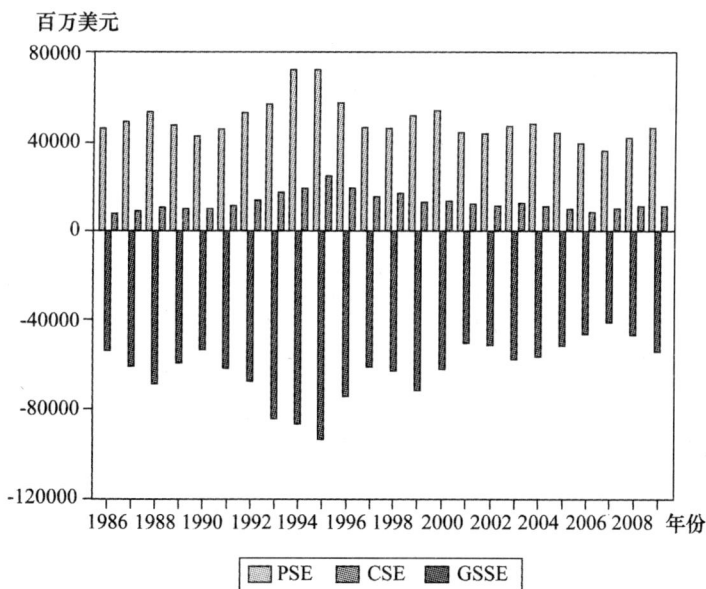

图 5 - 11 日本各时期三大类农业政策的额度

（1）PSE 和 CSE 在数值上的变化是一致的，这说明对生产者的支持很大一部分来自从消费者到生产者的转移支付；（2）1990—1994 年间，对生产者和一般服务的支持都显著增加；（3）CSE 的绝对值大于 PSE，也就是消费者的损失大于生产者的所得，这说明高强度的市场保护导致市场形成无谓损失而偏离均衡，进而偏离帕累托最优状态。

1993 年 12 月，"乌拉圭回合"农业谈判最后决定允许日本对大米实施"特别措施"，即 6 年以后再实现关税化，至此日本农业才基本纳入了世界贸易组织体制。

2. 1995—2000 年，世界贸易组织框架下日本的农业保护政策

1995 年，各世界贸易组织成员国开始实施《世界贸易组织农业协定》，日本开始实施为期 6 年的新一轮农业保护政策。

从图 5-12 可以看出，日本农业补贴数额最大的项目是 A、K、O 和 P，对照表 5-1，我们知道 A、K、O、P 分别是基于商品产出的支持、基础设施支持、从消费者到生产者的转移支付、来自消费者的其他转移支付。与美国的 A、L、O、P 进行对比，发现：（1）美国在一般服务支持

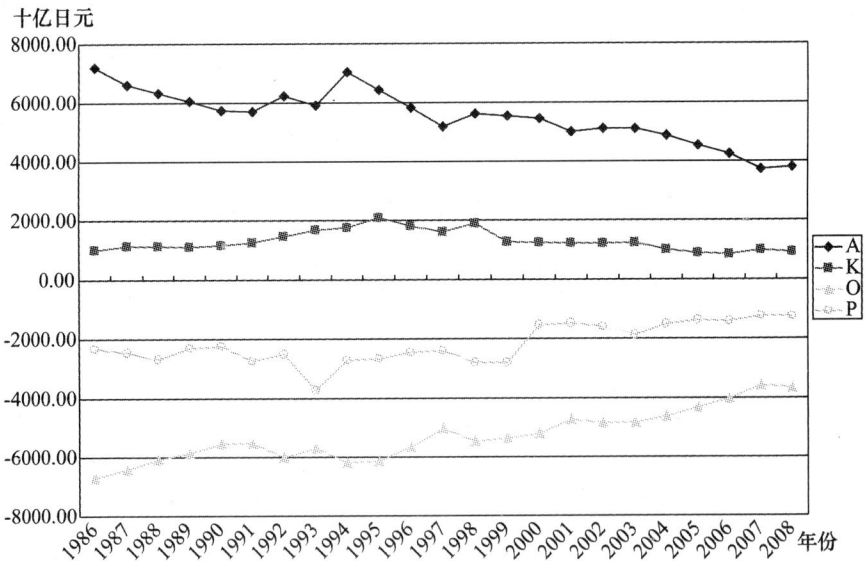

（1）1986—2008 年日本十八小类补贴金额（A，K，O，P）

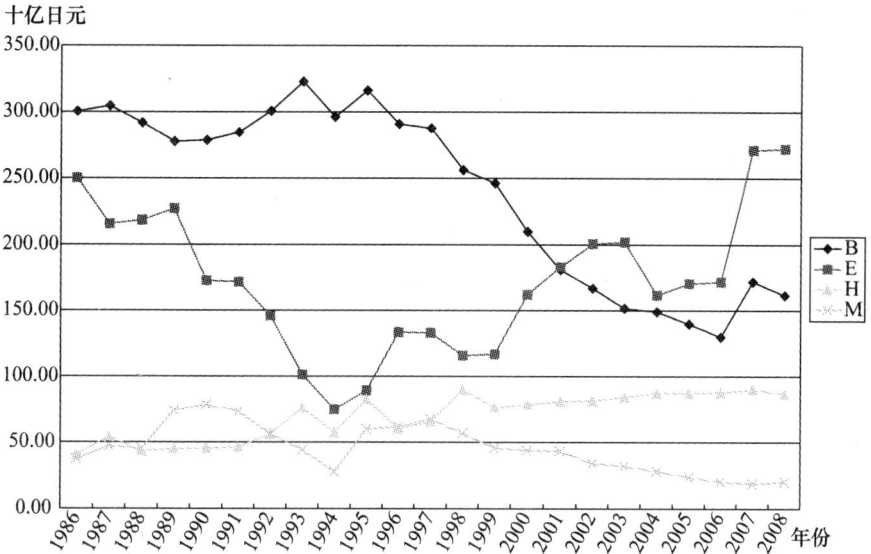

（2）1986—2008 年日本十八小类补贴金额（B，E，H，M）

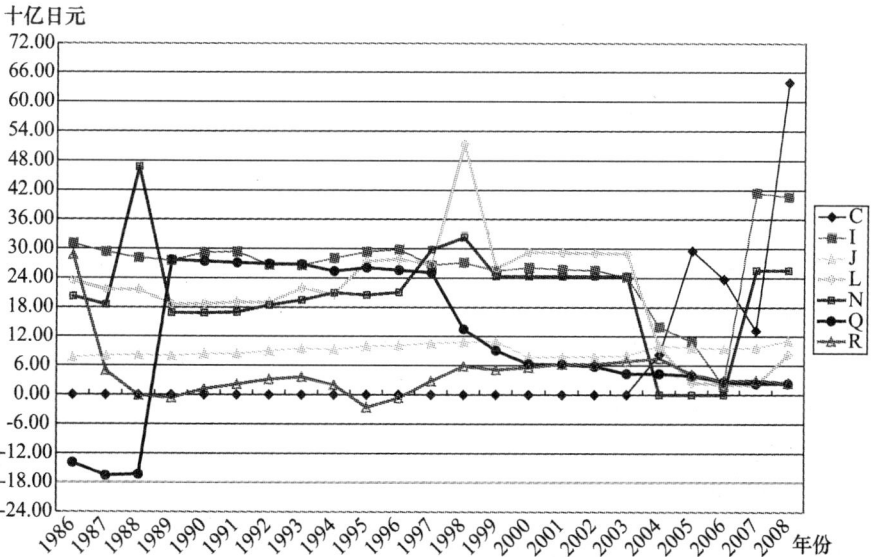

（3）1986—2008 年日本十八小类补贴金额（C，I，J，L，N，Q，R，其中 D，F，G 取零）

图 5 - 12　1986—2008 年日本十八小类补贴金额

这一块更注重市场营销，而日本则更注重基础设施的建设；（2）美国通过从纳税人到消费者的转移支付来减少消费者的损失，日本则选择更进一步损害消费者的利益。另外，图 5 - 12 中 A、K、O、P 四条曲线从 1994 年开始缓慢地向零逼近，这说明从第二阶段开始，日本在逐步地减小农业保护力度，造成这一结果的原因就是 1995 年的《世界贸易组织农业协定》。图 5 - 13 中 TSE 的下降更是直接地说明了这一阶段日本农业保护的强度减弱。

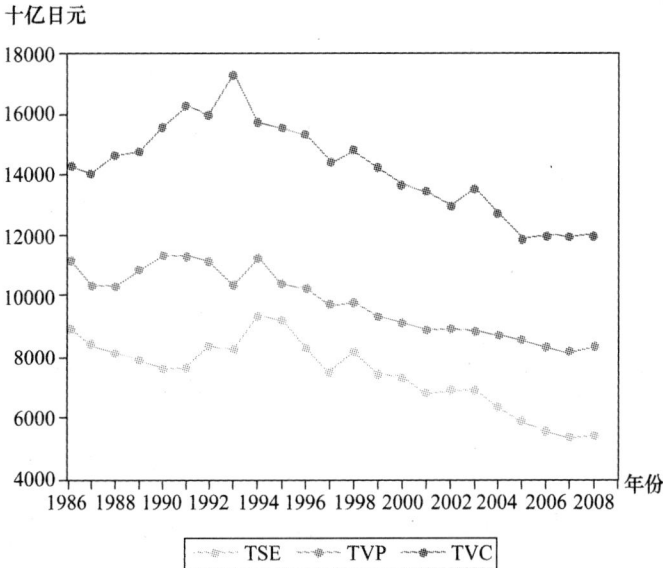

图 5 - 13　日本农业的三个重要指标

3. 2001 年至今，世界贸易组织新一轮农业谈判背景下日本的农业政策走向

在 2001 年世界贸易组织新一轮农业谈判背景下，日本为了适应多双边贸易谈判需要，农业管理体制进一步向市场化过渡。图 5 - 11、图 5 - 12 和图 5 - 13 都显示了日本农业补贴额进一步减少，日本农产品市场又向着自由化迈进一步。与此同时，日本农业产值也在下降，这从反面说明了日本农业生产高度依赖于农业保护政策，一旦取消这些保护政策，日本农

业生产就下滑。另外，图 5 - 13 中 TVP 和 TVC 两条曲线随着时间走向而靠近说明日本的粮食自给率在提高，因为 TVC 和 TVP 之间的差额代表农产品的净进口额。

# 第 六 章

## 中国农业补贴的初步
## 实践与国际比较 *

### 第一节 中国农业生产状况

#### 一 中国农业的概况

客观上说,中国农业生产条件较为恶劣。中国耕地面积约 127.1 万平方千米,仅占总面积的 13.2%。2008 年,农村人口 7.2 亿,约占总人口的 54.3%(1978 年为 82.1%),农村就业人口 3.1 亿,占总就业人口的 64.8%(1978 年为 92.4%)。2008 年,中国农业产值 3.4 万亿元人民币,占国内生产总值的 11.3%(1952 年为 50.5%)。

2008 年,从占全国耕地面积的比例来看,中国耕种的主要粮食作物有:玉米(19.1%)、稻谷(18.7%)、小麦(15.1%)、大豆(5.8%);主要油料作物有油菜子(4.2%)、花生(2.7%);还有蔬菜(11.4%)、棉花(3.7%)。从出口额来看,中国主要的农副产品有:活猪(3.8 亿美元),鲜、冻猪肉(2.7 亿美元),冻鸡(1.6 亿美元),水产品(51.8 亿美元),大米(4.8 亿美元),蔬菜(41.7 亿美元),鲜、干水果及坚果(18.2 亿美元),烟叶(6.8 亿美元),烤烟(3.3 亿美元),生丝(3.3 亿美元),食用油籽(9.1 亿美元)。

---

\* 本部分梁超燕做了初步的资料整理工作。

## 二 中国农业的特点

中国农业具有以下特点：

第一，耕地面积绝对量虽大，但是人均占有量少。中国耕地面积总量有127.1万平方千米，但是中国人口已位超过13亿，人均耕地面积才1.5亩，是世界平均数4.5亩的1/3，是人均占有耕地最少的国家。

第二，脆弱的生态环境导致开发成本高。中国整个地形西高东低，梯度大，本身就是水土流失的态势。再加上中国人口众多，生态压力巨大，人类活动的规模和强度大大高于其他国家，且新中国成立初期盲目追求经济增长而忽视了环境保护，导致生态环境严重恶化。中国的地质、地貌构成的国土区位及众多的人口都使得中国生态系统稳定性十分脆弱，脆弱的生态系统导致了开发成本的增加。据统计，全世界陆地的平均海拔为860米，而中国的平均海拔为1595米，是世界陆地平均高度的1.85倍。以世界大陆平均海拔为基数，每增加100米，开发费用上升3.2%—3.4%，照这样计算，中国的开发成本比世界平均成本高出25%左右。

第三，农业劳动力的整体文化水平低。虽然农户的整体文化水平在不断提升，但是还是处于低水平。截至2008年，大专及大专以上文化水平的农户才占1.68%，绝大部分（78.1%）农户是初中及初中以下文化水平（见表6-1）。

表6-1　　　　　中国农村居民家庭劳动力文化水平状况　　　　　单位:%

| 指标 | 1990 年 | 1995 年 | 2000 年 | 2007 年 | 2008 年 |
|---|---|---|---|---|---|
| 不识字或识很少字 | 20.73 | 13.47 | 8.09 | 6.34 | 6.17 |
| 小学文化水平 | 38.86 | 36.62 | 32.22 | 25.76 | 25.30 |
| 初中文化水平 | 32.84 | 40.10 | 48.07 | 52.91 | 52.81 |
| 高中文化水平 | 6.96 | 8.61 | 9.31 | 11.01 | 11.40 |
| 中专文化水平 | 0.51 | 0.96 | 1.83 | 2.54 | 2.66 |
| 大专及大专以上文化水平 | 0.10 | 0.24 | 0.48 | 1.45 | 1.68 |

资料来源：《中国农村统计年鉴》（2009）。

第四，生态农业发展不足。发达国家都十分重视生态农业的发展，近年来不断减少农药、化肥的使用，而中国农药、化肥的使用量却不减反增

（见表 6 - 2）。2008 年相比于 2007 年，农药使用量增长 3%，化肥使用量增长 2.6%。所以，中国在生态农业方面有待发展。

表 6 - 2 　　　　　　　　中国农药和化肥的使用量

| | 1990 年 | 1995 年 | 2000 年 | 2007 年 | 2008 年 |
|---|---|---|---|---|---|
| 农药（万吨） | 73.3 | 108.7 | 128.0 | 162.3 | 167.2 |
| 化肥（万吨） | 2590.3 | 3593.7 | 4146.4 | 5107.8 | 5239.0 |

资料来源：《中国农村统计年鉴》（2009）。

## 第二节　中国农业政策的回顾

为了便于将中国和经济合作与发展组织（OECD）成员国进行比较，这一节中，我们将采用 OECD 对中国的农业补贴的测算数据来分析中国的农业政策。

中国的农业政策可以分为两个方面来研究：一是农业税政策；二是农业补贴政策。这两种政策中，前者损害了农业生产者的利益，后者增加了农业生产者的利益，两者存在着矛盾。但是，这样矛盾的两种政策却一直并存于中国，直到 2006 年中国彻底取消农业税的征收。事实上，并存并不代表并重，不同的时期中国农业政策的偏重点不同。新中国成立初期，中国工业基础薄弱，亟须发展，中国政府为了促进工农业和谐平衡发展，实施了以农业税为主的农业政策，采用农业哺育工业的发展方式。随着中国工业渐渐发展，开始变得强大，其在国民经济所占比重远在农业之上，中国政府开始注重对农业的支持，农业补贴政策的比重开始增加，2004年开始实施的农业直接补贴政策更是标志着中国进入了工业反哺农业的时期。

### 一　中国的农业税政策

中国农业方面的税主要有以下四种：农牧业税、契税、农业特产税和耕地占用税。其中，农牧业税和农业特产税是针对农业生产征收的税收，契税和耕地占用税则是土地转让和耕地挪作他用时向土地承受者征收的税收。

图 6-1 显示了 1986—2007 年间中国这四种农业主要税收收入的变化。从图 6-1 中不难看出：（1）农牧业税的走势先是基本维持不变，然后于 1993 年开始缓慢增长，1996—2001 年保持稳定，2002 年和 2003 年突然上升后又是下降，直到 2007 年农牧业税彻底被取消，税收值归于零；（2）农业特产税 1988 年才开始征收且它的走势与农牧业税大致相同，只是没有 2002 年和 2003 年的突然上升，以及最后税收值趋于零并不完全等于零；（3）耕地占用税的走势在 2003 年之前都保持平稳，2003 年之后有较大幅度的增长；（4）契税的走势也是先平稳，然后从 1997 年开始逐步上升，且增长速度越来越快，这与近年来中国房地产市场的快速发展有着密切的联系。因为农牧业税和农业特产税对农业生产有着严格的负面影响，所以（1）和（2）说明中国政府从 1997 年开始减轻农业生产者的负担以促进农业生产的发展。

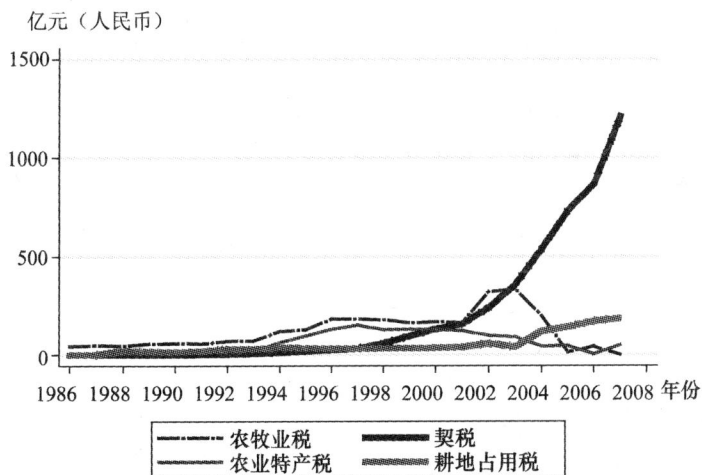

**图 6-1 中国农业主要税收收入**

资料来源：《中国财政年鉴》（2008）。

如图 6-2 所示，曲线在 1996—2001 年间下降（曲线分别代表农牧业税与农业总产值的比率以及农业特产税与农业总产值的比率）。

1996 年 12 月 30 日，国务院决定农业税收政策不变。第九个五年计划期间（即 1996—2000 年），对农业生产不开征新税种，规定的农业税税率不再提高。这项决定表现在图 6－2 上就是农牧业税和农业特产税在1996—2000 年期间保持平稳。

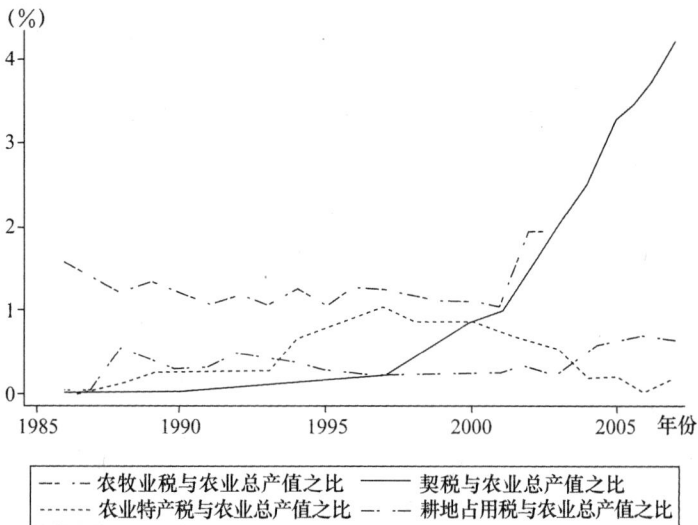

图 6－2　农业各税与农业总产值的比率

资料来源：《中国财政年鉴》（2008）。

2004 年 3 月，十届全国人大二次会议通过决议，2004 年取消农业特产税，五年内逐步取消农业税。2004 年地方取消农业特产税，同年进行减免农业税改革试点——少数省（区、市）全部免征农业税，粮食主产区农业税税率降低 3 个百分点。

2005 年 12 月 29 日，十届全国人大常委会决定，农业税条例自 2006年 1 月 1 日起废止。至此，农业税全面退出中国的历史舞台。

**二　中国农业补贴政策**

20 世纪 50 年代末，中国农业补贴政策以国营拖拉机站的"机耕定额亏损补贴"的形式登上了历史舞台。不过，在 1978 年之前，中国的农业补贴主要集中在农业科技和农田水利建设等基础性投入方面，很少有因某一问题而制定的具体补贴政策。1978年后，随着农村经济体制改革的推行，农业发展过程中出现了各种问题，为了保障农业的健康和稳定发展，在不断加大对农业的基础性投入的同时，还分别实施了针对各种具体问题的补贴政策。更进一步地，从2004年开始中国政府对农户进行直接补贴，而且直接补贴的种类和范围随着补贴体系的完善一直在不断扩大。下面我们分三个阶段对1979年至今的这段时间里中国农业补贴政策的演变进行分析：

第一阶段：1979—1992年，农业生产资料和城镇居民的粮食补贴。1979年，为了改变农产品匮乏和农户贫困的状况，国务院决定，从1979年夏粮上市起，粮食统购价格提高20%，超购加价幅度由原来按统购价加价30%，提高到按新统购价加价50%。后期，又提高了粮食、部分植物油、棉花和烟叶的收购价格。这一农业补贴制度主要是在提高粮食收购价的同时，又维持原有销售低价而实现的，它既补贴了农户也补贴了城镇居民，还补贴了粮食购销企业，但城镇居民从中受益较多。因为农产品的销售价格是由政府制定的，低于由市场的供求关系决定的价格。为了发展工业，压低农产品价格，抬高工业产品价格，使得农产品的价格低于其价值，工业产品的价格高于其价值，从而形成"剪刀差"，用农业来支持工业的发展。另外，1985年，政策决定，"粮食取消统购，改为合同定购；定购以外的粮食可以自由上市；如果市场粮价低于原统购价，国家仍按原统购价敞开收购"。这一决定标志着粮食流通开始了"双轨"运行，也象征着中国粮食市场开始向自由化迈进。农户可以选择将粮食按统购价卖给国家，也可以上市自由销售，国家的统购价是粮食的最低保护价。销售方面，国家供应农村的各种用粮都调整到购销同价，但对城镇人口，仍按原销价不变。这一变革加大了向城镇居民倾斜的力度，因为稍一放松对粮食价格的压制，粮食价格自然上涨。对农村购销同价，对城镇却按原低价，很明显是向城镇居民倾斜。1990年，财政在粮食方面应补贴金额上升到477亿元人民币，是1984年的两倍多，占当年财政收入的14.4%。直到1993年，统销价格还是低于市场均衡价，因而图6-3中显示1993年中国对农业生产者的支持还是负向的。

1987年2月，中国政府制定了农业生产资料补贴政策。国务院转发商业部等部门《关于粮食合同定购与供应化肥、柴油挂钩实施办法》，开

百万元（人民币）

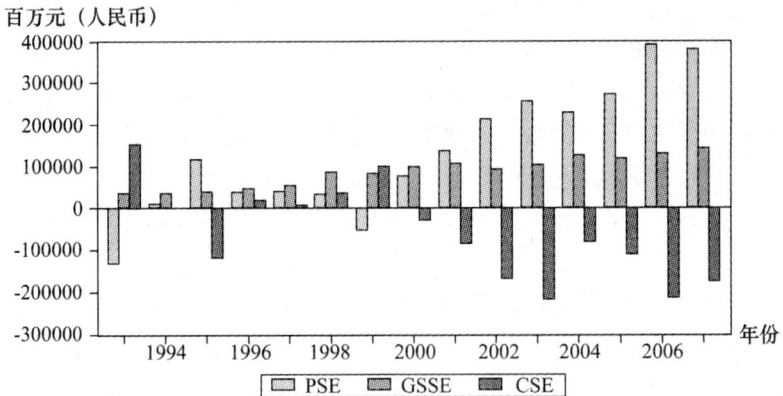

图 6 - 3　中国三大类农业政策的额度

资料来源：OECD。

始实施粮食合同定购与供应化肥、柴油和预发预购定金"三挂钩"，定购每 50 公斤粮食奖售 20 公斤化肥、5—7 公斤柴油。

第二阶段：1993—2002 年，粮食统销体制解体，粮食保护价收购，推动农产品市场化。一方面，至 1993 年年底，全国宣布放开粮价的县（市）超过总数的 95%，城镇居民粮食统销政策打破，粮食统购统销制度彻底退出了历史舞台。因此，图 6 - 3 中的 PSE 在 1994 年由负转为正，这也意味着农业哺育工业阶段的结束。同时，1993 年颁布《中华人民共和国农业法》，规定了对粮食及其他有关国计民生的重要农产品进行价格保护的原则。但是，20 世纪 90 年代初，政府规定的保护价基准水平是当时的定购价，而定购价又低于市场均衡价，所以并没有起到作用。直到1996 年在继 1994 年之后再次大幅度提高定购价水平，使其显著高于市场均衡价。

1998 年，国务院办公厅转发的《财政部、中国农业发展银行关于完善粮食风险基金管理办法的通知》中，对粮食风险基金的用途进行了调整，粮食风险基金专项用于：第一，支付省级储备粮油的利息、费用补贴；第二，粮食企业执行敞开收购农户余粮的政策，致使经营周转库存增加，流转费用提高，而又不能顺价销售得以弥补的超正常库存粮食的利息、费用补贴。这些用途又在后来的《粮食收购条例》中加以明确。同时，中央专项储备粮的利息、费用等项支出由中央财政予以补贴。这意味着农业补贴由以补贴购销差价为主的方式，开始转向以粮食风险基金为主要形式补贴粮食企业等流通环节。

另外，这一时期还改革了生产性补贴方式，对合同定购部分的农产品实行价外补贴，即按定购合同收购农产品时，直接把平价农业生产资料的差价付给农户。

第三阶段：2003 年至今，全面推行直接补贴。2003 年起，13 个粮食主产省（区）也开始了直接补贴改革试点工作。2004 年以来，各地积极贯彻落实国家对农户进行直接补贴的政策。中央财政还安排了良种补贴资金 28 亿元人民币，粮食主产区的大部分农户直接受益；安排农机具购置补贴 7000 万元人民币，带动地方各级财政投入补贴资金 4.1 亿元人民币，共补贴购置各类农机具 10 万多台，粮食主产区近 38 万农户受益。

2005 年，对农户按种粮面积直接补贴、良种补贴、农机具购置补贴规模继续扩大，总量达 178 亿元人民币。2006 年，为了弥补化肥、柴油等农资价格变动对农户种粮成本的影响，实施了农业生产资料综合直接补贴政策（农资综合直接补贴）。2007 年，中央财政在继续保持 2006 年 120 亿元农资综合直补资金不变的基础上，新增 156 亿元农资综合直接补贴资金，加大对种粮农户的补贴力度，两项直接补贴总额达 427 亿元，比上年增加 165 亿元，增长 63%。2008 年，农资综合直补资金规模达到 638 亿元，比上年增长 131%，加上从粮食风险基金中预计列支的 151 亿元粮食直补资金，2008 年国家对种粮农户两项直接补贴达到 789 亿元。2009 年，在上年较大幅度增加补贴的基础上，进一步增加补贴资金，增加对种粮农户直接补贴，加大良种补贴力度，提高补贴标准，实现水稻、小麦、玉米、棉花全覆盖，扩大油菜和大豆良种补贴范围。至此，中国全面推行直接补贴，形成了以直接补贴为主的农业补贴制度。

TVP（农业总产值，见图 6 - 4）在 2003 年之前一直缓慢增长，2003 年之后开始加速增长，这说明 2003 年以后的农业补贴政策对农业生产有着显著的正向影响。

十亿元（人民币）

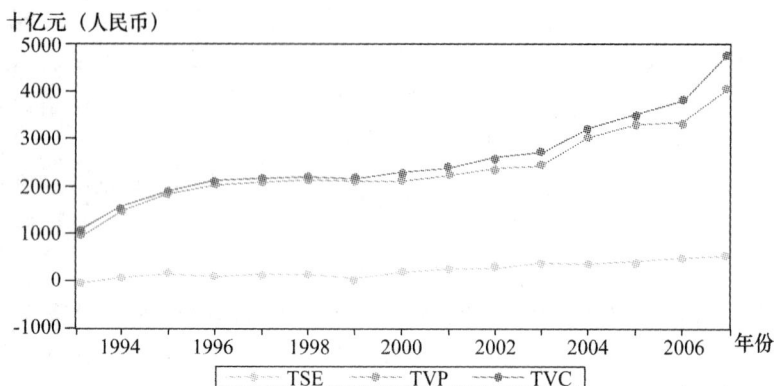

图 6 - 4　中国农业的三大指标

资料来源：OECD。

## 第三节　补贴形式与相关政策

在分析问题之前，有必要先了解一下关于农业补贴、农业直接补贴以及我国当前的农业补贴政策。

### 一　农业补贴

农业补贴，作为公共财政的重要组成部分，是一国政府对本国农业支持与保护政策体系中最主要、最常用的政策工具。世界贸易组织框架下的农业补贴是指针对于国内农业生产及农产品的综合支持。在世界贸易组织农业多边协议框架下，农业补贴具有两层含义：一种是广义补贴，另一种是狭义补贴。

广义补贴，是指政府对农业部门的所有投资或支持，其中较大部分如对科技、水利、环保等方面投资，由于不会对产出结构和农产品市场发生直接显著的扭曲性作用，一般被称为"绿箱"政策。"绿箱"政策措施主要包括：（1）一般农业服务，如农业科研、病虫害控制、培训、推广和咨询服务、检验服务、农产品市场促销服务、农业基础设施建设等；（2）粮食安全储备补贴；（3）粮食援助补贴；（4）与生产不挂钩的收入补贴；（5）收入保险计划；（6）自然灾害救济补贴；（7）农业生产者退休或转业补贴；（8）农业资源储备补贴；（9）农业结构调整投资补贴；（10）农业环境保护补贴及地区援助补贴。

狭义补贴，是指对粮食等农产品提供的价格、出口或其他形式的补贴，这类补贴又称为保护性补贴，通常会对产出结构和农产品市场造成直接明显的扭曲性影响，一般被称为"黄箱"政策。主要包括政府对农产品的直接价格干预和补贴，种子、肥料、灌溉等农业投入品补贴、农产品营销贷款补贴、休耕补贴等。"黄箱"政策中规定给予发展中国家特殊差别待遇，对发展中国家为促进农业和农村发展所采取的下述支持和补贴措施可免予削减承诺，简称"发展箱"。主要包括：（1）农业投资补贴；（2）对低收入或资源贫乏地区生产者提供的农业投入品补贴；（3）为鼓励生产者不生产违禁麻醉作物而提供的支持。

**二 农业直接补贴**

农业直接补贴是农业补贴中很重要的一项补贴政策，是政府公共财政直接向农户的一项转移支付，并不通过市场发挥作用，是属于广义补贴的一种。

直接补贴是相对于市场价格而言的，它一般直接作用于农户收入，既可能按历史的或实际发生的农业生产要素投入发放补贴，也可能按历史的或实际发生的产出发放补贴。如果按历史的农业投入要素或者产出数据来发放补贴，实际上就是脱钩补贴，与当前实际发生的农业投入要素或者产出没有直接关系，因而被认为对农业生产与贸易没有扭曲效应。直接补贴与市场价格支持明显不同，受益人明确就是农业生产者，承担人一般都是纳税人。

**三 我国当前的农业补贴政策**

良种补贴项目自 2002 年实施以来，补贴作物已由最初的大豆，扩展到水稻、小麦、玉米、棉花、油菜 6 大农作物。进一步增加农机具购置补贴，扩大补贴种类，把牧业、林业和抗旱、节水机械设备纳入补贴范围。具体包括粮食补贴、生猪补贴、农业机械购置补贴、农村合作医疗、贫困补贴、家电下乡补贴、养殖业补贴，等等。

由于各省粮食直补办法确定的依据不同，因而补贴的性质也不同。按照补贴是否与当期粮食播种面积及价格挂钩可分为两种情况：（1）不与当期播种面积和价格挂钩，即不管市场上粮价的高低，不管当期是否种粮都按前几期的计税面积或者计税正常产量给予农户补贴，这种补贴实质上就是固定补贴。事实上，粮食直接补贴基本上都没有与价格挂钩。（2）与播种面积挂钩，即按农户实际种粮面积，向农户兑付粮食直接补贴。这种形式属于与面积挂钩而不与价格挂钩的半挂钩补贴。例如，湖南、湖北等。

各省补贴发放方式也不尽相同，按照是否与农业税征收挂钩分为两种情况：（1）与农业税征收相挂钩，征补一条线，有税抵税，无税发钱。如河南、吉林。（2）不与农业税征收挂钩，"征补两条线"。如江西、安徽等省。

各省在粮食直接补贴资金发放的方式上也分为：现金直接支付方式，银行或信用社银行卡支付方式，或者发放补贴通知单，用于缴农业税时抵扣农业税。

## 第四节　中国农业支持政策的评估
—— 源自 OECD 的宏观数据测算

由于缺乏国内较为完整的数据，而经济合作与发展组织提供了相应的中国农业支持的相关数据（1993—2007），因而可以分析时间区间较短的农业支持政策相应状况（见图 6 - 5）。

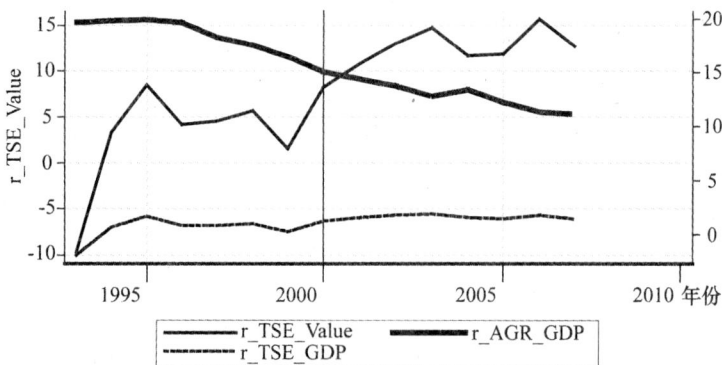

图 6 - 5　中国农业支持力度测算（1993—2007）

注：r_TSE_Value 表示总支持力度占农业生产总值的比重。

资料来源：OECD。

　　农业的总支持力度从各项支持力度对农业生产的价值看，相对较低（见表6-3）。总支持力度占农业生产总值的比重（r_TSE_Value）只有7.78%，而且波动的幅度很大，标准差为6.52，而最低时为-9.67%，这意味着没有支持力度，反而是为非农业部门作贡献。OECD国家在这项指标上，在1986—2009年间平均为45.85%的水平。而测算所得的占GDP的比重平均水平r_TSE_GDP为1.07%，更有可能是高估了中国的农业支持力度，OECD的数据估算的农业价值也要远远高于国民经济核算所测算的第一产业价值，这从占GDP的比重指标r_AGR_GDP的波动（0.95%）也可以看出，该项指标并不稳定，可能存在着较大的误差。此外，OECD没有测算中国独特的农业税，在农业税取消之前，农户不仅难以获得相应的支持，反而需要承担农业税。整体而言，农业支持的力度应该很小，这也大体符合中国的实际：由于更多的是采取工农价格"剪刀差"的方式，通过对农业的贡献为工业化进程积累资本。

表6-3　　　　　　经济合作与发展组织对中国农业支持力度测算
描述性统计（1993—2007）　　　　　　单位：亿元

| 指标 | 均值 | 标准差 | 最小值 | 最大值 |
|---|---|---|---|---|
| 农业生产价值（农户口径） | 23678.71 | 7826.68 | 9616.05 | 40783.70 |
| 农业消费价值（农户口径） | 25468.75 | 9365.08 | 10036.99 | 47406.87 |
| 总支持（TSE） | 2207.23 | 1824.47 | -929.40 | 5203.26 |
| 生产支持（PSE） | 1336.14 | 1529.69 | -1312.05 | 3903.87 |
| 消费支持（CSE） | -584.06 | 1120.13 | 2155.95 | 1532.48 |
| 服务支持（GSSE） | 857.77 | 361.21 | 351.40 | 1407.72 |
| 总支持占总生产价值比重 | 7.78 | 6.52 | -9.67 | 15.68 |
| 生产支持占总生产价值比重 | 4.15 | 6.41 | -13.64 | 11.76 |
| 消费支持占总生产价值比重 | -1.36 | 6.08 | -8.83 | 15.94 |
| 一般服务支持占总价值比重 | 3.56 | 0.84 | 2.08 | 4.67 |
| 农业直补占总价值比重 | 0.11 | 0.18 | 0.00 | 0.43 |
| 总支持占GDP比重 | 1.07 | 0.95 | -1.90 | 1.89 |

　　注：总支持占GDP的比重是根据总支持占农业生产总值比重与第一产业占GDP比重相乘所得，GDP和第一产业数据来源于《中国统计年鉴》。

　　资料来源：根据OECD提供对中国农业支持力度的测算资料，处理后所得。

从类别看，生产支持额度最大，所占比重最高。生产支持平均额度为1336.14 亿元，占所有总支持 2207.23 亿元的 60.53%，这意味着更多的支持是在生产环节。服务支持为 857.77 亿元，所占比重也很高，为38.86%。但从明细项目看，绝大部分为以粮食安全为目标的储备粮项目，部分为农业院校教育经费，很少部分为研究开发和农村基础设施。对农户的直接补贴金额很少，而且所占比重很低。从 2004 年起才有相应的项目和数据，2004—2007 年的直接补贴数据分别为 116 亿元、132 亿元、142亿元和 151 亿元人民币。金额占农业产值的比重很低，在整个有限的补贴中也占比极低。

## 第五节　农业政策的国际比较

我们将比较 OECD 国家和中国农业公共政策之间的区别，然后得出中国农业政策的特殊性。由于我们的农业补贴数据来自 OECD，所以我们将按照 OECD 农业补贴数据包的框架来比较分析各国补贴政策之间的不同。

### 一　各国农业政策出现的原因和目的不同

就如最初说的，农业政策的出现和调整都是由当时的国情所决定的，是国家发展所需。不同的国家有不同的国情，所以每个国家农业补贴政策出现的原因都不尽相同。

美国是因为 1933 年的经济大萧条，出台了一系列的农业补贴政策。日本是因为 1955 年加入关税及贸易贸总协定，且其本身就是一个农业耕地资源十分有限的国家，当时为了保护本国农业不受到竞争冲击，日本对本国农业和农产品贸易实施了一系列强有力的支持和保护政策。欧盟是因为 1962 年欧洲农产品短缺，当时为了提高农业生产率，增加农业从业者的收入，稳定农产品和保障供应，CAP 采取了很多价格支持和贸易保护措施。瑞士是因为本身是一个多山国家，发展农业的自然条件不好，1951年为了确保任何时候都能保证农产品的供应，每一寸可利用的土地都种植农作物，瑞士颁布了保护支持农业的农业法。墨西哥是因为 20 世纪 30 年代后半期进口替代工业化模式的实施，为了提高本国农产品的国际竞争力，墨西哥加紧了对农业的干预，采取了很多保护农业的措施。而中国农业政策最初出现的原因却是 1958 年本国工业发展刚刚起步，需要政府扶持，为了促进本国工业更快更好地发展，中国对农户征收农业税，并通过粮食统购统销体制压低农产品价格，提高工业产品价格，使得两类产品的价格形成"剪刀差"，也就是用农业来哺育工业。

所以，中国农业政策出现的原因特殊，5 个 OECD 国家都是出台农业政策以支持本国农业发展，而中国却是制定农业政策以便于利用农业支持工业发展。

## 二 各国农业补贴的形式不同

OECD 国家农业补贴的形式多种多样，从表 6 - 4 中可见一斑。当然，并不是每一个 OECD 国家都是采取了表 6 - 4 中的任何一项措施。表 6 - 4 显示上述 5 个 OECD 国家这些措施的实施情况。

表 6 - 4　　　　　　5 个 OECD 国家采取的农业补贴措施

| PSE | 美国 | 日本 | 欧盟 25 | 瑞士 | 墨西哥 |
| --- | --- | --- | --- | --- | --- |
| A | 有 | 有 | 有 | 有 | 有 |
| A1 | 有 | 有 | 有 | 有 | 有 |
| A2 | 有 | 有 | 有 | 有 | 有 |
| B | 有 | 有 | 有 | 有 | 有 |
| B1 | 有 | 有 | 有 | 有 | 有 |
| B2 | 有 | 有 | 有 | 有 | 有 |
| B3 | 有 | 有 | 有 | 有 | 有 |
| C | 有 | 2004 年开始 | 有 | 有 | 1988 年开始 |
| D | 无 | 无 | 2004 年开始 | | 2003 年开始 |
| E | 1989—1995 年无 | 有 | 1989 年开始 | 1999 年开始 | 1994 年开始 |
| F | 有 | 无 | 有 | 有 | 2003—2006 年有 |
| F1 | 无 | 无 | 有 | 无 | 2003—2006 年有 |
| F2 | 2000 年开始 | 无 | 有 | 1993 年开始 | 无 |
| F3 | 有 | 无 | 2001 年开始 | 有 | 无 |
| G | 无 | 无 | 有 | 有 | 无 |
| GSSE | 有 | 有 | 有 | 有 | 有 |
| H | 有 | 有 | 有 | 有 | 有 |
| I | 无 | 有 | 有 | 有 | 2008 年取消 |
| J | 有 | 有 | 有 | 有 | 1996 年开始 |

| PSE | 美国 | 日本 | 欧盟 25 | 瑞士 | 墨西哥 |
|---|---|---|---|---|---|
| K | 有 | 有 | 有 | 有 | 有 |
| L | 有 | 有 | 有 | 有 | 有 |
| M | 1990 年开始 | 有 | 有 | 有 | 1995 年取消 |
| N | 有 | 有 | 有 | 有 | 有 |
| CSE | 有 | 有 | 有 | 有 | 有 |
| O | 有 | 有 | 有 | 有 | 有 |
| P | 有 | 有 | 有 | 有 | 有 |
| Q | 有 | 有 | 有 | 有 | 有 |
| Q1 | 有 | 有 | 有 | 有 | 有 |
| Q2 | 有 | 无 | 有 | 有 | 1989 年开始 |
| R | 1999 年取消 | 有 | 有 | 有 | 2008 年取消 |

注：由于 OECD 国家的资料只有 1986—2008 年期间的，所以上表结论都只针对这段时间。其中第一列的字母对应表 5 - 1 中第一列的各项，"有"代表该国家有实施这项措施，"无"代表没有实施这项措施。

从表 6 - 4 中不难得出以下结论：（1）欧盟采取的农业补贴措施种类最多，除了 D、E、F3 三项是后来开始实施的，其他类型的措施都是从 1986—2008 年一直没有停止过；（2）墨西哥是调整得最频繁的国家，C、D、E、J、Q2 五项措施都是在这期间才开始启用的，I、M、R 三项却在这期间取消了，还有 F1 只执行了四年便取消了；（3）日本采取的农业补贴措施种类是最少的，D、F1、F2、F3、G、Q2 六项措施从来都没出现在日本，而且 C 这项措施也是 2004 年才开始实施的；（4）5 个国家自 1986 年以来一直共有的措施有 A、B、H、K、L、N、O、P、Q1 九项，可见这九项是很基础的农业保护措施。

接着，我们来看中国进行农业补贴所采取的措施。对 20 世纪 50 年代末以来中国所采取过的农业补贴措施进行总结，再归纳到 OECD 的农业补贴分类框架中，得到表 6 - 5。

表 6 - 5                          中国农业措施分类表

| 类型 | 具体措施 |
|------|----------|
| A1 | 粮食保护价收购、棉花差价补贴 |
| A2 | 贷款贴息补贴 |
| B1 | 农用生产资料的价差补贴、农业生产用电补贴、农机具购置补贴、农资综合直补 |
| B2 | 农村开荒补助费、草场改良保护补助、造林补助、退耕还林粮食补助 |
| B3 | 国家储备糖、粮油、棉花利息费用补贴、国家储备粮油差价补贴 |
| D | 脱钩直接补贴、销售棉花定额补贴款 |
| G | 出口价差补贴 |
| H | 棉花发展补贴款、良种补贴 |
| J | 林木病虫害防治补助 |
| N | 粮食财务挂账消耗款 |
| O | 粮食保护价收购 |
| Q | 棉花差价补贴 |

比较表 6 - 4 和表 6 - 5 发现：（1）相比于以上 5 个 OECD 国家，中国的农业补贴措施种类较少；（2）中国一般服务支持部分严重不足，七项中只有三项，而其他国家中，就连墨西哥都有五项；（3）5 个 OECD 国家共有的九项基础保护措施中，中国没有 K、L、P 三项。所以经比较，中国农业补贴措施种类太少，需要加强。

值得注意的是，采取的措施种类最多并不代表保护力度最强，保护力度的强弱还跟投入每项措施的资金大小以及补贴与产出的比例有关。在下一部分我们将比较各国保护力度的不同。

**三　各国农业保护力度强弱的不同**

OECD 的 PPSE 指标很好地衡量了国家对农业生产者的保护力度，所以，我们可以通过比较各国 PPSE 指标的不同来比较各国对生产者保护力度的不同。由于中国不是 OECD 成员国，而 OECD 只对中国 1993—2007 年间的数据做了测算，所以下面的分析中，中国有些年份的数据是缺省的。当然，这并不妨碍我们比较 1993—2007 年期间中国农业政策和 5 个 OECD 国家的不同之处。

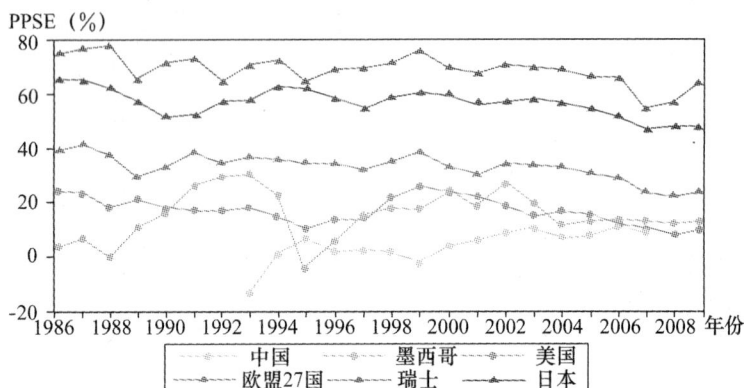

图 6-6　六个国家的 PPSE 指标

从图 6-6 中可以总结出以下结论：（1）瑞士一直都是 5 个国家中农业保护力度最强的国家，虽然近几年有较大的下降，但是 PPSE 指标一直保持在 50% 之上，也就是说，瑞士农户的农业收入中一半以上是政府支付的。（2）墨西哥是 5 个国家中农业补贴政策最不稳定的国家，墨西哥的 PPSE 曲线起伏变化很大，甚至两次处于零值之下，这意味着墨西哥也曾经利用农业来支持其他产业的发展。（3）4 个发达国家的农业保护力度变化趋势大同小异，尤其是 2003 年世界贸易组织进行农业谈判以来，它们的保护力度都有了很显著的减弱。（4）美国一直是 4 个发达国家中农业保护力度最小的国家，但是这并不是说美国采取的农业保护措施少；相反，美国的农业措施种类繁多（参见第一节第一部分），且占用的财政支出数额也不小，只是它巨额的农业产值使得 PPSE 这个百分比变得很小。（5）日本的 PPSE 指标也一直处于 50%，直到 2007 年和 2008 年才稍低于 50%，这是由于日本和瑞士一样没有发展农业的自然条件，农业需要政府给予很大的支持才能发展得起来，而且较低的粮食自给率（40% 左右）迫使日本不得不花费巨大的成本来支持农业发展。

另一个方面，PCSE 这个指标很好地衡量了农业支持政策的实施对农产品消费的影响。所以，我们通过分析 PCSE 这个指标来分析各国农业政策对农业品消费影响的不同。

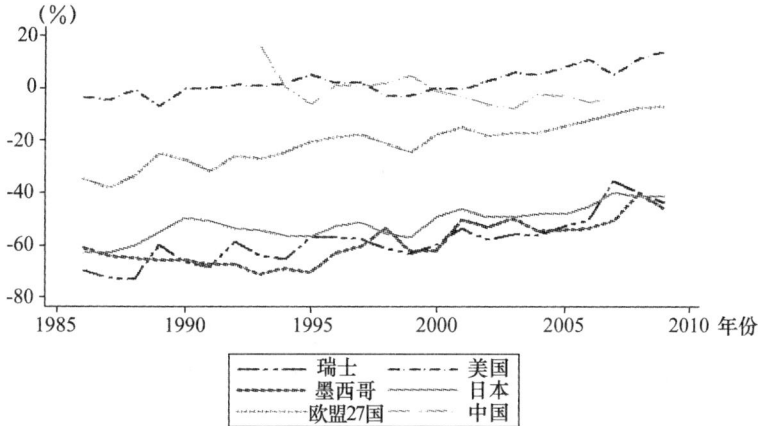

图 6 - 7   各国 PCSE 指标值

注：PCSE = CSE/（Y - CSE），其中 Y 是农产品按市场均衡价格销售时消费者的支出，不包括消费者的转移支付。PCSE 表示消费者向生产者的转移支付占农产品消费总支出的比重，或者由于农业支持政策的实施，农产品消费支出增加的百分比。因为通常情况下，PCSE 是负数，所以 PCSE 的值越小说明农业支持对消费的影响越大，也就是消费者受到的损害越大。

从图 6 - 7 中我们可以得到如下结论：（1）除了中国，其他 5 个国家的 PCSE 都呈上升趋势，这说明 5 个 OECD 国家对农业的支持力度都在减小，这一成就的取得与世界贸易组织会议的召开密切相关。（2）墨西哥是 6 个国家中 PCSE 值最小的国家，这意味着墨西哥的农产品消费者由于支持政策的实施增加的支出的百分比最大，也就是墨西哥消费者面临的国内价格是 6 个国家中最高的，消费者利益严重受损。（3）中国在 20 世纪末 PCSE 值仍然是正数，直到 21 世纪初才变为负数，这说明中国农产品消费者在 21 世纪之前是受益于中国农业政策，产生这个结果的原因主要是中国当时实行的粮食统销统购政策和价格"剪刀差"。（4）与中国相反，美国 PCSE 值的变化趋势是由负转正，这说明美国开始注重消费者的利益，开始对消费者进行保护，不再采用牺牲消费者利益来保护生产者的农业支持政策。（5）欧盟的 PCSE 值处于中等水平，且一直在朝着零值逼进，这说明欧盟有促进市场自由化的决心。

综合图 6 - 6 和图 6 - 7，5 个 OECD 国家都是通过损害消费者的利益来保护生产者的利益，不过对消费者利益的损害正在逐步减小，其中美国已经做到在保护生产者的同时兼顾消费者利益，而中国正在从损害生产者、保护消费者到损害消费者、保护生产者的路上。另外，在这6个国家中，5个OECD国家是保护强度最大的国家，中国是农业保护强度最小的国家。

### 四 同一类补贴在不同国家的重要性不同

即使是同一类补贴，在不同的国家，其重要性也是不同的。所以，下面我们通过对组成PSE的七小类补贴的比重进行分析，来比较这些补贴方式在各国的重要性的不同。

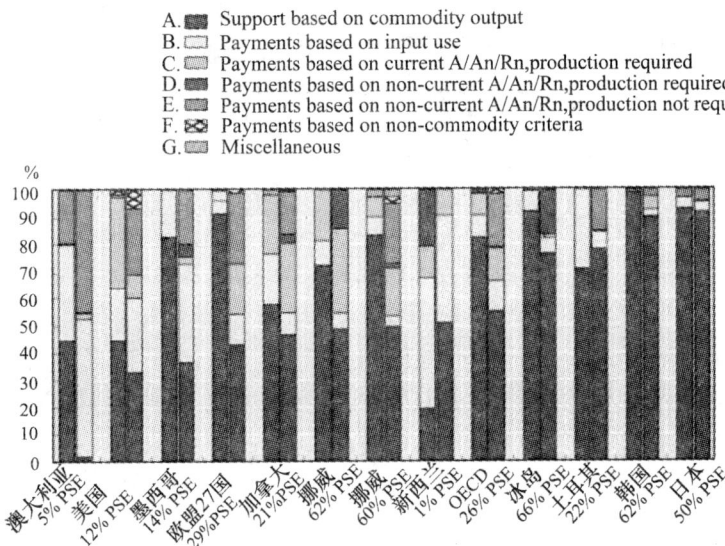

图6-8 各国在1983—1988年和2005—2007年期间的PSE组成（占PSE的百分比）

注：（1）对于墨西哥，1986—1988年被换成1991—1993年。（2）1986—1994年的EU12包括自1990年以来的ex-GDR，1995—2003年是EU15，2004—2006年是EU25，2007年是EU27。（3）奥地利、芬兰和瑞典所有年份都包括在OECD总数中，1995年以后也包括在欧盟中。捷克共和国、匈牙利、波兰和斯洛伐克共和国所有年份都包括在OECD总数中，2004年以后同时包括在欧盟中。OECD总数不包括非OECD成员国的欧盟国家。

资料来源：OECD，PSE/CSE database，2008。

PSE的7个组成部分分别为：A. 基于商品产出的支持，B. 基于投入使用的支付，C. 基于当前面积/动物数量/销售收入/总收入的支付，有生产要求，D. 基于基期面积/动物数量/销售收入/总收入的支付，有生产要求，E. 基于基期面积/动物数量/销售收入/总收入的支付，没有生产要求，F. 基于非商品条件的支付，G. 其他支付，接下来我们分别将它们简写为 A、B、C、D、E、F、G。

经过分析我们得到以下结论：（1）1986—1988 年，除了新西兰，其他所有国家都以 A 为主，2005—2007 年这个例外的国家变成了澳大利亚。（2）大部分国家 A 的比重在下降，因为 A 又由市场价格支持和基于产出的支付这两项组成，而这两项会扭曲市场价格导致无谓损失，所以 A 的下降说明市场扭曲程度减轻。（3）所有国家 E 的比重都在后一时期中有所增加，这表明 E 是未来农业补贴的发展趋势，之所以会这样，是因为 E 是脱钩的补贴，与当前的生产面积、产量和收入等都无关，而挂钩补贴会导致农产品的过量生产，资源得不到最优配置。（4）日本最主要的农业补贴方式是 A，占整个补贴的 90% 以上。（5）美国很明显地放弃了挂钩补贴，而重用脱钩补贴。（6）墨西哥加大了对生产资料的补贴，减轻了对价格的支持。（7）欧盟和瑞士不仅增加了脱钩补贴的比重，而且增加了挂钩补贴的比重。

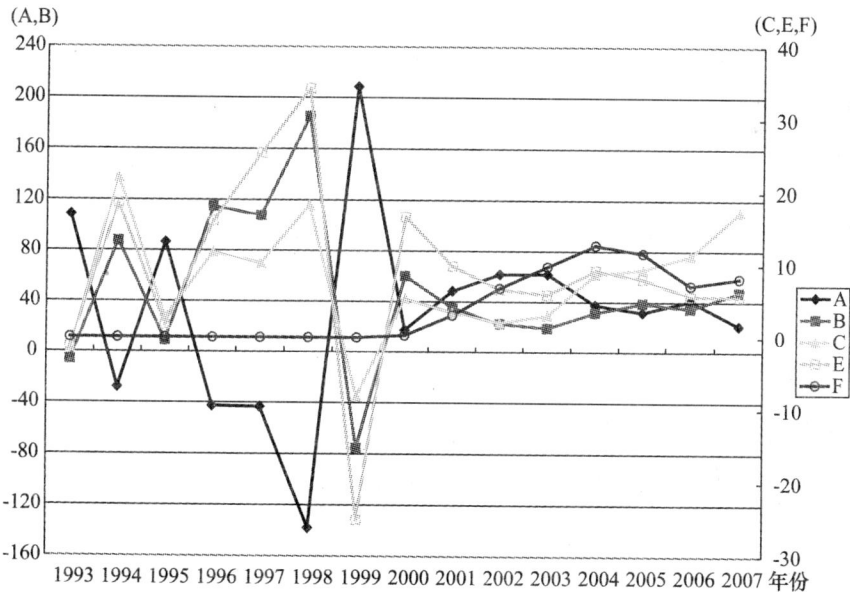

注：其中，D、G 的比重为 0。

**图 6-9 中国 PSE 各组成部分的比重**

表 6 - 6 　　　　　　　　　　中国 PSE 及其组成部分 　　　　　　单位：百万美元

| 年份 | PSE | A | B | C | D | E | F | G |
|---|---|---|---|---|---|---|---|---|
| 1993 | - 131205 | - 142407 | 7882 | 1903 | 0 | 1417 | 0 | 0 |
| 1994 | 10551 | - 2955 | 9228 | 2328 | 0 | 1950 | 0 | 0 |
| 1995 | 115633 | 100012 | 10450 | 3171 | 0 | 2000 | 0 | 0 |
| 1996 | 37360 | - 15950 | 42919 | 4391 | 0 | 6000 | 0 | 0 |
| 1997 | 39373 | - 17087 | 42424 | 4036 | 0 | 10000 | 0 | 0 |
| 1998 | 32131 | - 44327 | 59568 | 5890 | 0 | 11000 | 0 | 0 |
| 1999 | - 51473 | - 107311 | 38752 | 4217 | 0 | 12869 | 0 | 0 |
| 2000 | 74764 | 13063 | 44937 | 4041 | 0 | 12493 | 230 | 0 |
| 2001 | 136553 | 66170 | 47895 | 4768 | 0 | 13487 | 4232 | 0 |
| 2002 | 213114 | 131468 | 48312 | 4438 | 0 | 14296 | 14600 | 0 |
| 2003 | 256882 | 158855 | 49449 | 7980 | 0 | 15298 | 25300 | 0 |
| 2004 | 229458 | 86298 | 72212 | 20187 | 0 | 21374 | 29387 | 0 |
| 2005 | 272075 | 86251 | 106081 | 25738 | 0 | 22173 | 31831 | 0 |
| 2006 | 390387 | 159467 | 135722 | 44404 | 0 | 22593 | 28200 | 0 |
| 2007 | 378601 | 79715 | 180216 | 65964 | 0 | 21600 | 31106 | 0 |

分析中国这七小类补贴占总补贴比重的变化，我们发现：（1）比重较大的一直是 A 和 B，这是由于中国一直注重市场价格的控制和对生产资料的补贴。（2）A 和 B 的比重在 2000 年以前波动很大，2000 年以后比较平稳，但 A 有下降趋势，B 有上升趋势。（3）D 和 G 两类一直没有在中国出现过。（4）C、E 和 F 三类的比重在 2000 年以后变得很接近而且都很小。

同时，我们有两个重要的发现：（1）除了新西兰和土耳其外，所有国家 A 的比重都在下降。（2）OECD 成员国都在加大脱钩补贴 E 的比重，中国却没有改变 E 的比重。

**五　各国"绿箱"支持水平不同**

乌拉圭回合《农业协议》规定：所涉及支持通过政府供资的政府计划提供（包括已放弃的政府财税收入），而不涉及来自消费者的转移；且

所涉支持不具有对生产者提供价格支持作用的补贴措施，均被认为是
"绿箱"措施。主要包括《农业协议》附件 2 中的 12 项内容：一般服务
（包括研究、病虫害防治、培训服务、推广和咨询服务、检验服务、营销
和促销服务、基础设施建设、不可分割的一般服务、其他服务等）；为粮
食安全供给目的的公共储备；国内粮食援助；对生产者的直接支付；不挂
钩的收入支持；收入保险和收入安全网计划中政府的资金入股；自然灾害
救济支付；通过生产者退休计划提供的结构调整援助；通过资源停用计划
提供的结构调整援助；通过投资援助提供的结构调整支持；环境计划下的
支付；区域援助计划下的支付。任何国家对属于该类措施的补贴，都免除
削减义务，且根据《农业协议》第 13 条"和平条款"，以上措施均为
"不可诉补贴"。

　　根据第一、第二节的内容，我们对各国采取的绿箱政策进行归纳，总
结如表 6-7。

表 6-7　　　　　　　　　各国所采取的绿箱政策

| 国家 | 绿箱政策 |
|------|---------|
| 美国 | 灾害补贴、休耕补贴、储藏补贴、农业科研推广补贴、农业资源保护和保护性利用的补贴、研究支持、咨询支持、病虫控制支持、营销支持、直接固定收入补贴、资源保育补贴 |
| 日本 | 农业基础设施建设、农业技术研发与普及推广、动植物防疫与检疫、农产品批发市场建设、重要食品的公共储备（主要是大米、小麦、大豆、饲料谷物）及国内的食品援助（主要是学校用米）、脱钩的收入支持、农业灾害救济补贴、生产结构调整补贴 |
| 欧盟 | 生产控制补贴、提前退休补贴、环保补贴、发展乡村旅游补贴、单一农产补贴、食品安全补贴、动物健康补贴、动物福利标准补贴、农村发展计划基金 |
| 瑞士 | 生态农业直接支付、基础设施建设补贴、保护生态环境补贴、农业科技的研究和推广补贴、农业生产培训 |
| 墨西哥 | 收入保险补贴、间接转移支付、乡村直接支持计划 |
| 中国 | 草场改良保护补助、造林补助、林木病虫害防治补助、退耕还林粮食补贴、国家储备利息费用补贴、脱钩的粮食直接补贴 |

　　从表 6 – 7 可以看出：（1）中国的绿箱政策虽然比同为发展中国家的墨西哥要多，但是相比美国、日本和欧盟三个经济体来说，就有些欠缺了，尤其是科研支持方面，还有很大的发展空间。（2）中国在促进农业的多功能发展方面有所欠缺，这可能是由于中国还处于工业化中期，而美国、欧盟、瑞士都已经是工业化国家，它们有能力促进乡村旅游、生态农业、动物福利等农业多功能发展，所以农业多功能发展是中国农业发展的方向。（3）为粮食安全目的的公共储备支出占了中国绿箱政策支出中一个较大的比例，这可能是中国巨大的人口压力导致的，这是中国所特有的。

　　简而言之，目前中国的绿箱政策还有很多不足，而绿箱政策又是世界贸易组织允许的农业补贴政策，所以中国可能采取更多的绿箱政策。

　　这一节从五个方面比较了各国农业政策的不同之处，并得出了中国农业政策的特殊性：（1）5 个 OECD 国家出台农业政策都是为了支持本国农业发展，而中国制定农业政策却是为了利用农业来支持工业发展。（2）中国的农业补贴措施少，就连 5 个 OECD 国家共有的九项基础措施都缺三项。（3）5 个 OECD 国家的保护力度在 1986—2008 年这段时间都有波动，且近几年来全部呈下降趋势，而中国的保护力度却一直低于 5 个 OECD 国家，甚至在 1993 年和 1999 年还是负的，1999 年以后稍有上升，但仍然低于其他国家。（4）因为脱钩补贴 E 不会导致市场价格扭曲，不会造成无谓损失，所以 5 个 OECD 国家都在增加脱钩补贴 E 的比重，中国却一直保持 E 的比重不变。（5）发达国家的绿箱政策繁多，而中国的绿箱政策中缺乏科研支持和农业多功能化支持，且粮食储备占了绿箱政策中不小的比例。

　　但是，从本质上来说，中国这五个方面的特殊性都是由同一个原因造成的，这个原因就是中国从农业哺育工业到工业反哺农业的特殊发展历程。

　　在中国，农业哺育工业具有特殊的历史背景。新中国成立时，国民经济体系残缺不全，在国民经济产值中，现代工业所占比重不到 10%，90% 以上是农业和手工业。在这样的历史条件下，为了快速发展经济，只能依靠占全国人口 80% 的农户提供积累。于是中国运用强有力的中央集权计划，实行粮食统购统销的流通制度，通过工农业产品价格"剪刀差"

来获取农业经济剩余以支援工业，完成"农业哺育工业"的庞大原始积累。另外，在新中国成立后的57年里，农业还以农业税形式提供积累。根据测算，农业对工业作出的这种"有形"贡献就超过1万亿元人民币。其实，农业哺育工业也是农业自身更快更好发展的要求。工业是经济发展的引擎，具有反哺农业、改造传统农业的能力，农业促进工业发展了，工业反过来会在更大程度上促进农业发展。

中国工业在农业的哺育下得到了高速发展，所以工业发展到一定阶段后，开始反哺农业。其中，最明显的反哺方式就是对农业进行保护，尤其是2004年以来执行的直接补贴政策。也正是因为如此，中国农业保护起步晚，至今仍很不完善，进而形成了以上五个特殊之处。

# 第四篇
# 农业补贴的政策效应的
# 理论、问卷及分析方法

# 第 七 章

## 农业直接补贴的政策效应评价：
## 理论模型、问卷设计及问卷调查

### 第一节　补贴对行为主体的影响：静态模型的
### 缺陷与动态模型的特征

补贴对于行为主体的影响，主要是通过两种渠道作用的：一种是改变行为主体面临的预算约束，从而将消费者个人的收入预算线外推或者内移，这实际上可以看做作为整个价格水平的变化，或者看做消费者个人与经济体系的交换比率发生了变化，这种变化具有同比例特征。另一种更广义的变化则是消费者面临的交换体系外部发生相对变化，这主要体现在价格体系的结构变化。举例来说，补贴降低消费者所购买的某一产品的价格或者是生产者所购买的某一要素的价格，在一个均衡的交换体系中，这时从消费者或者生产者群体来看就发生了相对交换比例的变化。在消费者的偏好保持不变的前提下，补贴对不同群体的收益就产生了不同的效应。对于获得补贴的消费者来说，意味着用更少的要素交换相同的产品，或者对于生产者来说是用不变的产品换取更多的要素。

但是，上述分析存在的问题是，由于经济活动不是孤立的，同一项补贴政策，意味着不同的群体分享到的利益不同。作为一个理性人，总是趋利避害的，当一项经济政策推出之后，具有不同市场势力的群体就会利用谈判定价……讨价还价这一个具有摩擦的过程，不断地试错，从而实现市场的新的均衡，而在不完全信息条件下，这个一般均衡的存在也许不是最优的，但仍然可以在次优的水平上实现。在此我们提出一个疑问，新的均衡与未预期到的经济政策实行之初的均衡会不会保持一致呢？

事实上，广义地讲，我们不能假设这两个均衡的结果是一样的。这是因为，当我们孤立地看某一项政策时，是以某一个部门作为考察对象的，因此观察到的自然是这个部门在当期所受到的冲击，但经济活动并不停止于此，由于价格体系的变动，以及资本逐利的性质引起生产要素和商品分配的变化。生产要素的使用更加偏向于回报率更高的部门，商品流动更加偏向于指定其更高边际效用的部门。如此一来，补贴实际上具有动态效应。

静态模型的特点是，通过比较明显的价格体系变化形成了利益格局的变化。但是，这种格局的变化实际上具有动态的特征，静态模型不可能观察到具有多个代理人条件下的相互作用。但是动态模型则不然，由于经济活动之间的紧密联系，动态模型实际上暗示，在一项经济政策出台之后的多个代理人之间相互博弈的过程，通过多次重复博弈实现新的均衡。新的均衡也可能是一个具有特定概率分布特征的混合纳什均衡。

当然，采用动态模型固然更加精确地描述了补贴政策所产生的动态影响特征，但是事实上这是比较艰难的工作，因为涉及某一部门生产的其他部门的联系互动因素是一个黑箱。如果将其他部门之间的传导过程联系起来的话，事实上增加了分析维度，其求解过程也更加复杂。静态模型的好处是忽略其他影响因素，而直接观察补贴对该部门的生产诸方面产生的影响。当然，在本书中，我们会试图从多部门生产的角度分析补贴的动态特征，通过单部门模型分析补贴的静态特征，具体内容在本书后面的章节中有详细的阐述。

对于静态分析，我们建立了基于劳动力供给的单部门模型，并从武汉市黄陂区的调查得到的相关数据进行检验。这一部分的局部均衡模型，将价格体系、农业生产力、补贴的投入、产出和农户的福利水平通过劳动力供给这个核心变量联系起来，分析农业补贴对农户劳动供给行为和农业产量的影响，即发放补贴后农户的行为、补贴增加后农户的反应、农业生产环境因素对农户决策的影响、农户发展受到的阻碍，试图直观地解释宏观政策与微观决策之间的传导机制。由于只分析补贴当期的影响，因此这个模型属于静态模型。

在两部门模型中，我们用来自全国的数据来分析农业直接收入性政策的效应，其中，劳动力在不同部门的再分配由收入效应和替代效应所决定，收入效应由代理人的不同偏好所决定，替代效应由两部门的不同生产率所决定。模型假设生产函数遵循规模报酬不变的形式，每一部门是完全竞争的，存在大量同质的企业，各部门的产品市场和要素市场是完全竞争的。而家庭可以无弹性地供给劳动力，在消费偏好上消费组合由农业产品和工业产品的消费按照一定的权重组成，其中农业产品消费量不得低于某一个维持生存的固定水平。结果发现，直接的农业收入性补贴对农业部门的劳动供给并不产生影响，农业部门的劳动供给只与该部门的劳动生产率负相关；当农业收入性补贴全部用于非生产性消费时，其对农业部门的产出不产生影响，只有农业部门的劳动生产率对该部门的产出产生正向的影响。而当农户将该补贴部分或全部用于生产性投资时，将会对农业产出产生正向的影响（根据我们之前所做的关于投资性补贴的政策研究分析所得）。直接的农业收入补贴只对农户的消费产生显著性影响。

在对直接的收入性政策的分析之后，我们继续从动态模型的角度来研究投资农业投资性补贴的有效性。在国内，相关文献主要侧重从静态分析的角度看补贴对投资的效果，但是这忽略了资本、劳动各要素在各部门之间的均衡配置；同时，静态分析也不能反映政策设计本身存在的动态效应，比如说由于信息不对称引发的逆向选择和道德风险问题。这一章的工作是将动态一般均衡模型和中国的农业补贴实践结合起来建立模型分析。这样的模型更注重了部门之间要素配置的相互影响。在模型结构上，借鉴了石寿永（Shouyong Shi）和Quan Wen（1998）等人对劳动力市场的搜寻理论和税收补贴的动态效应研究，证明稳态的存在性，然后对补贴的投资效应和产出效应进行分析，模型更趋完整。该动态一般均衡模型假设了效用函数，通过消费获得正的效用，通过劳动获得负的效用；假设家户拥有整个资本储备，设定了资本投资的边际成本，并设定劳动收入和资本收入的税收形式，建立家户的最大化函数、预算约束和资本积累方程；假设家户生产遵循规模报酬不变的形式，家户选择资本和劳动最大化利润，使得边际利润等于边际成本，政府收支满足预算平衡式，通过此设定获得一般均衡的解。然后分析稳态条件下农业补贴政策对投资和产出的动态效应。

总而言之，我们从静态模型可以看到劳动力供给这一核心变量与其他变量之间的联动关系，通过动态模型则可以进一步地描述稳态实现的条件与路径，更详细地解释农业补贴发生作用的过程。因此，在研究中，两种方法各有侧重，结合使用。

## 第二节 各种形式补贴的基本动态模型及其结论

参照税收的实际效应，我们同样可以分析不同形式的补贴可能产生的影响。

### 一 以土地面积为补贴依据的农业收入性补贴政策效应分析

（一）家户效用与消费

考虑一个经济体存在大量相同的家户，出于简化，规定每个家户的人口数量为 1，不存在人口的增长问题。根据拉姆齐模型，家户是永久存活的，在每个时点上，家户将其收入在消费和投资之间进行分配，以便最大化其终生效用。其效用函数有如下形式：

$$U = \int_0^\infty u(C_t, N_t) e^{-\rho t} dt \qquad (7.1)$$

其中，$u(.)$ 为代表性家户的瞬时效用函数，满足相对风险偏好系数为 $\theta$ 条件，$C_t$ 为家户在 $t$ 时期的消费，$N_t$ 为家庭在 $t$ 时期的劳动量，$\rho \in (0,1)$ 是贴现率。家户从消费（$C_t$）中获得正向效用，而劳动（$N_t$）具有负效用，总人口为 $L_t$。

令 $c_t = C_t / L_t$，则代表性家户以劳动平均的效用函数可表示为：

$$U = \int_0^\infty u(c_t) e^{-\rho t} dt \qquad (7.2)$$

$$\text{s. t. } \dot{a}_t = r_t a_t + w_t - c_t + \zeta_t Z_t \qquad (7.3)$$

其中，$a_t$ 表示家户在 $t$ 时期的财富，$r_t$ 表示 $t$ 时期的利率，$w_t$ 表示家户在 $t$ 时期的工资率，$Z_t$ 表示家户在 $t$ 时期的土地拥有量，$\zeta_t$ 表示家户在 $t$ 时期得到的一单位土地量的补贴。

（二）家户生产

假设不存在技术进步，家户的生产遵循如下形式：

$$F = K^\alpha N^{1-\alpha} \tag{7.4}$$

令 $k = K/N$，则（7.4）式可表示为：

$$f = k^\alpha \tag{7.5}$$

$$\text{s. t. } \dot{k} = f(k_t) - c_t - \delta_t k_t + \zeta_t Z_t \tag{7.6}$$

（三）政府

假定政府在 $t$ 时期面临如下预算约束：

$$\zeta_t Z_t + G_t \leqslant T_t \tag{7.7}$$

其中，$G_t$ 为政府在 $t$ 时期的支出，假设为常数；$T_t$ 为政府在 $t$ 时期的税收收入。均衡时要求所有的市场出清，特别地，当产品市场出清时，有：

$$y_t = C_t + I_t + G_t \tag{7.8}$$

（四）均衡

定义1：在完全竞争的农业市场上，家庭的价格（$r_t$，$w_t$）给定，家户选择为（$c_t$，$N_t$，$k_t$），农业补贴的动态一般均衡存在有如下条件成立：

（1）对于给定的价格，家户在一定的预算约束下个人效用最大化；

（2）对于给定的价格和税收补贴，家户生产实现最大化；

（3）政府预算满足（7.7）式；

（4）市场出清情况下（7.8）式成立，且有 $\alpha = k$。

（五）稳态分析

前文已经假设的"经济体存在大量相同的家户，出于简化，规定每个家户的人口数量为1"。根据（7.1）—（7.8）式，一般性地得到消费和资本积累的方程：

$$\dot{c}_t / c_t = \frac{(r - \rho - \delta)}{\theta} \tag{7.9}$$

$$k_t = f(k_t) - c_t - \delta k_t + \zeta_t Z_t \tag{7.10}$$

可以得到稳态水平：

$$k^* = \left(\frac{\alpha}{\rho + \delta}\right)^{\frac{1}{1-\alpha}} \tag{7.11}$$

$$y^* = \left(\frac{\alpha}{\rho + \delta}\right)^{\frac{\alpha}{1-\alpha}} \tag{7.12}$$

$$c^* = f(k^*) - \delta k^* + \zeta Z \tag{7.13}$$

由此可以得到：

命题 1：当农业收入性补贴以土地面积为补贴依据时，该补贴对资本存量对稳态时的资本存量 $k^*$ 和产量 $y^*$ 没有影响，但是，对农户的消费有正向的影响，即对农户的福利产生正向的影响。

所以，以土地面积作为补贴依据的农业收入性补贴政策对农户的投资和产量均不会产生任何影响，只会提高农户的福利水平。

**二　农业投资性补贴政策效应分析**

同（7.1）式的效用函数，若政府对投资进行补贴，则其面临的预算约束为：

$$\dot{k} = [f(k) - c - \delta k](1 + \zeta) \tag{7.14}$$

其中，$\zeta$ 表示单位净投资的补助水平。同收入性补贴政策的分析，我们可以得到稳态下家户的最优化选择：

$$k^* = \left[\frac{\delta}{\alpha} + \frac{\rho}{\alpha(1+\zeta_t)}\right]^{-\frac{1}{1-\alpha}} \tag{7.15}$$

$$y^* = \left[\frac{\delta}{\alpha} + \frac{\rho}{\alpha(1+\zeta_t)}\right]^{-\frac{\alpha}{1-\alpha}} \tag{7.16}$$

$$c^* = f(k^*) - \delta k^* \tag{7.17}$$

由此可以得到：

命题 2：投资性补贴对资本、产出和消费都将产生正向影响。

**三　按实际产量进行的补贴**

若政府对实际产出进行补贴，则其面临的预算约束为：

$$\dot{k} = f(k) - c - \delta k + \zeta f(k) \tag{7.18}$$

其中，$\zeta_t$ 表示单位产出的补助水平。同收入性补贴政策的分析，我们可以得到稳态下家户的最优化选择：

$$k^* = \left[\frac{\alpha(1+\zeta_t)}{\rho+\delta}\right]^{\frac{1}{1-\alpha}} \tag{7.19}$$

$$y^* = \left[\frac{\alpha(1+\zeta_t)}{\rho+\delta}\right]^{\frac{\alpha}{1-\alpha}} \tag{7.20}$$

$$c^* = f(k^*)(1+\zeta) - \delta k^* \tag{7.21}$$

由此可以得到：

命题3：稳态下，产量补贴对资本、产出和消费都将产生正向影响。

#### 四　三种农业补贴方式的比较和政府政策的选择

我们可以看到，农业收入性补贴政策对资本积累和农业生产并不产生实质性的影响，但是对农户的消费具有正向影响。农业投资性补贴和按实际交粮量补贴对资本积累、生产和消费均产生正向影响。

所以，如果政府的政策旨在提高农户的生活水平，稳定民心，那么可以选择以土地面积为补贴依据的农业收入性补贴政策；如果政府的政策旨在提高农户的投资积极性，进而提高农业产量，那么可以选择农业投资性补贴政策；如果政府想通过直接的收入性补贴对农户进行补贴的话，那么就进行直接补贴。

## 第三节　问卷调查背景

在理论模型分析基础上设计了相应的调查问卷，并通过初步调查和第二次调查及后续重点调查相结合的方法，动态地跟踪了农业补贴政策的效果。

初步调查选择在湖北省武汉市黄陂区。黄陂区地处武汉市以北，是历史悠久的农业大区。其中，农业人口91.6万，占总人口的81.1%，耕地80.5万亩。2008年全区生产总值148.02亿元，其中，第一产业37亿元，第二产业61.72亿元，第三产业49.3亿元，农业在整个生产总值比重达到25%。因此我们认为，在黄陂区的传统农业向现代农业转型的背景下，调查农业补贴的政策效果，具有很强的现实意义。因此，我们在2009年1—2月间，采取登门入户的方式，在木兰、王河、六指三个乡镇、街道办事处共发放143份问卷，回收143份，其中获得有效问卷128份。

初步调查之后，我们结合调查中问卷的回答情况，对问卷进行修改，并于2010年1—2月，进行了第二次调查。此次调查的范围覆盖面广，其中包括湖北省天门市131份，湖北省广水市68份，湖南省涟源市79份，等等。

天门市地处湖北省中南部，江汉平原北部，整个地势自西北向东南倾斜，形成低丘、岗状平原和河湖平原三种地貌，水力资源丰富，是一个农业大市，也是国家著名的商品粮、优质棉、优质油和瘦肉猪生产基地，多项农业指标居全省乃至全国前列。2009年农作物总播种面积达到341.83万亩，其中，粮食播种面积171.93万亩，农业总产值72.5亿元，占当年全市生产总值的34%。

广水市位于湖北省北部偏东，以平靖关、武胜关与河南连界，自古为南北交通要冲，有"鄂北门户"之称，总人口93.53万，其中农业人口75.82万，占总人口的80.4%。2008年广水市国内生产总值为106.42亿元，其中，第一产业产值为25.96亿元，第二产业为48.64亿元，第三产业为31.82亿元，第一产业产值占全市国内生产总值的24.4%，农业在广水市的生产中占有相当大的比重。

涟源市地处湖南中部，长沙西南方向，东邻湘乡、娄底，南界双峰、邵东、新邵，西连冷水江、新化，北抵宁乡、安化，是湖南省重要的农业基地。涟源市农业人口96万，占总人口的85.4%。2008年，涟源市全市国内生产总值105.64亿元，其中，第一产业增加值23.7亿元，第二产业增加值46.87亿元，第三产业增加值35.07亿元。

以上这些地区都是农业大区，农业部门的生产总值在整个地区的国内生产总值中还占有相当大的比重，因此我们选择这些地区做调查具有足够的代表性。

后续调查在全国范围内抽样及安徽岳西重点调查，我们将在后文介绍。


# 第四节  问卷内容及设计

调查内容涉及农户生产、生活的诸多方面，其中包括家庭情况和日常情况、农业生产状况、农业政策和补贴情况及农业补贴评价，最后是关于农业生产的预期。

## 一  家庭状况

家庭情况和日常情况所涉及的内容包括家庭人口、受教育程度、个人消费偏好、家庭日常开支情况。其中，人口变量是一个重要的因素，它代表了一个家庭消费者规模，也包含了劳动力数目、劳动者性别、居住地、人口组成情况等诸多信息，这些信息是代表家庭背景差异性的重要指标，它可以在一定程度上解释农户行为选择的差异；受教育程度是一个家庭决策的特征变量，根据初步调查的数据，具有较高教育程度的农户更有从事非农劳动供给的倾向，这会在武汉市黄陂区的农业补贴政策评价部分进行具体说明，而且一般而言家庭决策的结果与家庭里面受教育程度最高的一个人的选择紧密相关，这主要体现在家庭决策中受教育程度高的家庭成员一般具有更大的话语权。

个人消费偏好的信息包括是否抽烟、是否饮酒、是否买六合彩、是否打麻将、是否考虑养老等，其参与程度实际上说明了个人对于当期消费与未来消费之间的替代关系，一般而言，对于这类活动参与的程度越深，也就表明个人对于当期消费赋予了更大的权重，或者说对个人来说未来消费的贴现值太小，此时消费者个人持有"今朝有酒今朝醉"的态度，对于未来消费则具有不耐烦的特征。

其中，抽烟、喝酒这两项消费比较明显，因为这两种消费实际上反映了消费者对于即期消费的态度，如果一个人只注重当前的享乐而不注重身体健康，则从长期来看会损坏健康，引致疾病，缩短寿命，这时生活质量就会下降，那么相应的效用也会下降。"是否买六合彩"反映了消费者对于风险的偏好程度，如果消费者仅仅关注当期效用，那么风险对其带来的效用是很大的，那么他就更有可能参与到"购买六合彩"这种具有投机性质的博彩活动中去，而且他对生产的态度也是消极的。最后一个是关于"是否养老"的问题，事实上，养老问题最初也是从消费者对于个人长期消费安排计划性的一个衡量指标，因为对长期消费更具偏好的个人会平滑自己一生的消费，使得自己退休之后能够维持退休之前的消费水平，按照微观经济学的理解，这时候个人的效用就达到了最大化。不过，我们在调查中还注意到，农户是否考虑养老的问题，还与农户家庭的经济状况、农村养老保障体系有关系。

在我们调查的样本中，也有相当一部分农户反映，因为当前经济状况欠佳，只能"走一步算一步"，更不可能有能力考虑到将来。对于这部分农户，我们在进行数量分析的时候，要与家庭经济状况尚可而不选择考虑养老的家户区别开来。家庭日常开支包括两部分：一部分是农业生产物资投入是否借钱，这一问题可以从两个方面进行理解：一个方面是家庭生产所面临的融资约束，如果农户生产需要依赖赊账或者借贷的话，也就在一定程度上说明了农业补贴对于改善农户生产融资约束的效应；另一方面，具有生产融资约束的农户也许在个人消费上偏向于当期消费，在生产上不具有计划性，对于这两种效应在后面的经验分析中会进行具体说明。

另一部分是，对于具有生产融资约束的农户，实际上也存在投资机会不足的问题，如果我们的补贴项目可以在一定程度上缓解农户的投融资约束，那么也可以在生产投入的层面促进农业增产。

家庭日常开支还包括"手头是否有余钱"，这一选项说明家庭的预算约束是否具有计划性，从而由于个人消费偏好因素形成的生产融资约束的情况。不仅如此，"手头是否有余钱"这一问题也和后面的补贴效应部分的问题相呼应，也即"农业补贴用于生产的比例"和"农业补贴增加之后农业投入的状况"这两个问题。如果农户是面临预算约束的，那么还需要区别这种预算约束是因为生产融资约束还是生活消费的预算约束。如果家户选择"生活紧张、需要借钱"以及"补贴增加可以用到其他地方，如子女上学"，则说明家户的融资约束相比生产的融资约束更为困难。对此，我们设计的这三个问题相呼应，可以区别面临融资约束的不同家户的经济状况的层级。我们将家庭的经济状况的层级分为以下三个级别：既面临生活的融资约束又面临生产的融资约束、没有生活的融资约束但是面临生产的融资约束、既无生活的融资约束又无生产的融资约束。

**二　农业生产状况**

在这里，我们假设家户首先是满足基本的生活需求之后再考虑生产投入的问题，这种假设也是合理的。换句话说，农户拿到补贴之后的选择是，首先满足基本的生活消费需要，然后再实现基本的生产投资需要，如果经济状况足够好的话，农业补贴成为富余的资金会使得农户进行扩大再生产，进行资本投入，完成资本积累。当然，我们也不能排除农户找不到投资渠道而出现将富余资金转向消费而非增加生产投入或者资本积累的情况，这就与农业补贴政策的促进生产与投资的目标相背离了。

农业生产状况则分三块从客观记录和主观评价两方面调查农户生产背

景，分别是农业生产重要性和家庭总体评价，是农业投入的情况和农业产出的情况。农业生产是否有余粮出售这一问题大体上对农户所处的生产水平进行定位，对于选择生产粮食"自己吃"和"不够吃"选项的农户来说，农业补贴的生产效应是不明显的。因为对这部分农户，补贴没有在很大程度上促进产出的显著增加（可以提供粮食外部供给）。需要进一步说明的是，排除极端气象和地质灾害的因素，"是否有余粮出售"可以作为农户个人对于农业生产的态度的衡量指标，因为对于农户来说，若他对农业生产具有信心，那么对于"是否有余粮出售"的选择会是"有余粮卖"，这样才能实现部门之间的物质和价值的交换。对于农业投入的组成因素，我们没有考虑可能的劳动力接受培训的情况，这主要是因为前面设计了家庭人口、最高受教育程度以及劳动力数量指标。

我们以种植业为例，主要生产要素包括种子、化肥和农药，所以，我们对于这三类要素的使用情况设计了相关的问题。接下来的选项设置包括农户生产的种子、农药、化肥的投入状况，由于涉及多年的数据，农户不可能做到精确的计量，则采取了农户主观选择的次序数据"增加"、"无明显变化"、"减少"这几个选项，在后面的章节中，我们会运用适用于排序数据的有序 Logistic 模型进行计量分析。当然，农业的覆盖面是很广的，广义的农业包括农林牧渔各业，其中种植业与养殖业之间的要素使用存在很典型的不同特征，但是，将种植业作为案例分析推广到其他行业的生产要素的研究，也不失一般性。

接下来是农户对农业生产的看法，设计"主要收入"、"一般，维持够吃"、"不想种，没钱赚"三个选项，让农户对农业收入在家庭收入中的比重进行选择。这一选项是对农业生产重要性的总体评价，它是在价值层面和前面的"是否有余粮出售"进行前后呼应。根据调查结果，一般而言，选择"自己吃"和"不想种，没钱赚"这两个选项的农户基本上与"是否有余粮出售"这一问题的选择相一致。之所以设计这一个选项，也考虑到这样一种可能性，即虽然农户有余粮出售，但是相比非农生产的收入，农业生产的收入仍然显得微不足道，对于这种家庭来说，农业生产的边际收益小于非农生产的边际收益，那么即使农业补贴增加，他也有可能会减少农业投入，出售部分余粮甚至种粮只满足自己够吃的水平。

还有一种情况是，农户本身处于生活融资约束而没有非农收入来源的状况，那么即使在生产的粮食不够吃的情况下，维持生产仍然是最为重要的生活保障。换句话说，这一类农户没有非农收入，但需要解决最基本的温饱问题，即使农业收入的价值再低，也在家庭总收入中占有很重大的份额。

最后一部分是农业生产的产出状况，其中既包括 2003—2008 年的劳动投入数量、粮食产量、种植面积（包括承包面积和转租面积，也考虑到一年两熟、一年三熟的不同情况），又包括以货币计价的农业收入和非农收入的调查。当然，为了核算方便，我们简要地把外出务工收入作为非农收入的替代变量。这实际上与事实有所出入，因为农户在农村从事副业生产比如说承包池塘养鱼，这时候我们将卖粮收入作为农业种植收入，将副业生产与务工收入和卖粮收入并列计入总收入之中。简而言之，家庭总收入 = 外出务工收入 + 卖粮收入 + 副业收入。如果农户没有副业收入，则家庭总收入 = 外出务工收入 + 卖粮收入。农业生产的产出状况是农业产出的最终结果，一方面可以结合农户的生活生产融资状况和粮食生产情况印证前面提到的农业生产重要性，另一方面也在价值水平上为后面的农业补贴价值对比提供原始数据。

### 三 农业政策

农业政策和补贴情况以及农业补贴评价从农业补贴的金额、补贴的预期、补贴占家庭收入的比重、补贴对家庭收入的影响、补贴与生产资料上涨的关系、补贴增加时农户的反应以及补贴用于农业生产的比例各个方面描述了农业补贴对农户决策的影响。历年的农业补贴的金额反映了政策支持力度的大小。其中，农业补贴的数据是绝对数据，和前面的家庭劳动力数量、种植面积、粮食产量、农业收入、非农收入一起，可以进行一般性的线性回归分析。

对于这个绝对数据的分析，可以在定量层面精确地描述农业补贴在家户生产中的重要性。"近几年农业政策如何"这一问题紧接在补贴额度问题之后，是"得到实惠"还是"无影响"，或者是"农户还是吃亏"，让农户对整个农业补贴政策和农业生产的政策做一个总体的评价。接下来，我们通过设计"政策不错"、"政策不清楚"和"政策不到位"三个选项让农户回答"农业补贴是否会增加"这一问题，反映了农户对于政策透明性和政策的持久性的理解。补贴占家庭收入比重的大小设计了几个层级，即5%以下、6%—10%、11%—20%、20%以上，这一比例水平反映了补贴在家庭生产的重要性。由于这是一个按比例分组的次序变量，它的影响因素既包括分子——补贴水平，又包括分母——农户的家庭总收入。我们试图通过数据检验，补贴占家庭收入比重的大小是否会影响农户的生产决策。

基于初次调查中"5%以下"这个选项的调查结果过于集中的考虑，在第二次调查的时候，我们将层级分类做了修改："很低，低于1%"；"较高，1%—5%"和"高，大于5%"这三个选项。补贴与生产物资价格上涨的关系反映了农业补贴与农业成本之间的关系对比，可以在一定程度上反映动态模型特征，即外部环境变化情况下的农业补贴的真实效应。这是因为，当政府以一定的形式拨付给农户补贴的时候，由于农户的谈判定价能力不足，农业生产资料和消费品购买缺乏弹性，这样在价格体系上，农业生产资料厂商和消费品厂商加价间接地获取了补贴收益。此时，虽然农户的生产资金增加了，但是，相应的生产成本也上升了，消费品价格也上升了。这样一来，农业补贴只弥补了农户在生产成本投入和消费品购买的相对损失，最终结果没有对实物投资产生影响。因此，设计农业补贴额度与农业生产资料价格上涨部分就具有很重要的意义，这就对我们的理论模型部分的稳态均衡对比提供经验上的例证。

接下来是农业补贴增加之后农户的反应，选项也有三个，分别是"买更多的化肥、农药"、"还是觉得少了，不会对耕作有影响"、"还是不断地减少农业投入"，设计这一问题是想从逆向角度考察农业补贴的真实效果。这是因为，对于具有一定农业收入的农户来说，当补贴额度达到一定水平，而足以影响到农业生产的劳动力的边际收益时，农业补贴开始具有真实的效果。如果农业补贴增加仍然不能影响农业生产的劳动力边际收益，则农业补贴增加不能使农户增加农业劳动供给或者生产投入，反而将其作为收入的一部分移作他用。如此一来，农业补贴在当期水平不具有真实的产出效应，而只具有收入效应。我们不仅考虑农业补贴的边际效应，也要考虑农业补贴本身的使用效率，其中一个最为直观的指标就是农业补贴用于农业生产的比例，这个指标内在的含义是：如果农户将所有补贴用于农业生产，则即使农业生产物资价格上涨，也说明补贴确实对抵消生产成本的上升产生了真实的效果。

由于农业生产的计划性和专款专用的原则，补贴的额度即使很小，也应该完全使用在农业投入上，而若农业补贴用于生产的比例如果不是百分之百，那么有如下几种解释：第一，农户生产的计划性不足，生产或者生活面临融资约束，则需要动用补贴的款项缓解资金紧张的状况。第二，对于生产不具有融资约束的农户，农业补贴只是"锦上添花"的收入性补偿，则农户将资金用于他处的行为就是道德风险的行为，这在第九章有所提及。对于具有道德风险的农户来说，还有一种可能是拿到补贴之后不用担心收成好坏反而减少农业投入，对于此种情况，农业补贴的真实效应反而是鼓励农户减少农业生产投入，与补贴的初衷大相径庭。"拿到政府补贴之后的第一反应"是对此问题的一个验证，到底是用于"增加农业投入"，是"不用缴税，不管收成好不好"，还是"可以花到其他地方"。这三个问题将农户对补贴使用的流向做了分析，因此，使得我们的猜测得到了数据的进一步验证。

## 四　其他信息

调查还专门提到了农业保险补贴。相比农业直接补贴，农业保险补贴是促进农户扩大农业生产投入的另一项重要的补贴。农业保险补贴在防灾、减灾方面的作用主要体现在更大程度地将农户的积极性调动起来，扩大投资，从而增加产出。首先是农户对于农业保险的认识程度的调查，其次是农户得知政府对农业保险补贴之后的参与程度。设计这两个问题可以作为农业直接补贴效率的对比，进一步说明是否存在改进农业补贴方式的可能。

调查的最后一部分是关于农业生产的预期，一方面作为问卷前后的产出的对应，测试被调查者是否讲真话；另一方面也调查了农户关于农业生产的信心。总体而言，本问卷所涉及的问题，从农户的家庭状况、个人偏好、生产投入产出状况、农业补贴政策预期、评价及反应各个角度，极详细地提供了关于农业补贴政策的微观背景，这对于政策效果的考察是极为有利的证据。基于现场调查真实性效果的考虑，问卷中的一些问题之间存在着内在的逻辑，但是没有编排在一起，主要是对问卷的真实性进行验证。

本章附录

# 农业产量、农业税和农业补贴问卷调查

感谢您参加"农业税减免和农业补贴及其政策效应评价"课题组的问卷调研，该项研究得到了全国统计科学重点课题资助。本课题的目的在于对目前农业形势和农业补贴政策进行客观评价，因而请您将真实情况反馈给我们，我们保证您的个人信息不会用于研究以外的其他用途。再次感谢您对我们的帮助和配合。

## 家庭情况和日常状况

【1】您的年龄____您的性别__A：男　B：女　居住地____村　您家里有____人，常年在家从事农业生产的有____人，有____位超过60岁，有____在学。

【2】您平常抽烟吗？A：抽得多；B：抽得不多；C：不抽。

【3】您是否喝酒？A：喝得多；B：应酬的时候偶尔喝；C：不喝。

【4】您有没有考虑以后或者年龄更大时的事情，比如养老？

A：经常考虑，并且积极准备；B：有时候会考虑；C：几乎不考虑，过一天算一天。

【5】您有没有买过六合彩？A：买过；B：没买过。

【6】平常打麻将吗？A：经常打；B：偶尔打；C：不打。

【7】过去的一年中，您购买种子、化肥和农药等农资需不需要借钱？

A：需要借钱；B：赊账；C：不需要借钱。

【8】手头是否经常有余钱？A：经常有余钱，生活比较宽松；B：保持平衡，收支差不多；C：比较紧张，时常需要借钱。

## 农业生产状况

（保证2007年和2008年的数据，尽可能得到前几年的数据）

【9】您 2008 年粮食是否有多？A：有余粮卖；B：自己吃；C：不够吃。

【10】2008 年，您购买的种子数量上有没有增加？A：增加了；B：没有明显的变化；C：减少。

钱（花在购买种子的）有没有增加？A：增加了；B：没有明显的变化；C：减少。

【11】2008 年，您买的化肥数量上有没有增加？

A：增加了；B：没有明显的变化；C：减少了。

钱（花在购买化肥）有没有增加？A：增加了；B：没有明显的变化；C：减少了。

【12】2008 年，您购买的农药数量有没有增加？

A：增加了；B：没有明显的变化；C：减少了。

钱（花在购买农药）有没有增加？A：增加了；B：没有明显的变化；C：减少了。

【13】当前您对农业生产的看法如何？

A：很重要，主要收入来源；B：一般般，维持自己吃就够；C：不想种了，没钱赚。

【14】过去 6 年您家农业种植的粮食总产量多少斤？家里多少人务农？（或其他计数单位）

2008 年_____斤_____劳动力　　2007 年_____斤_____劳动力
2006 年_____斤_____劳动力　　2005 年_____斤_____劳动力
2004 年_____斤_____劳动力　　2003 年_____斤_____劳动力

【15】过去几年的耕种面积？耕种次数（一季、两季还是三季）？其中有多少是向别人转租的？

2008 年___季，向他人租___亩　2007 年___季，向他人租___亩
2006 年___季，向他人租___亩　2005 年___季，向他人租___亩
2004 年___季，向他人租___亩　2003 年___季，向他人租___亩

【16】过去几年的家庭收入？其中外出务工收入有多少？（难度较大，尽可能精确）

2008 年家庭收入____元，外出务工____元；卖粮收入____元；
2007 年家庭收入____元，外出务工____元；卖粮收入____元；

2006 年家庭收入＿＿＿元，外出务工＿＿＿元；卖粮收入＿＿＿元；

2005 年家庭收入＿＿＿元，外出务工＿＿＿元；卖粮收入＿＿＿元；

2004 年家庭收入＿＿＿元，外出务工＿＿＿元；卖粮收入＿＿＿元；

2003 年家庭收入＿＿＿元，外出务工＿＿＿元；卖粮收入＿＿＿元；

### 农业政策和补贴

【17】过去的几年中，农业税收和农业补贴有多少？（分年份）（农业税和农业补贴尽可能精确到个位数，没有的写 0）

2008 年农业税＿＿元，补贴＿＿元；2007 年农业税＿＿元，补贴＿＿元；

2006 年农业税＿＿元，补贴＿＿元；2005 年农业税＿＿元，补贴＿＿元；

2004 年农业税＿＿元，补贴＿＿元；2003 年农业税＿＿元，补贴＿＿元；

【18】您觉得这几年农业政策如何？

A：政策很好，得到了实惠；B：一般般，没什么实际的好处，对农业生产没什么影响；C：感觉较差，农户还是吃亏。

【19】您觉得以后农业补贴还会不会增加？

A：应该会，现在政策不错；B：难说，政策不清楚；C：不会，政策不到位。

【20】每年政府的农业补贴占您家庭收入的比重高不高？

A：很低，大概 5% 以下；B：较高 6%—10%；C：很高 11%—20%；D：非常高，20% 以上。

【21】您觉得您的生活水平有没有随着农业补贴增加而提高？

A：有提高；B：没什么感觉，有没有补贴差不多；C：似乎还下降了。

【22】您认为目前的补贴能不能弥补农业物质（种子、农药和化肥等）的价格上涨？

A：农业物资涨得更快，花的钱更多，补贴没有这些涨价来得多；

B：差不多持平；C：补贴要比这些物资涨价多些。

【23】如果农业补贴增加一倍，比如一亩地在当前的水平上翻一番，您在农业投入方面会不会增加？

A：不会有变化，还是觉得少了，对我农业耕作不会有什么影响；

B：会增加农业投入，比如买更多的化肥、农药等；C：还是会不断减少农业投入。

【24】您拿到政府的农业补贴，您的首先反应是属于哪种情况？

A：可以增加农业投入了，买农药化肥简单了，农业支出好办了；

B：可以不用太担心收成不好了，反正有补贴，又不缴税，可以省心了；

C：可以花到其他地方了，手头不会那么紧张了，比如子女上学或者打麻将。

【25】假设每亩地有 100 元补贴，您会用多少钱用于农业生产投入，比如买农药、化肥等？

A：全部用于增加农业投入，原先的投入不变；B：部分用于农业投入，而部分减少原先的投入；C：还是原先的投入水平，不会因为补贴而增加总的投入。

【26】您有没有了解过农业保险？A：听说过；B：没有；C：参加过。

【27】假设有农业保险（也就是有损失的时候给你补偿），但需要你交一部分比例的钱，而另外一部分由政府补贴，您会不会参加农业保险补贴？

A：意义不大，不会参加；B：会考虑；C：会参加。

## 关于农业产量的预期

【28】您 2008 年比 2007 年粮食总产量是增加还是减少？A：增产；B：持平；C：减产。

【29】您认为 2009 年粮食产量会增加、不变还是减少？A：增加；B：没有变化；C：减产。

# 第 八 章
## 基本分析方法：有序 Logistic 模型

### 第一节 基本模型概述

首先，由于已经取得了关于农业补贴、农业劳动力数量、种植面积和粮食产出等一系列绝对值数据，因此可以基于连续性数据的普通最小二乘法对于农业补贴政策的显著性进行分析。当然，这个模型中还应该包括反映特征的一些虚拟变量，这些虚拟变量之间可能具有的内生性，是普通最小二乘法遇到的问题，因此我们会相应地采用一些工具变量进行替代回归。这部分的线性回归给我们对于农业补贴政策一个直观的评价。

紧接着，要准确地探明的问题是，补贴到底在多大程度上改变了农户的行为，进而将农业补贴的效果量化。特别是补贴对于投入产出的影响是怎样的，我们将基于 Logistic 模型，分析农业生产的投入产出受补贴的影响。

农户生产决策受到农业补贴政策的影响程度是我们考虑的最重要因素。其中，被解释变量是对于农业生产重要性的看法、对于农业补贴增加的反应及对于农业补贴政策的评价，解释变量是农业补贴政策评价、农业生产重要性及农业补贴用于农业生产的比重。这些统计量由于采用的是问卷调查的形式，得到的数据本身是不连续的。

当因变量是一个分类变量而不是一个连续变量时，最流行的线性回归也就不适用了。在分析分类变量（即其变量值是定性的，表现为互不相容的类别或属性）的时候，通常采用的统计方法是对数线性模型。当对数线性模型中的一个二分类变量（即 $y=1$ 或 $y=0$）被当做因变量并定义为一系列自变量的函数时，对数线性模型就变成了 Logistic 回归模型。Logistic 回归模型是对分类因变量进行回归分析时最为普遍应用的多元化分析方法。

最常见的模型参数估计方法是最小二乘法（OLS，即选择使因变量的观测值与模型估计值之间离差平方值最小的参数估计值），但 OLS 主要用于估计线性回归模型。与最小二乘法相比，最大似然估计法（ML，即求解出具有最大可能取得所给定的样本观测数据的参数估计）既可以用于线性模型，也可以用于更为复杂的非线性估计。由于 Logistic 回归模型是非线性模型，因此最大似然估计法是最常用的估计方法。

## 第二节　有序 Logistic 模型概述

Logistic 回归模型估计中与 OLS 回归相似的一些假设条件有：数据必须来自随机样本，因变量被假设为 $K$（$K \geq 1$）个自变量的函数，自变量之间不存在多元共线性。当然，Logistic 回归模型也存在一些与 OLS 模型不同的假设条件。第一，Logistic 回归模型的因变量是分类变量，研究的兴趣在于事件发生的条件概率，即 Pro（$Y = i \mid X$）。第二，Logistic 回归中因变量和各个自变量之间的关系是非线性的。第三，Logistic 回归不需要像 OLS 回归那样假设相同分布性或称方差不变。第四，Logistic 回归中自变量的分布也可以随意，各个自变量可以是连续变量，也可以是离散变量，还可以是虚拟变量。

此时，我们考虑采用有序 Logistic 模型。其基本模型为二分变量 Logistic 模型：

$$\pi_i = Prob(Y = i \mid X) = \frac{\exp(\beta' x)}{1 + \exp(\beta' x)} \tag{8.1}$$

其中，$X = (x_1, x_2, \cdots, x_n, x_M)$，$\beta_n$、$\beta_m$ 为自变量 $x_n$ 和 $x_m$ 的测定系数。

令 $z = \beta' x$，上式也可以等同表示为：$\exp(z) = \dfrac{\pi_i}{1 - \pi_i}$，取对数线性化，得到

$$z = \log\left[\frac{\pi_i}{(1-\pi_i)}\right] = \beta_0 + \sum \beta_j x_j \qquad (8.2)$$

对此，加上扰动项之后，成为 $z_i = \log\left[\frac{\pi_i}{(1-\pi_i)}\right] + \varepsilon_i = \beta_0 + \sum \beta_j x_j + \varepsilon_i$，为减少估计难度，我们假设残差项服从正态分布，即 $\varepsilon_i \sim N[0, 1]$。对于单个分组数据观察值而言，我们得到的关于 $\log\left[\frac{\pi_i}{(1-\pi_i)}\right]$ 的信息是比较容易的，尽管各组之间存在可能的异质性问题，我们利用异方差调整的方法将尺度变换从而使残差服从标准正态分布，然后运用对数变换和线性回归就得到模型的估计了。

但是，对于单个未分组个体的观察数据，我们就无法计算 $\log\left[\frac{\pi_i}{(1-\pi_i)}\right]$ 了，这时，我们采用极大似然估计法，将其作为伯努利分布，令 $Pr(Y_i=1) = \pi_i$，$Pr(Y_i=0) = 1-\pi_i$，构造极大似然函数：

$$f(Y_1, Y_2, \cdots, Y_n) = \Pi_{i=1}^n f_i(Y_i) = \Pi_{i=1}^n \pi_i^{Y_i}(1-\pi_i)^{1-Y_i}$$

取对数极大似然函数，得到

$$\ln f(Y_1, Y_2, \cdots, Y_n) = \sum_{i=1}^n [Y_i \ln \pi_i + (1-Y_i)\ln(1-\pi_i)]$$

$$= \sum_{i=1}^n \left[Y_i \ln\left(\frac{\pi_i}{1-\pi_i}\right)\right] + \sum_{i=1}^n \ln(1-\pi_i) \qquad (8.3)$$

然后，我们将 $\log\left[\frac{\pi_i}{(1-\pi_i)}\right] = \beta_0 + \sum \beta_j x_j$ 代入(8.3)式,得到

$$\ln f(Y_1, Y_2, \cdots, Y_n)$$

$$= \sum_{i=1}^n Y_i(\beta_0 + \beta'x) + \sum_{i=1}^n \ln[1 + \exp(\beta_0 + \beta'x)] \qquad (8.4)$$

对 (8.4) 式求函数对于 $\beta$ 系数的偏微分，即可求得最优解。

## 第三节 多重选择有序 Logistic 模型

到目前为止，我们所分析的所有 Logistic 模型均是关于二分类反应变量的，不过，Logistic 并不只局限在二分类变量模型。我们经常看到变量的测量采用利克特（Likert）类型尺度，比如说"强烈反对、反对、中立、支持、坚决支持"或"从不、偶尔、经常、总是"或者"很差、较差、一般、较好、很好"，等等。这些反应通常都按照 1、2、3、4、5 等

整数序列编码。在反应变量的各类中有明确的从低到高排序，但相邻各类之间的差距未知。人们常将利克特类型的测量直接作为"连续"变量对待。对有序测量反应变量建立模型的方法之一是有序 Logistic 回归模型，它也称为有序 Logistic 回归模型或比例发生比模型。有序 Logistic 回归模型其实是二分类 Logistic 回归模型的拓展。它的定义如下：

$$y_i^* = \alpha + \sum_{k=1}^{K} \beta_k x_k + u_i \qquad (8.5)$$

其中，$y^*$ 是潜变量，是观察现象内在趋势，它不能被直接测量，$u_i$ 为误差项。

当实际观测反应变量有 $J$ 种反应类别时（$j = 1$, $2$, $\cdots$, $J$），相应取值为 $y = 1$, $y = 2$, $\cdots$, $y = J$，并且各取值之间的关系为（$y = 1$）<（$y = 2$）< $\cdots$ <（$y = J$），那么共有 $J - 1$ 个间断点（阈值）将各相邻类别分开。即：

如果 $y^* \leqslant \mu_1$，则 $y = 1$；

如果 $\mu_1 < y^* \leqslant \mu_2$，则 $y = 2$；

……

如果 $\mu_{J-1} < y^*$，则 $y = J$。

其中，$\mu_j$ 表示分界点，有 $j - 1$ 个值，且有 $\mu_1 < \mu_2 < \mu_3 < \cdots < \mu_{j-1}$。在参数估计过程中，统计软件也会报告出 $\mu_1$, $\mu_2$, $\cdots$, $\mu_{j-1}$，它们被称为阈值参数。

由于有序 Logistic 模型也是非线性模型，所以，我们通常采用极大似然估计方法逐步迭代获得参数估计。众多的顺序变量相应模型中，其估计过程的差异仅仅集中在残差分布的假设问题上，因此，只要产生潜变量信息的统计数据程序可知而且正确设定了似然比，则极大似然估计量是一致和渐近有效的。由于我们仅仅需要得到事件的发生概率与各变量之间的相关关系，因此，采用有序 Logistic 模型的结论是恰当的。

为了能够准确地探讨农业直接补贴对农户的福利以及农户的农业投入决策的影响，我们将自农业补贴实施以来的农户平均每年获得的农业直接补贴、农户的农业收入、农户的工资收入作为解释变量，进行具体的分析。农业直接补贴、农业收入、工资收入都是农户可支配收入的重要来源，将它们作为解释变量，可以更好地阐明农户福利及其关于农业投入决策变动的原因。另外，农业劳动力投入作为农业投入之一，我们也可以更为细致地探讨这些因素对农业劳动力投入的影响。所以，我们将分别设定农业补贴增加时农户生活水平是否提高、农业补贴增加一倍时农户对农业投资的变化情况、农户 2009 年用于农业生产的劳动力变化情况作为因变量。

运用有序 Logistic 模型要求较高的被解释变量和较高的潜变量相对应，也就是说，若潜变量 $y_i^* < y_j^*$，则要求必有 $y_i < y_j$。由此，$y_i$ 取每一个指标的概率为：

$$Pr(y_i = 1 \mid x_i, \beta, \mu) = F(\mu_1 - x_i{}'\beta)$$
$$Pr(y_i = 2 \mid x_i, \beta, \mu) = F(\mu_2 - x_i{}'\beta) - F(\mu_1 - x_i{}'\beta)$$
$$Pr(y_i = 3 \mid x_i, \beta, \mu) = F(\mu_3 - x_i{}'\beta) - F(\mu_2 - x_i{}'\beta)$$
$$\cdots\cdots$$
$$Pr(y_i = J \mid x_i, \beta, \mu) = 1 - F(\mu_{J-1} - x_i{}'\beta)$$

其中，$F$ 是残差 $u_i$ 的累积分布函数。若假定误差项服从标准正态分布，则所得到的即为有序 Probit 模型，若假定误差项服从 Logistic 分布，则所对应的模型为有序 Logistic 模型。我们得到各个样本的分布概率，采用极大似然估计法就可以得到相应的阈值参数与斜率系数。由于正态分布的概率密度函数相比 Logistic 分布更为复杂，基于计算政策偏效应的考虑，所以，我们在此采用 Logistic 分布残差分布设定，并假设 Logistic 分布的密度函数为 $f(x)$，则得到解释变量 $x_k$ 对 $y_i$ 的每一个指标概率的偏效应为：

$$\underset{Pr(y_i = j)}{PE} = \frac{\partial Pr(y_i = j \mid x_i, \beta, \mu)}{\partial x_k}$$

因此，有：

$$\underset{Pr(y_i = 0)}{PE} = \frac{\partial Pr(y_i = 0 \mid x_i, \beta, \mu)}{\partial x_k} = f(\mu_1 - x_i{}'\beta)(-\beta_k)$$

$$\underset{Pr(y_i = 1)}{PE} = \frac{\partial Pr(y_i = 1 \mid x_i, \beta, \mu)}{\partial x_k} = f(\mu_2 - x_i{}'\beta)(-\beta_k) - f(\mu_1 - x_i{}'\beta)(-\beta_k)$$

$$\underset{Pr(y_i = 2)}{PE} = \frac{\partial Pr(y_i = 2 \mid x_i, \beta, \mu)}{\partial x_k} = f(\mu_3 - x_i{}'\beta)(-\beta_k) - f(\mu_2 - x_i{}'\beta)(-\beta_k)$$

$$\cdots\cdots$$

$$\underset{Pr(y_i = J)}{PE} = \frac{\partial Pr(y_i = J \mid x_i, \beta, \mu)}{\partial x_k} = f(\mu_{J-1} - x_i{}'\beta)\beta_k$$

　　当然，在偏效应分析过程中，我们会遇到诸如性别这类表示个体特征的二分变量。对于连续性数据，当我们选择残差项服从 Logistic 分布时，假设其分布函数形式为 $\Lambda(\cdot)$，易得 $F(c) = \Lambda(c) = \dfrac{\exp(c)}{1+\exp(c)}$，$F'(c) = \Lambda(c)[1-\Lambda(c)]$，$F''(c) = \Lambda(c)[1-\Lambda(c)][1-2\Lambda(c)]$，这时计算偏效应时更加简便。

　　对于离散型的解释变量二分类数据，我们可以采用虚拟变量设定的形式，特别对其做边际贡献影响分析，其表达式为：

$$\Delta_i = F(w_i'\theta + \gamma_k) - F(w_i'\theta)$$

　　其中，$\gamma_k$ 表示虚拟变量的系数，在潜变量的组成部分，这样，我们就将此二分类数据的效应理解为它对每一层级分布变化的贡献。

　　偏效应说明了各种解释变量对于个体选择在各种水平的选择概率的边际贡献率，换句话说，当某一解释变量改变时，它对整个概率分布的组成结构的影响。至此，在本书的后续章节中关于农业补贴政策效果的评价部分，我们就有序 Logistic 分布的设定对农业补贴的政策效果进行经验分析。当然，实际分析过程中的内生性、异方差和模型设定的问题，在广义的有序选择模型的方法论部分会有较为详细的介绍。

# 第五篇
# 农业补贴效应的
# 经验与案例分析

# 第 九 章

# 农业直接补贴的政策效应：基于武汉黄陂区的调查数据及其经验结论<sup>*</sup>

## 第一节 模型说明

农业补贴有两种可能效应：收入效应和替代效应。替代效应意味着农业补贴政策会增加农户的比较收益和投入，对农业生产产生积极影响，而收入效应则意味着农户获得了更高收入之后，会增加休闲时间，反而会降低农业投入。这种可能也很直观：由于农业生产相对收益较低，农户对农业生产的积极性有可能会下降，特别地，由于无论农业生产的产出是否增加都能获得补贴收入，这有可能使得农户逐步降低农业生产的份额，要么从事非农业生产，要么就将更多的时间用于休闲。

这两种效应哪一种更加明显，或者说，政策的最终效应是对生产产生了正的效应还是负的效应？补贴政策对农户行为和农业生产是否产生了真实效应？如果有，该效应是长期的还是短暂的？其作用机制如何？如果补贴政策效果欠佳，是否存在着进一步优化的可能？因而，有必要跟踪当前的农业补贴政策，对农户的行为进行深入分析，比较农户接受补贴前后的行为变化及其福利变化，以此评价农业补贴的政策效应，并提出进一步政策的措施。

作为公共政策的重要组成部分，国内外学者对于农业补贴进行了不同

---

* 本部分在 2009 年中国经济学年会论文基础上修改而成，合作人有陈三攀和肖琴。

程度的研究。由于农业补贴和其他形式的补贴具有类似的特征，而近年来，劳动经济学受到较多的关注，因而补贴政策对劳动力市场的影响及其福利效应等研究较多。丹尼斯·J. 斯诺沃（Dennis J. Snower, 1994）提出，尽管失业福利政策在各国有所不同，但是，原本试图减少失业的政策却实际增加了失业。就业补贴计划增加了工人获取技能的激励，增加劳动供给，在理论上增进了社会福利。不仅如此，E. 费尔普斯（E. Phelps, 1994）也批评了福利制度的副作用，认为低工资、就业补贴产生了超出纯私人收益的社会受益，通过社会公平性、缓解失业和劳动力闲置、公共效应三个渠道增进了社会福利。基于此，Chéron Arnaud 等（2008）利用法国的数据对于低工资工人的工资税补贴的效应做了评价，他们从劳动力市场搜寻均衡的角度，发现可以通过增加人力资本培训的投资而提高生产力水平，工资税补贴的方式比降低最低工资更能增进福利，达到次优状况。然而，也有学者提出了不同意见。卡德·戴维和迪安·R. 希斯洛普（Card David and Dean R. Hyslop, 2005）根据加拿大的案例研究了有限时间的收入补贴效应，说明自我发展项目（Self Sufficiency Project）对福利有很大的影响，但 18 个月之后这种效应会慢慢消失，长期中福利不变，并且对工资也无长期影响。除劳动力市场，教育市场也存在补贴。埃普、丹尼斯·R. 理查德等人（Epple, Dennis R. Richard et al., 2006），提出了高等教育市场上的均衡模型，通过收入和能力区分学生，在不同学校有不同的援助政策，发现高等教育的补贴政策使得市场有效。

与补贴相对应的是，税收作为负向激励，税收的变化也引起了相应的研究，比如，对美国在 2001 年前后进行的临时性投资税补贴政策，克里斯托夫·L. 泰斯和 D. 马修等人（2008）通过美国的税收法规的变化，用一般均衡的分析方法分析了不同的资本补助及其对投资的影响。虽然总的效应不明显，但是对于临时性的税收补助，生产者有强烈的激励去改变投资反应的时间，在当期对于投资有巨大影响，对于就业和产出等实体活动均有正的效应。不过，这种效应在补助期过后显著下降，投资、生产和就业也随之下降。

现存文献中的计量模型进一步细化了理论模型的分析结果，认为补贴具有不确定的效果。López Ramón 和 G. Galinato（2007）通过一般均衡模型证明了在直接补贴政策的激励下，扩张了农地需求从而造成森林毁灭，不利于经济发展,并没有提高农业生产率。而提高政府的公共物品支出或降低私人补贴或者降低私人物品补贴与公共物品支出的比例,都会提高经济效率,降低环境负外部性和降低贫困。怀斯(Wise,2004)的研究表明,农业补贴本身是一个悖论。大量的农业补贴,一方面,可以刺激农业产出增加,有利于农业积累资本、扩大再生产;另一方面,由于农业补贴总是直接或者间接地与种植面积(粮食综合直接补贴)和产量相连,农户为了获得更多的补贴总是尽可能地扩大种植面积,提高产量,从而产生市场供给压力,导致产品价格下降,引发新一轮的市场价格与补贴保护价格的差距扩大,最终导致农业补贴不断强化而难以自拔。近些年来,结合中国的农业补贴实践,相关研究也有一定进展。

国内学者也不断对农业补贴政策进行研究。胡霞(2007)分析了日本山区半山区将农业直接补贴与农业产业组织相联系的补贴效果,其效果较为显著。但是,这种补贴形式依赖于有组织性的制度变迁,否则农业研究开发、农业部门人力资本培育、公共基础设施的状况并无改善,补贴更可能成为收入性的补偿,从而效果不明显。冯继康(2007)就美国近70年的农业补贴政策的变迁预测了今后农业“绿箱”补贴的方向,提供了农业补贴政策有效性的经验性的认识。沈晓明、谭再刚、伍朝晖(2002)和林万龙、张莉琴(2004)对于农业上市公司的政府财税补贴的政策效率进行了分析。沈晓明、谭再刚、伍朝晖(2002)提出,政府的财税补贴掩盖了公司的经营困境,使得上市公司对于政府财税补贴产生依赖,不利于企业生产效率的提升;他们还提出了补贴市场化原则,并给出了农业上市公司进行股权、发展战略和经营策略调整方面的建议。而林万龙、张莉琴(2004)的研究则从经验方法上证明了政府的财税补贴政策对于农业上市企业的产出并没有带来显著的增长,并提出了农业补贴的扶持环节和扶持方式的建议。李传建(2007)则从农业的经济、生态、社会和文化四个方面说明了选择恰当的农业补贴方式,对于实现农业多功能性的积极意义。

目前的研究表明,农业补贴政策可能是有效的,但是,政策效果尚不明显。由于补贴所处的经济环境、经济阶段和采取的不同形式对于补贴效果的影响较大,因此有必要结合理论模型,对中国的农业补贴政策进行有针对性的研究。在本部分,我们进行如下研究:

第一，建立基于劳动力供给的局部均衡模型，将价格体系、农业生产力、补贴的投入、产出和农户福利水平通过劳动力供给这个核心变量联系起来，分析农业补贴对农户劳动力供给行为和农业产量的影响，即发放补贴后农户的行为、补贴增加之后农户的反应、农业生产的环境因素对于农户决策的影响、农户发展受到的阻碍，试图直观地解释宏观政策与微观决策的传导机制。

第二，我们设计了有针对性的调查问卷，随机获取一定数量的样本。由于农业补贴政策实施年份较短，数据相对较少，因而我们基于理论模型，设立了问卷，并选择了城乡流动性较大的武汉市黄陂区进行了抽样调查，获取了相应的数据，并进行了描述性分析。

第三，采用有序 Logistic 计量方法，对农业补贴的政策进行经验研究。由于问卷数据更多的是包含顺序的，而且这种数据可能更为真实可信，因而我们借用有序 Logistic 模型进行分析。

第四，我们分别分析农业补贴对农户的福利水平、劳动力供给和农业产量的影响。我们力图从农户行为出发，研究基于现行的工资、农产品价格和补贴水平（WPS）价格体系下，补贴政策是否对农户的劳动力投入、生产和消费产生了实际影响，从而对理论假设进行检验。

我们的研究表明，农业直接补贴在一定程度上是对价格机制进行调节，在一定条件下会对农户的行为产生影响，但当前，由于农业补贴额度太小，且农户收入结构中农业性收入比重降低，目前的农业直接补贴政策并没有显著效应。整体而言，农用物资价格上涨过快、农业投资机会较少等制约了农业生产的扩大。

## 第二节　劳动力供给模型与农业补贴政策的影响

在农业生产过程中，劳动力是主要投入要素，因而我们侧重从农户的劳动力供给决策入手，分析无有补贴情形下的资源配置。为了保持理论与经验的一致，我们侧重分析对劳动力投入的影响，在此基础上分析政策对农业产出和农户福利的影响。

## 一 基本设定与模型性质

我们先做一些基本设定:

设定1:生产要素只有一种,即劳动力,记单个农户劳动力的总时间为 $T$,劳动供给为 $l$,在两部门模型中,农业劳动供给为 $l_1$,非农劳动供给为 $l_2$,且,$l_1 \in [0, T]$,$l_2 \in [0, T]$。

设定2:农业部门的生产按劳动时间规模报酬递减,生产函数为 $f_1 = l_1^\alpha$,其中 $0 < \alpha < 1$。非农部门的按劳动时间规模报酬不变,生产函数为 $f_2 = l_2$。

设定3:价格体系,包括农产品市场出售价格 $p$、非农部门劳动的工资率 $w$ 和农业部门补贴的水平 $s$①。

同样,参照当前农业补贴的实际,农业补贴按照面积发放,实际上由于土地面积按照人口数目划分,假定人均土地面积即为单个劳动者所拥有的土地面积,因而农业补贴实际上成为对劳动者个人的补贴,只不过是从价补贴和从量补贴的某种组合形式而已。

参照通常的设定,假定农户效用由消费和闲暇组成,均为对数形式,总效用函数为 $U = \ln C + b \ln (T - l_1 - l_2)$,$b \geq 0$。当劳动者处于失业或者半就业状态时,$b = 0$。

为便于分析,我们所说的从价补贴,指的是对于农产品价格的补贴,或者说是对生产资料投资的间接补贴,其表现是农产品的价格实际上由 $p$ 变成了 $p + s$②。而从量补贴③指的是对农业劳动力劳动时间的直接补贴,其表现是农业劳动力的个人收入以 $sl_1$ 的方式增加。

单个农业部门基准模型是:

---

① 该价格体系是外生给定的,理由有二:一是若市场是完全竞争的,则单个农户是价格的接受者,在个体决策时把价格信号看做已知;二是若市场不是完全竞争的,但是单个农户的议价能力有限,或者说农业部门整体的议价能力有限,则往往也是价格的接受者。

② 该定义是合理的,原因在于补贴是事后发放的,除非农户面临融资约束,一般而言,对农产品价格补贴和生产资料补贴等价,此处我们暂不考虑融资约束的情况。

③ 关于从量补贴、农业直接补贴、收入性补贴的描述交替使用,均是政府以劳动投入量作为补贴依据实施的补贴。没有选用劳动者一揽子补贴,即当预算约束变为 s.t. $C \leq y$,$y = pl^\alpha + s$,$0 < \alpha < 1$,此时农户个人的劳动投入由于替代效应大于收入效应而减小了;若在两部门的情况下,则农业部门的劳动投入不变。这种补贴形式不符合政策目标。

$$\max_{C, l} U = \ln C + b\ln(T - l), \text{s. t.} C \leqslant y, y = pl^{\alpha}, 0 < \alpha < 1 \qquad (9.1)$$

求解一阶条件：$\dfrac{b}{T - l} = \dfrac{p\alpha l^{\alpha - 1}}{pl^{\alpha}}$，得到 $l = \dfrac{\alpha}{\alpha + b}T$。

引入从价补贴时，预算约束为：s. t. $C \leqslant y$，$y = (p + s) l^{\alpha}$，$0 < \alpha < 1$，求解见附录。

引入从量补贴时，预算约束变为：s. t. $C \leqslant y$，$y = pl^{\alpha} + sl$，$0 < \alpha < 1$，求解见附录。

两部门基准模型是：

$$\max_{C, l_1, l_2} U = \ln C + b\ln(T - l_1 - l_2), \text{s. t.} C \leqslant y, y = pl_1^{\alpha} + wl_2, 0 < \alpha < 1 \qquad (9.2)$$

求解一阶条件：$p\alpha l_1^{\alpha - 1} = w$，得到 $l_1 = \left(\dfrac{p\alpha}{w}\right)^{\frac{1}{1 - \alpha}}$。

引入从价补贴时，预算约束为：s. t. $C \leqslant y$，$y = (p + s) l_1^{\alpha} + wl_2$，$0 < \alpha < 1$，求解见附录。

引入从量补贴时，预算约束为：s. t. $C \leqslant y$，$y = pl_1^{\alpha} + sl_1^{\alpha} + wl_2$，$0 < \alpha < 1$，求解见附录。

在基准模型之上，实行从量补贴和从价补贴只是改变了预算约束。局部最优的条件是使农业劳动供给的边际收入等于非农部门劳动供给的边际收入；如果一个部门的边际收入恒大于另一个部门的边际收入，则边际收入小的部门无劳动供给（推导结果参见本章和附录，$l_1^0$、$l_1^1$、$l_1^2$ 分别指无补贴时单个农户的农业劳动供给、从价补贴时单个农户的农业劳动供给和从量补贴时单个农户的农业劳动供给，而 $l_2$ 指转型经济中农户用于非农劳动供给）。

性质 1：在单一部门情形下，对于农业劳动力的从价补贴不具有真实效应，农业劳动供给不变；对于农业劳动力的从量补贴具有真实效应，其中替代效应大于收入效应，农业劳动供给增加。

这也意味着，在两部门情形，若两部门完全分工、劳动力要素不流动，对农业部门的产品价格补贴，仅仅会改变价格体系，不会对劳动力的供给产生真实的影响。对于从量补贴（即直接补贴）具有真实效应，并增加了农业劳动供给。原因在于从量补贴形式，增加了农户的个人收入，并且替代效应大于收入效应。

性质2：在两部门模型中，可能存在完全从事农业劳动的情况，也可能存在向非农部门的不完全转移，农业补贴的政策效果取决于价格体系 $w$、$p$、$s$ 的相对关系和农业生产的技术效率 $\alpha$。

一旦出现农业生产的边际收益大于非农生产的边际收益，就会出现完全的劳动分工，农业劳动力不会流向非农生产部门。当非农生产部门的工资水平大于价格水平和补贴水平之和时，不会出现劳动供给为 0 的部门，从价补贴比从量补贴更能促进农业劳动供给的增加，但是，此时均衡的劳动力供给仍然处于较低水平。

劳动力配置均衡时的影响因素：从上述最优求解过程可知，在两部门模型中，若同时存在农业劳动和非农劳动的情况，则农业劳动供给必然小于1，这是由农业规模报酬递减引起的。如果只存在农业部门的劳动供给，则该供给水平不仅取决于农业劳动的生产技术效率，还取决于农户的消费与闲暇的替代效应系数 $b$。$b$ 越大，农业劳动供给则越小。因此，我们不仅要考察价格体系 $w—p—s$ 和农业生产技术效率 $\alpha$，还要考察替代效应系数 $b$。

## 二　补贴政策对劳动力供给、农业产出、农户消费（福利）的影响

### （一）补贴对劳动力供给的影响

从理论分析中我们知道，关于农户的最优选择，首先取决于价格体系和农业生产技术参数，二者同时决定了农户的收入状况。因此我们考虑农户的理性行为时必须先从收入效应开始衡量。然后只在特殊的情形下，涉及收入效应和替代效应大小的比较。

为便于分析，我们将在两部门下各种参数对农户劳动决策的影响列表：分类的标准建立在直观的农产品价格和非农劳动工资率的直接衡量和比较的基础上，比较的前提是 $w > p$。基准情况和有补贴的情况列表详见附录。我们得出以下结论：

在 $w > p$ 条件下，若 $w < p + s$，则从量补贴也会在农业生产技术效率较高时产生完全的农业劳动供给，相比无补贴的情况从量补贴有效；若采用从价补贴，只在 $\frac{w}{p+s} < \alpha < 1$ 时产生完全的农业劳动供给，采用从量补贴促进劳动供给的效果好于从价补贴。

若 $p < p + s < w$，则情况完全发生逆转，此时两种补贴均会使两部门

劳动供给同时存在，农业部门劳动力还是会向非农部门转移，但是农业部门劳动力的供给相比无补贴时有所增加，且从价补贴形式更有利于增加农业劳动供给。

基于实际经验，$p < p + s < w$ 条件更符合价格体系的实际情况，劳动力要素大量向非农业部门转移，即便增加补贴可以提高农业劳动供给，但是新的均衡仍然处于 $(0, 1)$ 的水平，相比整个可供给的劳动时间 $T$，补贴效果甚微。此时不存在仅有农业部门生产或者非农部门生产的情形，而且闲暇与消费的替代效应系数 $b$ 对于劳动供给没有影响。

（二）补贴的产出效应——比较静态分析

在此基础上，考察农业补贴对于农业产出的影响。由于我们设定的农业产出形式是 $f_1 = l_1^\alpha$，相应的，在 $p < p + s < w$ 条件下，农业增产的程度按照从价补贴形式和从量补贴形式可分别表示为：

$$f_1^1 / f_1^0 = (l_1^1 / l_1^0)^\alpha = [(p + s)/p]^{\frac{\alpha}{1-\alpha}} \tag{9.3}$$

$$f_1^2 / f_1^0 = (l_1^2 / l_1^0)^\alpha = [w/(w - s)]^{\frac{\alpha}{1-\alpha}} \tag{9.4}$$

因此，无论是从价补贴还是从量补贴，均可提高农户的产出水平，由于 $l_1^0 < l_1^2 < l_1^1$，我们发现：$f_1^2 / f_1^1 = \{pw/[pw + s(w - p - s)]\}^{\frac{\alpha}{1-\alpha}} < 1$。

综上所述，两种形式的农业补贴均可增加均衡产出，且从价补贴形式的产出效果更强。

不妨设 $q_1 = (p + s)/p$，$q_2 = w/(w - s)$，从而 $1 < q_2 < q_1$。且有：

$$\frac{\partial (f_1^1 / f_1^0)}{\partial s} = \frac{\partial (f_1^1 / f_1^0)}{\partial q_1} \frac{\partial q_1}{\partial s} = \frac{\alpha}{1 - \alpha} q_1^{\frac{2\alpha-1}{1-\alpha}} \frac{1}{p} > 0 \tag{9.5}$$

$$\frac{\partial (f_1^2 / f_1^0)}{\partial s} = \frac{\partial (f_1^2 / f_1^0)}{\partial q_2} \frac{\partial q_2}{\partial s} = \frac{\alpha}{1 - \alpha} q_2^{\frac{2\alpha-1}{1-\alpha}} \frac{w}{(w - s)^2} > 0 \tag{9.6}$$

从上述表达式可知，补贴增加时，两种补贴均会增加产出，这说明，在 $p < p + s < w$ 条件下，农业补贴继续增加更有利于农业产出水平的提高，间接地说明农业补贴的力度还不足。

如果将补贴的形式放松到从价补贴和从量补贴某种加权组合的形式，在非农部门工资水平仍远大于农业产品价格水平和补贴之和的情况下，若给予农业生产资料补贴的权重为 $\theta$，给予直接补贴的权重为 $1 - \theta$，此时也不存在完全的农业供给，劳动力供给设为 $l_1^3$：

$$l_1^3 = \left[ \frac{(p+\theta s)}{w-(1-\theta)s} \right]^{\frac{1}{1-\alpha}} \tag{9.7}$$

$$\frac{\partial l_1^3}{\partial \theta} = \frac{1}{1-\alpha} \left[ \frac{(p+\theta s)\alpha}{w-(1-\theta)s} \right]^{\frac{\alpha}{1-\alpha}} \frac{s\alpha(w-p-s)}{[w-(1-\theta)s]^2} > 0 \tag{9.8}$$

由于 $p < p+s < w$ 时，从价补贴的效果要优于从量补贴的效果，则有随着 $\theta$ 的增大，农业劳动力供给增加，但也处于$(l_1^2, l_1^1)$之间的水平。

（三）补贴与农户的福利水平

补贴政策不会改变目标函数，改变的是农户的预算约束。事实上，农业补贴政策通过改变农户的预算约束，扩大了可行解的范围。在扩大可行解范围而不改变目标函数的条件下，理性人的最优目标函数必然不减。因此，从总体而言，大部分农户的生活水平应该是得到提高的，可能存在小部分农户的效用维持不变的情况。从这种意义上说，农业补贴确实可以增进农户的福利。

模型中的替代效应的衡量系数 $b$ 没有作为主要因素讨论，这并不意味着该因素不重要。事实上，在仅有农业部门生产的情况下，劳动供给的程度与 $b$ 负相关。$b$ 越大，替代效应越强，享受闲暇给农户带来更大的效用。

在 $p < p+s < w$ 价格条件下，我们分别考察农业补贴对于农户福利水平的影响。

如果补贴是从价补贴，那么我们可以分析不同的补贴对农户福利水平的影响。此时，农业劳动供给为：$l_1^1 = \left[ \frac{(p+s)\ \alpha}{w} \right]^{\frac{1}{1-\alpha}}$；非农劳动供给为：$l_2 = \frac{1}{b+1}\left( T - \frac{\alpha+b}{\alpha}l_1 \right)$。

得到，$\dfrac{\partial U}{\partial s} = \dfrac{\partial U}{\partial l_1}\dfrac{\partial l_1}{\partial s} = \left(\dfrac{\alpha}{w}\right)^{\frac{1}{1-\alpha}} (p+s)^{\frac{\alpha}{1-\alpha}} \dfrac{b+1}{\alpha T + (1-\alpha)l_1} > 0 \tag{9.9}$

因而，农户的闲暇替代系数 $b$ 越大，则从价补贴对于农户的福利提升的水平也就越大。

如果补贴是从量补贴，那么对农户福利水平的影响同样可以进行相应的分析。此时农业劳动供给为：$l_1^2 = \left( \dfrac{p\alpha}{w-s} \right)^{\frac{1}{1-\alpha}}$；非农劳动供给为：$l_2 = \dfrac{1}{b+1}\left[ T - \left( 1 + \dfrac{bs}{w} + \dfrac{b}{w}\dfrac{w-s}{\alpha} \right)l_1 \right]$。因而，

$$\frac{\partial U}{\partial s} = \frac{\partial U}{\partial l_1} \frac{\partial l_1}{\partial s} = \left(\frac{p\alpha}{w-s}\right)^{\frac{1}{1-\alpha}} \frac{\alpha(b+1)}{\alpha wT + (1-\alpha)(w-s)l_1} > 0 \qquad (9.10)$$

从（9.10）式我们也可以看到，农户的闲暇替代系数 b 越大，则从量补贴对于农户的福利提升水平也越大。

（四）理论模型的基本结论

在模型中，我们发现价格，体系 $w—p—s$ 和农业生产技术效率 $\alpha$ 决定了劳动供给的结构，因此有效地增加农业生产，提高农户生产积极性的办法可以从两个方面得到：一个是提高补贴水平，实现价格关系的调整，改变最优化均衡条件；一个是通过农业技术升级，增加 $\alpha$，长期来看，这是一个根本的问题。当然，我们的模型未能说明可能存在的偏离均衡的情况，这可以看做劳动力在部门间转换的摩擦。如果摩擦足够大，农业劳动力无法转移到非农部门，则可以看做仅在农业部门生产的情形予以讨论。这在经济结构转变中是存在的。

我们可以初步得出以下结论：

**命题1**：在非农部门工资水平远大于农业产品价格水平和补贴水平之和的情况下，农业投资补贴政策对农户的生产更具有正向的激励作用，能在一定程度上刺激农业生产的积极性，从而导致农产品产量的提升，但是增产的效果是极其微弱的。这与价格体系中 $w—p—s$ 的相对大小有关，相应的改变价格体系，对于增产具有更强的效果。

**命题2**：在非农部门工资水平远大于农业产品价格水平和补贴水平之和的情况下，若同时存在价格补贴（或者生产资料补贴）和收入补贴，增大价格补贴（或者生产资料补贴）的比重，更有利于农业劳动供给的增加，从而增加粮食产量。替代效应越强，实行补贴给农户带来的效用越大。

当然，上述分析有一个重要的前提假设，就是作为决策主体的农户是同质的。同质农户的假设与事实显然不符，没有将经济结构转变中劳动力转移的摩擦体现出来。为了在分析中引入这一因素，我们不妨假设农业经济体系中有两类农户：一类是容易转移的农户，其行业转换的成本较低；另一类农户是不易转移的农户，其完成行业转移的成本较高。这样，不同的行为主体对于补贴政策的反应是不同的。基于此种考虑，我们对于异质性农户对农业补贴的反应做进一步的拓展。

## 第三节 异质性农户对农业补贴的反应

事实上,对于年轻、受教育年限较长的农村劳动者,会寻找外出务工的机会,然后很有可能定居于城市,实现人口转移;而一部分年轻人可能选择的是离土不离乡,从事第二产业和第三产业。这两类人群的主要优势在于人力资本的积累,技能更加熟练,而且还可能在从事非农生产的过程中进一步获得学习提高的机会。而一部分年纪稍大的劳动者,实现知识更新和掌握新的技能是比较困难的。因此,这一类劳动者实现转移的可能性不大。因此,我们相应地将模型简化为这样一种形式:一类劳动者继续从事农业生产,另一类劳动者则是可以从农业部门转移到非农部门。还有一种情况是,由于举家迁移受到小孩上学、赡养老人和户籍制度等客观的限制,有些农户放弃了获取更高非农工作收入的机会。

基于第二节中对于单部门基准模型的分析,如果农户不能转移到非农部门从事生产,那么此时实行从价补贴则由于收入效应和替代效应相抵消,对于促进劳动供给没有实际的意义;相反,若此时对于农业劳动者实行从量补贴,则由于收入效应大于替代效应,促进劳动者增加农业劳动供给。但是,对于能实现自由转移的劳动者来说,从量补贴没有从价补贴对农业生产的促进作用大。这是因为,此类劳动者可以通过两部门之间边际收益的权衡、比较分配劳动时间。此时从量补贴的效果对于不同质的劳动者来说是不同的。

若采取从价补贴,则对于不能自由转移生产部门的农户来说,最优的劳动供给仍然是:

$$l_1^1 = \frac{\alpha}{\alpha + b} T;$$

对于可以实现自由转移生产部门的农户来说,最优的劳动供给为:

$$l_1^1 = \left[ \frac{(p+s)\ \alpha}{w} \right]^{\frac{1}{1-\alpha}}。$$

若采取从量补贴,则不能自由转移生产部门的农户来说,最优的劳动供给满足:

$$\frac{b}{T - l_1} = \frac{p\alpha l_1^{\alpha-1} + s}{p l_1^{\alpha} + s l_1}, \quad \frac{\alpha T}{\alpha + b} < l_1^2 < \frac{T}{1 + b},$$

解用 $l_1^2(p, s, \alpha, b, T)$ 表示。

对于可实现自由转移生产部门的农户来说，最优的劳动供给为：

$$l_1^2 = \left(\frac{p\alpha}{w - s}\right)^{\frac{1}{1-\alpha}}。$$

若假设经济体中在某个时刻可以自由转换生产部门的劳动者所占的比重为 $\delta$，$\delta \in (0, 1)$，则我们对于从量补贴和从价补贴的效果对比可以将总的劳动供给进行对比。若一个国家总的农业劳动力为 $L_A$。

采取从价补贴形式时，一国总的农业劳动供给 $L_1^1$ 为：

$$L_1^1 = \frac{\alpha}{\alpha + b} T \cdot (1 - \delta) L_A + \left[\frac{(p + s)\alpha}{w}\right]^{\frac{1}{1-\alpha}} \cdot \delta L_A \qquad (9.11)$$

采取从量补贴形式时，一国总的农业劳动供给 $L_1^2$ 为：

$$L_1^2 = l_1^2(p, s, \alpha, b, T) \cdot (1 - \delta) L_A + \left(\frac{p\alpha}{w - s}\right)^{\frac{1}{1-\alpha}} \cdot \delta L_A \qquad (9.12)$$

在农业劳动力向非农部门转移期间，一般而言，$L_1^2 > L_1^1$，则首先选择从量补贴形式。然后依据 $\delta$ 的变化，选择恰当的补贴组合形式。为保证政策实施的连续性，最大化政策的产出效果，需要确定在实行从量补贴和从价补贴的一个临界点。事实上，由于在劳动力转移的大背景下，由于人口结构的变化，$\delta$ 的基本趋势是不断上升的。因此，当 $\delta$ 趋向于 0，即劳动力转移的早期时，农业劳动人口还没有实现转移，仅相当于单部门模型，此时实施从量补贴是有效的。随着劳动力人口的转移，农业劳动力供给中，已经有相当一部分提供非农产业的劳动供给，因此，在 $p < p + s < w$ 的价格条件下，对于这部分人，实行从价补贴的效果要好于实施从量补贴的效果，因此实施从价补贴的比重应该有所提升。

现在，考虑从价补贴和从量补贴的临界点，确定 $\delta$ 的取值。利用产出相等条件：

$$l_1^2(p, s, \alpha, b, T)(1 - \delta) + \left(\frac{p\alpha}{w - s}\right)^{\frac{1}{1-\alpha}} \delta = \frac{\alpha}{\alpha + b} T(1 - \delta) + \left[\frac{(p + s)\alpha}{w}\right]^{\frac{1}{1-\alpha}} \delta$$

$$(9.13)$$

求解 $\delta$ 得：

$$\delta = \frac{l_1^2(p,s,\alpha,b,T) - \frac{\alpha}{\alpha+b}T}{l_1^2(p,s,\alpha,b,T) - \frac{\alpha}{\alpha+b}T + \left[\frac{(p+s)\alpha}{w}\right]^{\frac{1}{1-\alpha}} - \left(\frac{p\alpha}{w-s}\right)^{\frac{1}{1-\alpha}}} \tag{9.14}$$

此时 $\delta$ 也即宏观经济中劳动力转移的临界点,此时的经济体系中农业劳动力在整个国民劳动力中所占的比重已经下降到一定水平。超过此点,再实行从价补贴才具有更好的效果。

由此,我们得到与第二节有所不同的答案:总体而言,在劳动力转移的早期,实施从量补贴形式更有利于实现增产增收的政策目标。如果找到 $l_1^2(p, s, \alpha, b, T)$ 的显示解,则我们可以进一步验证农户的消费与闲暇的转换系数 $b$ 对于 $\delta$ 的影响。

基于上述考虑,我们得到结论:

命题 3:若农业部门劳动力转移到非农部门存在摩擦,则在劳动力转移的初期,实施从量补贴(即农业直接补贴)更有利于促进产出增加;当能够实现转移并参与两部门生产的农户超过一定比重 $\delta$ 时,实施从价补贴效果更好。

由此,结合第二章的推导,若我们将补贴的对象确定为完全从事农业生产的农户,从促进生产投入的角度来看,实施从量补贴即农业直接补贴是有效的,而从价补贴无效。

上述补贴理论涉及的行为主体是农户,农户对于补贴的反应,以及政府对于补贴形式的选择,但是补贴水平 $s$ 是作为外生变量处理的,这实际上与政府政策选择的内生性是不符的。因此,最终需要以动态一般均衡理论从税收和补贴源头研究农业补贴的效果,这不是本章节的任务。为了验证模型的说服力,即中国的农业补贴政策是否能够真正提高农户生产的积极性,提高农业产量,促使农户增收,我们获取相应的农户微观层面的数据,对模型做经验验证。

## 第四节 调查背景、数据的描述性分析及计量方法选择

经验分析的大体思路如下:首先对我们的调查状况进行说明;然后描

述相关变量，包括农业劳动力供给率、工资水平、直接补贴水平和间接补贴水平、农业产出水平、农业产品价格水平、农业生产资料价格水平，以及对补贴政策的评价、补贴前后生活水平比较、补贴增加之后的反应、补贴持久的预期等；最后利用有序 Logistic 模型估计结果，验证经济变量之间的相关性，基于估计来度量阈值效应。

**一　调查背景**

调查的目的是探测农户在有无补贴两种情况下的行为，并在此基础上分析补贴对农业投入和生产等方面的影响，参照理论假设中多个因素对于产量的影响，我们设计了调查问卷（参见第七章）。

在数据收集上，我们采用上门入户的方法，收集相关信息，问卷采取随机抽样方法。在样本选择上，我们选取了湖北省武汉市黄陂区进行抽样。黄陂区地处武汉市以北，是历史悠久的农业区。其中，农业人口91.6 万，占总人口的 81.1%，耕地80.5 万亩。2008 年全区国内生产总值148.02 亿元，其中第一产业 37 亿元，第二产业 61.72 亿元，第三产业49.3 亿元，农业在整个国内生产总值占比达到25%。因此我们认为，在黄陂区的传统农业向现代农业转型的背景下，调查农业补贴的政策效果，具有很强的现实意义。另一方面，武汉市黄陂区靠近省会城市中心城区（也是武汉的一部分），农户在选择从事行业上具有灵活性，不会像偏远的山区一样，没有太多的选择余地而只能从事农业种植业，因而农户在生产选择上，具有足够的弹性，因而我们认为所选择的样本具有一定的代表性，能够较好地反映农户对补贴政策的反馈。我们在 2009 年 1—2 月间，采取登门入户的方式，在木兰、王河、六指三个乡镇、街道办事处共发放143 份问卷，回收 143 份，其中获得有效问卷 128 份。

在问卷中，我们尝试着获取了多个层面的信息。第一，对于农户的家庭情况和生活状况，从农户行为特征入手，设计了农户的生活消费偏好、生活经济状况、生产资金盈余状况、生产的投入产出状况等问题，其中，对于农业生产资料的投入（包括数量和金额两方面），我们采取了有序的区间分布方法，即：增加、持平和减少，对于农户的粮食产量、种植面积和外出务工收入等问题，我们得到的是初始数据并据此精确地核算。第二，对政府补贴的数据进行调查，具体探测农业补贴与经济产出的相关性，其中比较重要的是具体的补贴金额，我们以实际发放的额度为准。第三,探测农户对于农业政策的评价,选项为:"政策很好,得到了实惠"、"一般般,没有什么实际好处"、"感觉较差,农户还是吃亏";农业补贴占家庭收入的比重即大概在 5% 以下(很低)、6%—10%(较高)、11%—20%(很高)、20% 以上(非常高)。类似的问题还有:生活水平是否因为补贴增加而提高、目前的补贴能否弥补农业物资价格上涨、农业补贴上涨一倍后农业投入会不会增加、将补贴的多大比例用于农业投入、拿到农业补贴的第一反应等问题。这些问题之间的相互联系十分紧密,个人偏好问题是农户异质性的重要来源,而家庭的生产生活经济状况对于家庭的许多选择具有直接的影响,因此,我们将这些变量看做特征变量,形成了家户不同的生产函数。这些关于生产生活的背景,就决定了农户对于农业补贴政策的态度和反应,以及相关的增加补贴之后的进一步反应。我们试图通过问卷调查证实这些猜想。

## 二 问卷的初步结论

### (一)农户的家庭情况和日常状况

首先是农业劳动力的年龄,均值为 54.9 岁,最小者为 25 岁,最大者为 75 岁,标准差为 10.60 岁。受访者中,从事农业劳动的劳动力基本年龄在 50 岁以上的有 89 人,占总样本的 69.5%,其中 40—50 岁的也占 7.6%,而比较缺乏的是青年劳动力,在 40 岁以下(含 40 岁)的劳动力 14 人,仅仅占总样本的 10.9%。年龄分布的"倒金字塔"结构解释了从事农业生产的劳动力要素流失的状况。我们以 5 岁为组间距,对年龄分布和性别对比情况画出直方图如图 9 - 1 所示,其中男女对比是受访者的性别对比情况,反映农户生产中决策权的分配状况。

调查家庭经济状况时,我们设计了"过去的一年中,您购买种子、化肥和农药等农资需不需要借钱"这一选项,其中有超过一半的农户表示要借钱或者赊账,其中赊账的居多,等到收获的季节将粮食卖给经营农资的商户,相当于一种实物抵押贷款,这种贷款是以信用为保证的,主要限于熟人之间。在农村,赊账购买农药、化肥等是农村居民生产融资的一种较为普遍的方式,其支付形式则是农产品担保。

我们设计了更加直接的家庭收支状况的选项,分别为手头宽松、生活平衡和手头较紧等选项,结果显示(见图 9 - 2),约 45% 的农户处于收支平衡的中等水平,手头宽松和手头较紧的农户数量相当,整体上农户的

从事农业生产劳动力的年龄分布（%）

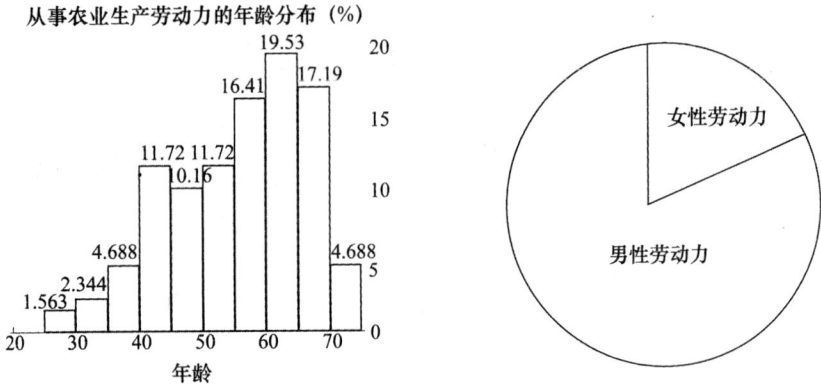

图 9 - 1　年龄和性别分布

收支状况是平衡的。我们了解，其分布形式要比较的是，农户的收入状况与生产的积极性之间的联系，农户是因为家庭生活困难而减少生产所用资金来保障生活支出，还是会选择减少家庭支出来增加生产支出，二者之间是完全替代的吗？首先我们将其分布情况用饼图表示。

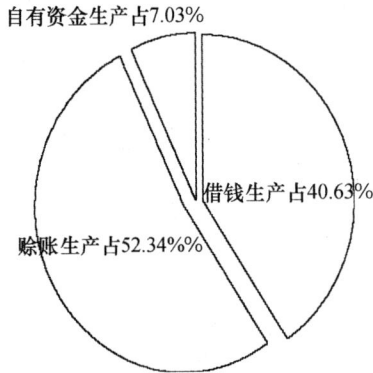

图 9 - 2　家户的生产融资状况

通过图 9 - 2 和图 9 - 3 的对比我们可以看到，与最初设计问卷时的设想相同，在所有的受访者中，生活宽松的家户达到约 25%，但是，在生产上能够自筹资金生产的家户为 7.03% ，还不足 10% ，也就是说，生活上宽松的家户比重大于生产上能够自筹资金的家户。

但是，我们还需要进一步验证，自有资金生产的家户应该在家庭经济状况上达到"生活宽松"的层级。为此，我们专门对生产上需要借钱或者赊账的家户进一步验证其家庭经济状况。结果发现，这类在生产上融资紧张的农户，却也出现了经济宽松的情况。这个事实与我们之前的层级假设是矛盾的，农户并不一定将家庭的生产状况和经济状况完全联系在一起。

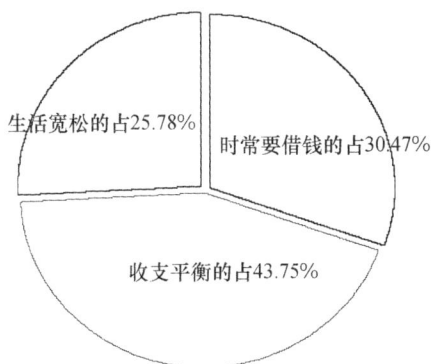

图 9 - 3　家户的生活经济状况

我们发现，样本总体中，达到经济上完全"手头宽松"的农户所占比重为 25.78% ，生产融资使用"自有资金"的农户达到 7.03% ，同时达到"手头宽松"和使用"自有资金"的家户仅为 1 家，所占比重为 0.78% ，要小于"手头宽松"的家户频率和使用"自有资金"的家户频率的乘积 1.88% 。图 9 - 4 是家户生产需要"借钱"或者"赊账"的样本，我们发现这部分样本中，仍然有超过 25% 的家户手头是比较宽松的。

这个问题与我们最初设计问卷的理解不同。我们的猜测是农户的生产收入来自农业性收入和非农性收入两部分，在只考虑农业性收入的情况下，上述的调查结果似乎是矛盾的，但是一旦我们考虑到农户的非农收入成分在逐年上升，那么这个分析就是有道理的。下面，我们将家庭的经济

百分比（%）

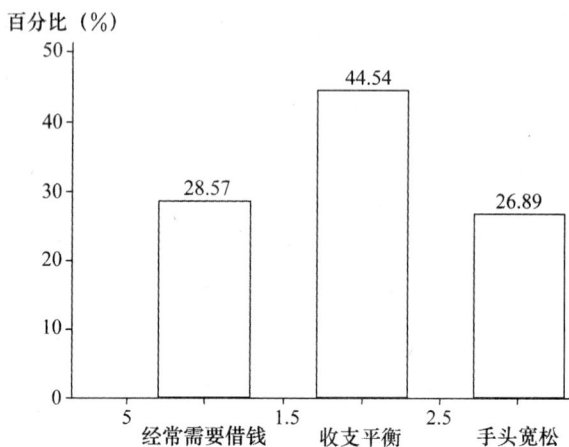

图 9 - 4　家庭经济状况分布

状况与农户的非农收入在家庭总收入中的比重与家庭的生产与经济状况联系起来，寻找家庭生活和生产融资状况的影响因素。农业的生产状况是否受到家庭的收入状况的反向制约是我们要仔细分析的。

（二）农业生产状况

我们首先询问农户 2008 年粮食生产的情况，其次是投入状况，最后询问农户对农业生产重要性的看法。

对于"2008 年粮食是否有多"这一问题，从表 9 - 1 中我们可以看出，有余粮出售的占总体样本的 62.5%，而生产粮食自己够吃的农户占总体样本的 34.38%，仅有 3.12% 农户表示粮食不够吃。农业补贴的作用对象主要是有余粮出售的农户，因此从农业补贴受众群体可以看出，政策影响面比较大。

我们进一步了解农户的生产资料种子、化肥和农药数量和金额投入的情况，分三组六个问题，每个问题三个选项分别是"增加"、"持平"和"减少"。从表 9 - 1 中我们可以看出，种子的投入量基本持平，化肥的投入量持平的比例约 2/3，投入增加的农户占 1/3，而农药投入增加的农户占绝大比例。目前，农业生产技术在良种培育上取得了较大的成绩，因而种子用量没有显著变化。但是，化肥和农药用量基本上呈上升态势，可能与常年生产使用无机化肥和土壤自然肥力下降相关。由于种子使用量有

表 9-1 农业补贴有效性调查问卷定性响应的描述性统计:有序尺度 单位:%

| 变 量 | 状 况 | | | | | | |
|---|---|---|---|---|---|---|---|
| 劳动力人数 | 0 | 1 | 2 | 3 | 4 | 5 | 6 |
| 比例 | 0.7813 | 22.66 | 67.97 | 5.469 | 1.563 | 0.7813 | 0.7813 |
| 家庭收支状况 | 手头宽松 | | 生活平衡 | | 手头较紧 | | |
| 比例 | 25.78 | | 43.75 | | 30.47 | | |
| 生产融资状况 | 自有资金 | | 赊账生产 | | 借钱生产 | | |
| 比例 | 7.03 | | 52.34 | | 40.63 | | |
| 2008 年粮食是否有多 | 有余粮 | | 自己够吃 | | 不够吃 | | |
| 比例 | 62.5 | | 34.38 | | 3.12 | | |
| 农业物资投入 | 增加 | | 持平 | | 减少 | | |
| 购买种子数量 | 17.97 | | 80.47 | | 1.56 | | |
| 购买种子金额 | 85.94 | | 14.06 | | 0 | | |
| 购买化肥数量 | 35.94 | | 64.06 | | 0 | | |
| 购买化肥金额 | 92.97 | | 7.03 | | 0 | | |
| 购买农药数量 | 82.81 | | 14.84 | | 2.344 | | |
| 购买农药金额 | 94.53 | | 4.688 | | 0.7813 | | |
| 农业生产重要性 | 很重要,主要收入 | | 一般般,自己吃 | | 不想种,没钱赚 | | |
| 比例 | 43.75 | | 39.06 | | 17.19 | | |
| 政策评价 | 政策好,得实惠 | | 一般般,无好处 | | 差,农户还是吃亏 | | |
| 比例 | 59.38 | | 22.66 | | 17.97 | | |
| 农业补贴预期 | 应该会,政策好 | | 难说,不清楚 | | 不会,政策不到位 | | |
| 比例 | 27.34 | | 67.19 | | 5.469 | | |
| 补贴占收入比重 | 5 以下 | | 6—10 | | 11—20 | | |
| 比例 | 56.25 | | 34.38 | | 9.375 | | |
| 补贴对生活水平影响 | 生活水平提高 | | 有无补贴差不多 | | 似乎还下降了 | | |
| 比例 | 53.91 | | 39.84 | | 6.25 | | |
| 补贴与物价上涨 | 物价上涨更快 | | 基本弥补上涨部分 | | 补贴略有多 | | |
| 比例 | 85.16 | | 13.28 | | 1.56 | | |
| 农业补贴翻番的反应 | 全部用于增加投入 | | 无变化,补贴还是少 | | 还是不断减少投入 | | |
| 比例 | 71.88 | | 23.44 | | 4.68 | | |
| 拿到补贴第一反应 | 增加农业支出 | | 不担心收成,更省心 | | 花到其他地方 | | |
| 比例 | 82.81 | | 7.03 | | 10.16 | | |
| 补贴用于投入的比例 | 全部 | | 部分 | | 无,维持原来投入 | | |
| 比例 | 85.16 | | 9.375 | | 5.465 | | |

资料来源:陈三攀的问卷调查,样本 128 户,调查地区为湖北省武汉市黄陂区的王河、木兰、六指三个乡镇。

限且种子成本在总成本中比重较小，农药的使用又受到病虫害严重程度的影响而波动较大，而化肥的施用量比较稳定，我们将化肥施用量作为一个农业投入的代理变量。也就是说，化肥使用量的增加意味着投入的增加。然而，从农作物生长的规律来看，化肥的施用量也是有限度的，施肥过度也会造成某些病虫害。因此，选择代理变量也是一个权衡取舍，我们可能选择是否机械化或者生产的机械化程度，比如单位种植面积的能源（如柴油）的使用量。由于我们调查的地区目前机械化程度不高，采用机械化程度度量的效果不好，所以我们仍暂且将化肥施用量作为农业投入大小的衡量，进而分析农业补贴对于投入产出的影响。

关于农业生产的重要性，我们设置了"很重要，是主要收入"、"自给自足"和"没钱赚，不想种"三个选项。从表9-1中我们可以看到，选择作为主要收入的农户为43.75%，而超过一半的农户认为自给自足和不想种，选择自给自足的比重为39.06%，选择不想种的农户比重达到17.19%。通过对比发现，有15%的农户虽然粮食自给，但是仍然不愿意继续耕种，这反映了农户对农业生产评价降低的心理。因此，这可以比较恰当地描述经济结构转型中劳动力在部门间流动的现状。

当然，做到这个还不够，我们还需要探求农业补贴是否对农户的生产产生了真实的影响。考虑到生产支出和生活支出之间的替代性，我们专门设置了"生活水平"与"补贴是否完全用在生产上"这样的选项。前者反映补贴对于农户生活福利的影响，而后者则是对农户生产积极性的影响，综合评价农业补贴资金的流向是否到达了生产领域并通过产出增加的方式间接提高农户的福利水平。

（三）农业补贴政策

我们首先询问农户对农业补贴政策的评价，其次是农业补贴力度的预期，最后是农业补贴占家庭收入的比重，农业补贴对家庭生活水平的影响，农业补贴与种子农药化肥价格上涨的对比、农业补贴增加之后的反应，多大比例用于生产投入等问题。超过一半的农户表示从农业补贴政策得到了实惠。但是这种优惠政策能够持续多久，2/3的农户表示农业政策的透明度不够，农业补贴是增加还是减少，这个预期并不明朗。至于补贴给家庭带来的影响，有近六成农户反映农业补贴的力度还是小了，只占到家庭总收入的不足5%，而1/3的农户表示还较高，达到家庭总收入的6%—

10%。尽管补贴额度有限,但是也有六成农户反映生活水平得到了提高。这些事实在经验上说明农业补贴确实有一定效果。与此同时,种子、化肥和农药价格上涨,造成了农户在生产资料上投入金额绝对上升,即生产成本上升。并且有85%以上的农户表示,由于种子化肥、农药价格上涨幅度高于补贴额度,在拿到补贴之后,选择直接用于农业生产,且全部用于农业生产。

除了设计定序数据,我们还在问卷中设计了可以直接乘除的定量数据,这些数据主要包括家庭劳动力数量,并获得了2007年和2008年两年的农作物产量、种植面积、租种面积、家庭总收入、外出务工收入、农业性收入、全部补贴数额、农业直补金额、综合补贴金额的数值。其变量设置如表9-2所示。

表9-2 定比数据量表变量名

| 变量名 | 经济含义 | 单位 |
|---|---|---|
| labor | 家户劳动力数量 | 人 |
| pro2008 | 2008年农作物产出 | 市斤(500克) |
| pro2007 | 2007年农作物产出 | 市斤(500克) |
| ps2008 | 2008年农作物耕种面积 | 亩 |
| rs2008 | 2008年农作物租种面积 | 亩 |
| ps2007 | 2007年农作物耕种面积 | 亩 |
| rs2007 | 2007年农作物租种面积 | 亩 |
| Income2008 | 2008年农户家庭总收入 | 元 |
| wic2008 | 2008年农户外出务工收入 | 元 |
| aic2008 | 2008年农户农业收入 | 元 |
| tic2007 | 2007年农户家庭总收入 | 元 |
| wic2007 | 2007年农户外出务工收入 | 元 |
| aic2007 | 2007年农户农业收入 | 元 |
| subs2008 | 2008年农业补贴总额 | 元 |
| dsubs2008 | 2008年农业直补金额 | 元 |
| idsubs2008 | 2008年农业综合补贴金额 | 元 |
| subs2007 | 2007年农业补贴总额 | 元 |
| dsubs2007 | 2007年农业直补金额 | 元 |
| idsubs2007 | 2007年农业综合补贴金额 | 元 |

通过调查，我们发现基于家户调查的数据反映出的家户基本特征
（见表9－3）。第一个是揭示了典型的农户生产和生活状况。在我们所调
查的样本中，每个家户的农业劳动力数量基本上为2个，种植面积为5.7
亩，粮食产量达到5300斤左右，家庭收入在8800元，其中外出务工收入
6000元，农业性收入2800元，农业补贴约300元。第二个是农户之间收
入差距较大，并且收入差距的主要来源不是农业性收入，而是外出务工收
入，并且外出务工收入的增加显著地改善了家庭的经济状况。家庭总收入
高的家户一般具有较高的非农务工收入。第三个是在农业补贴政策刺激
下，农业补贴具有逐年上升的趋势，而且农户的农业种植面积有所增加，
但是粮食产量却有小幅下降。

表9－3　　农业补贴有效性调查问卷描述性统计：定比尺度

| 变量 | 均值 | 标准差 | 最小值 | 25%分点 | 50%分点 | 75%分点 | 最大值 |
|---|---|---|---|---|---|---|---|
| labor | 1.90 | 0.7513 | 0 | 2 | 2 | 4 | 6 |
| q2008 | 5284.8 | 4935.481 | 0 | 2475 | 3950 | 6300 | 30000 |
| q2007 | 5387.3 | 5247.753 | 0 | 2500 | 4000 | 6300 | 34000 |
| ps2008 | 5.81 | 5.4385 | 0 | 2.845 | 4 | 7 | 42.29 |
| rs2008 | 2.27 | 5.1363 | 0 | 0 | 0 | 2.95 | 42.29 |
| ps2007 | 5.69 | 4.7658 | 0 | 2.955 | 4.1 | 7 | 30 |
| rs2007 | 2.215 | 4.3470 | 0 | 0 | 0 | 3 | 30 |
| tic2008 | 8859.5 | 7951.342 | 0 | 3150 | 6850 | 12350 | 50300 |
| wic2008 | 6030.8 | 8123.05 | 0 | 0 | 3000 | 10000 | 50000 |
| aic2008 | 2799 | 3037.931 | 0 | 675 | 2000 | 4000 | 16000 |
| tic2007 | 8826.7 | 7892.714 | 0 | 3000 | 6900 | 13000 | 50400 |
| wic2007 | 5629.5 | 7792.457 | 0 | 0 | 3000 | 9000 | 50000 |
| aic2007 | 3174.5 | 4172.424 | 0 | 600 | 2000 | 4000 | 26000 |
| subs2008 | 370.4 | 432.375 | 0 | 195.5 | 280 | 425 | 4300 |
| dsubs2008 | 62.8 | 58.1109 | 0 | 31.3 | 44 | 77 | 465.19 |
| idsubs2008 | 307.6 | 387.5677 | 0 | 146 | 233.3 | 351 | 3834.81 |
| subs2007 | 258.2 | 268.2174 | 13 | 130 | 199 | 315.5 | 2600 |
| dsubs2007 | 61.0 | 49.35044 | 0 | 32.5 | 45.1 | 77 | 330 |
| idsubs2007 | 307.6 | 387.5677 | 0 | 146 | 233.3 | 351 | 3834.8 |

资料来源：问卷调查，样本128户，调查地区为湖北省武汉市黄陂区的王河、木兰、六指三
个乡镇。

当然,这些分析只是粗略地描绘了产出的线条,下面我们运用武汉市黄陂区农业补贴的数据对农业补贴的产出影响效果做进一步的分析。

## 第五节 补贴政策对劳动力投入、产出效应的影响

### ——基于武汉市黄陂区农业补贴案例的经验验证

结合理论模型,我们分别对理论模型结论中的劳动力投入、产出和农户的福利进行经验分析。由于影响的因素较多,我们只能尝试着选择一些较有影响的因素作为解释变量,探测农业补贴政策的政策效应。我们所用的有序选择模型的变量如表9-4所示。

表9-4　　　　　　　　　　有序选择数据量表

| 变量 | | 选择次序(1;2;3) |
| --- | --- | --- |
| cigarette | 吸烟 | 不抽;抽得不多;经常抽 |
| wine | 喝酒 | 不喝;喝的不多;经常喝 |
| pension | 养老 | 几乎不考虑;有时考虑;在准备 |
| majiang | 麻将 | 不打;偶尔打;经常打 |
| finacfp | 生产融资状况 | 借钱;赊账;自有资金 |
| balance | 家庭经济状况 | 比较紧张;收支平衡;手头有余 |
| grainselling | 是否售粮 | 不够吃;自给自足;出售余粮 |
| seedq | 种子用量 | 减少;不变;增加 |
| seedm | 种子金额 | 减少;不变;增加 |
| fertilizerq | 化肥用量 | 减少;不变;增加 |
| fertilizerm | 化肥金额 | 减少;不变;增加 |
| pesticideq | 农药用量 | 减少;不变;增加 |
| pesticidem | 农药金额 | 减少;不变;增加 |
| importance | 农业生产重要性 | 不想种;一般般;很重要 |
| Evaluation | 补贴政策评价 | 农户吃亏;没有实际好处;政策好 |

续表

| 变量 | | 选择次序（1；2；3） |
| --- | --- | --- |
| exp_subsidy | 补贴增加的预期 | 不会；难说；应该会 |
| living | 补贴与生活水平 | 下降了；无明显变化；提高了 |
| subsidy_price | 补贴比生产成本上涨部分 | 少些；持平；多些 |
| reactiontoaddingsubs | 农户对补贴增加的反应 | 仍减少投入；不变投入；增加投入 |
| firstuseofsub | 补贴的首要用途 | 移作他用；不担心收成；农业投入 |
| shareofsubforprod | 补贴用于生产的比重 | 0；部分；全部 |

与此同时，我们的问卷中还设计了相关的特征变量，比如说性别变量 gender，将女性赋值为"0"，男性赋值为"1"，这实际上可以当做虚拟变量看待，观察男性相比女性在决策中的不同影响。由于"是否买六合彩"这一问题只有一个样本表示"买过"，所以这个问题不具有现实意义，我们采用是否"抽烟"和"饮酒"作为农户个人消费偏好的代理变量。而农业补贴在家庭收入占比的选项设置中，没有达到"20%以上"的样本，因此我们按照"5%以下"、"6%—10%"和"11%—20%"三个层级，逐步进行回归。

一　补贴政策对农户劳动力投入的影响

由于是生产决策的问题，我们需要考虑家户的特征变量"性别"和"家庭经济状况"，以及决策变量"农业收益"、"生产成本"和"政策预期"。所以，我们选择的控制变量有：年龄（age）、性别（gender）、家庭经济状况、农业收益（能不能赚钱）、补贴与物价上涨、补贴政策的可持续性。

鉴于调查过程涉及的年份较短，因此我们用劳动力供给的趋势意愿 importance 变量代替劳动供给率，进而说明相关经济变量对于农户劳动供给决策的影响。

通过回归我们发现（见表9-5），性别、家庭经济状况和补贴是否弥补生产物资上涨三个控制变量并不显著。但是，年龄、农业生产的重要性和农业补贴的政策预期这三个变量是显著的。这说明相比而言，后三个因素可能是更为核心的影响因素。年龄因素的正向影响验证了在理论分析部分的农业劳动力转移的摩擦问题，年龄越大，学习新技能的成本越高，外出务工找到工作的几率就越小，从而这类群体在补贴增加后从事农业生产的意愿就越强烈。农业生产的重要性是一个过渡型变量，它指的是在家庭收入动态变化过程中，农业性收入在家庭收入所占比重的大小，对一些只从事农业生产但农业收入也较大的农户来说，即使有机会实现劳动力的部门转移，也愿意留在农村从事农业生产。农业补贴的政策预期是一个前向变量，它也十分显著地揭示了农户从事农业生产的信心。农户对于政策的预期看好，就更加激励增加农业投入，扩大生产。所以，这个回归结果部分地证实了我们的猜想。

表9-5　　　　　　　　　　　补贴政策对劳动力投入的影响

| 变量 | 农户对补贴增加的反应 | 农户对补贴增加的反应 |
|---|---|---|
| age | 0.0314302（0.0205152） | 0.033008 *（0.0190011） |
| gender | 0.4268088（0.5325459） | |
| balance | -0.0523077（0.296584） | |
| importance | 0.8282569 ***（0.3155037） | 0.7792629 ***（0.3036881） |
| subsidy_price | 0.4022447（0.6097201） | |
| exp_subsidy | 0.7856972 **（0.3925153） | 0.7599931 *（0.3960432） |
| 样本量 | 128 | 128 |
| Pseudo $R^2$ | 0.0923 | 0.0868 |

注：括号内数字为标准差。* * *表示在1%的水平上显著；* *表示在5%的水平上显著；*表示在10%的水平上显著。

## 二　农户在领取补贴政策之后的反应和投入影响

农户在拿到补贴之后是如何使用补贴资金的，是我们应该关注的。这直接决定了补贴政策对于农户产出决策的有效性。如果补贴资金挪作他用，那么对生产就没有起到直接的促进作用。在此，我们需要考虑家户的个人年龄特征、性别特征、消费偏好特征和补贴所占比重。至于为什么选择补贴所占比重，我们的解释是，补贴的绝对水平如果达不到一定的量，那么用"杯水车薪"来解释其效果是恰如其分的。因此，在对于农户对补贴的反应的回归中，我们设置的控制变量或者解释变量为年龄、性别、赌博与否、补贴所占比重（sub_income）等。

回归结果发现（见表 9 - 6），这些变量回归并不显著，我们剔除年龄这个影响变量，猜想可能是因为作为特征变量，年龄大小并不直接对政策造成影响，而是一系列个人随机因素造成的。其他四个变量保留的原因是尽管它们单个的显著性不显著，卡方统计量也只在 15% 的显著性水平上拒绝原假设，但是这已经是依据相关理论和可得信息综合得到的最好结果。

表 9 - 6  农户对领取的农业补贴的反应

| 变量 | firstuseofsub | firstuseofsub |
| --- | --- | --- |
| age | − 0.0050303（0.026087） | |
| gender | 0.8169094（0.561281） | 0.8027283（0.556243） |
| majiang | − 0.5405588（0.4083218） | − 0.5241827（0.3988345） |
| finacfp | 0.591519（0.4246662） | 0.5898599（0.4240468） |
| sub_income | − 0.4494125（0.4022231） | − 0.4861741（0.3546712） |
| 样本量 | 128 | 128 |
| Pseudo $R^2$ | 0.0463 | 0.0460 |

注：括号内数字为标准差。

这个回归结果说明，个人偏好和补贴占收入的比重是比较显著的，但是二者作用的机制却不相同。个人偏好直接反映出家户对生产的倾向，即风险偏好越大的家户，生产的积极性越低，这与我们的理论分析是相符的。补贴占收入的比重较高的家户，就不能用生产的积极性解释了，我们在之前说过，农户的家庭经济状况分"家庭生活受融资约束"、"家庭生活不受融资约束但是家庭生产受融资约束"、"家庭生产既不受生活约束也不受生活约束"三个层级，结果家庭经济状况相对差的农户，没有办法，只能将补贴的金额先用于生活消费上，以维持生活。这个解释与前面的设定是一致的。

### 三 农业补贴政策对产出的影响

我们之前考察补贴政策对劳动力投入的影响，发现农业生产重要性importance 具有很强的解释力，但是这个变量是家户的主观评价，属于内生变量，因此还不能完全解释问题，我们尝试着从解释家户特征、农业补贴政策与生产成本的角度来试试。因此,被解释变量设定为:年龄、性别、补贴占比、补贴与物价。

通过分析发现(见表 9-7),补贴占收入的比重大小直接、显著地影响农户对农业生产的决策,也就是说,农户认为补贴增加对于生产来说确实是利好消息,但是补贴是否弥补生产物资上涨的部分却具有反向的符号特征,这是比较费解的。我们给出的解释是,也许这个相互关系确实应该倒过来,即对农业生产越看重的家户,其对农业生产成本增加的敏感程度越大,而认为补贴不足以弥补生产成本上涨的部分,反倒是对农业生产评价不高的家户,对这部分成本增加并不敏感。因此认为补贴不足以弥补生产成本上涨的家户对农业生产反而越看重。这从另一个侧面说明补贴要真正对生产起到促进作用,改变价格体系 $w—p—s$ 比直接的补贴更加有效。从而与我们的理论分析的结果是一致的。最后,我们看一看农户对农业生产的预期(exp_production),从前项数据考察农户从事农业生产的信心。

表 9-7　　　　农户对农业生产的看法(importance)

| 变量 | importance | importance |
|---|---|---|
| age | 0.0195143 (0.019949) | |
| gender | 0.0704125 (0.4768541) | |
| sub_income | 1.55972*** (0.3813391) | 1.70498*** (0.3565851) |
| subsidytoprice | -1.606459*** (0.7187803) | -1.784704*** (0.7044585) |
| 样本量 | 128 | 128 |
| Pseudo $R^2$ | 0.176 | 0.1719 |

注:括号内数字为标准差。*** 表示在1%的水平上显著;** 表示在5%的水平上显著;* 表示在10%的水平上显著。

对比发现,关于农业生产的信心,接近60%(59.49%)的农户认为产出会持平,不过,仍然有28%的农户对生产具有足够的信心。大体上说明目前的农业补贴基本上对产出影响不大,除非像表 9-8 所示,能够将 $w—p—s$ 价格体系改变,从而改变成本收益关系,才会大幅度提升农户生产的信心。

表 9 - 8　　　　　　　　　农户对未来农业生产的预期

| 比例估计 | 观察值 128 个 | | | |
|---|---|---|---|---|
| exp_production | 比例 | 标准差 | 95% 的置信区间 | |
| 1 | 0.125 | 0.0293466 | 0.0669285 | 0.1830715 |
| 2 | 0.59375 | 0.0435809 | 0.5075112 | 0.6799888 |
| 3 | 0.28125 | 0.0398964 | 0.2023023 | 0.360197 |

### 四　直接检验与稳健性

由于很大一部分农户直接报告了 2007 年度和 2008 年度的粮食及获得的补贴数量，因而我们可以建立产量之差（pro_ 08_ 07）和补贴（sub_ 08_ 07）之差，探讨两者之间的关系，结果显示（见表 9 - 9），两者之间的关联度较低。

表 9 - 9　　　农业补贴与农业生产之间的关联检验（2007—2008）

| 变量 | Pro_ 08_ 07 | Pro_ 08_ 07 |
|---|---|---|
| Sub_ 08_ 07 | 0.051218（0.6167298） | |
| Subtoprice | − 538.8849 *（293.0563） | − 540.5361（291.2172） |
| importance | − 340.3202 **（168.4194） | − 336.9488（162.8028） |
| constant | 2191.034 **（1010.376） | 2193.826（1005.797） |
| 样本量 | 128 | 128 |
| A—R$^2$ | 0.0226 | 0.0304 |

注：括号内数字为显著性系数。

因此，综合来看，农业补贴政策对产出的影响比较有限，虽然其影响是正向的，但是，我们不认为现行的农业补贴政策对生产有很显著的促进作用。

## 第六节　结论及进一步研究的方向

基于劳动力供给模型来分析我国的农业补贴政策并针对农村生产状况设计了相应的调查问卷，在湖北省武汉市黄陂区进行调查。针对次序相应数据采取了有序 Logistic 模型进行计量分析，考察了农业补贴政策对于农户生产决策的影响。

研究表明,计量分析结果和理论分析结果大体上一致。研究中,我们得到:

第一,尽管农业补贴提高了农户的福利水平,农业补贴可以促进增产,但是效果并不显著。农业补贴通过增加农户的现金收入,提高了农户福利,且消费与闲暇的替代系数越高,这种福利改善程度越大。由于农户的生产受到流动性约束,农业补贴更有可能是通过改善农户的流动性状况来促进生产。相比而言,改变价格体系对于农户而言更能促进其生产的积极性,从而增加粮食产量,促进农户增收。

第二,农业补贴增加时农户的反应可以从一个侧面反映农业补贴政策对农户的影响,由于补贴增加时,面临流动性约束的农户更愿意将补贴用于投入,而且补贴政策的预期是长久的,则补贴增加可以提高农户的积极性,这反过来说明政府的补贴供给不足。如果政府的政策目标只是为了稍微提高农户的生活水平,那目前的补贴水平即实现了目的;如果政府的政策目标是促进农业整体的发展,真正提高农户生产的积极性,那就要进一步提高补贴的额度。

## 本章附录

若 $w < p$,我们有:

| WPS 体系:<br>$w < p$ | 农业技术效率参数 $\alpha$ | $l_1^0$ 的<br>均衡值 | $l_1^1$ 的<br>均衡值 | $l_1^2$ 的<br>均衡值 | $l_1^0$, $l_1^1$, $l_1^2$<br>大小关系 |
|---|---|---|---|---|---|
| $s = 0$ | $0 < \alpha < \dfrac{w}{p}$ | $l_1^0 = \left(\dfrac{p\alpha}{w}\right)^{\frac{1}{1-\alpha}}$ | — | — | — |
| | $\dfrac{w}{p} < \alpha < 1$ | $l_1^0 = \dfrac{\alpha}{\alpha+b}T$ | — | — | — |
| $0 < w < s$ | $0 < \alpha < \dfrac{w}{p+s}$ | $l_1^0 = \left(\dfrac{p\alpha}{w}\right)^{\frac{1}{1-\alpha}}$ | $l_1^1 = \left[\dfrac{(p+s)\alpha}{w}\right]^{\frac{1}{1-\alpha}}$ | $\dfrac{\alpha T}{\alpha+b} < l_1^2 < \dfrac{T}{1+b}$ | $l_1^0 < l_1^1$ |
| | $\dfrac{w}{p+s} < \alpha < \dfrac{w}{p}$ | $l_1^0 = \left(\dfrac{p\alpha}{w}\right)^{\frac{1}{1-\alpha}}$ | $l_1^1 = \dfrac{\alpha}{\alpha+b}T$ | $\dfrac{\alpha T}{\alpha+b} < l_1^2 < \dfrac{T}{1+b}$ | $l_1^1 < l_1^2$ |
| | $\dfrac{w}{p} < \alpha < 1$ | $l_1^0 = \dfrac{\alpha}{\alpha+b}T$ | $l_1^1 = \dfrac{\alpha}{\alpha+b}T$ | $\dfrac{\alpha T}{\alpha+b} < l_1^2 < \dfrac{T}{1+b}$ | $l_1^0 = l_1^1 < l_1^2$ |

续表

| WPS体系:<br>$w<p$ | 农业技术效率参数 $\alpha$ | $l_1^0$ 的均衡值 | $l_1^1$ 的均衡值 | $l_1^2$ 的均衡值 | $l_1^0, l_1^1, l_1^2$ 大小关系 |
|---|---|---|---|---|---|
| $s<w<p+s$ | $0<\alpha<\dfrac{w-s}{p}$ | $l_1^0=\left(\dfrac{p\alpha}{w}\right)^{\frac{1}{1-\alpha}}$ | $l_1^1=\left[\dfrac{(p+s)\alpha}{w}\right]^{\frac{1}{1-\alpha}}$ | $l_1^2=\left(\dfrac{p\alpha}{w-s}\right)^{\frac{1}{1-\alpha}}$ | $l_1^0<l_1^1<l_1^2$ |
| | $\dfrac{w-s}{p}<\alpha<\dfrac{w}{p+s}$ | $l_1^0=\left(\dfrac{p\alpha}{w}\right)^{\frac{1}{1-\alpha}}$ | $l_1^1=\left[\dfrac{(p+s)\alpha}{w}\right]^{\frac{1}{1-\alpha}}$ | $\dfrac{\alpha T}{\alpha+b}<l_1^2<\dfrac{T}{1+b}$ | $l_1^0<l_1^1$ |
| | $\dfrac{w}{p+s}<\alpha<\dfrac{w}{p}$ | $l_1^0=\left(\dfrac{p\alpha}{w}\right)^{\frac{1}{1-\alpha}}$ | $l_1^1=\dfrac{\alpha}{\alpha+b}T$ | $\dfrac{\alpha T}{\alpha+b}<l_1^2<\dfrac{T}{1+b}$ | $l_1^1<l_1^2$ |
| | $\dfrac{w}{p}<\alpha<1$ | $l_1^0=\dfrac{\alpha}{\alpha+b}T$ | $l_1^1=\dfrac{\alpha}{\alpha+b}T$ | $\dfrac{\alpha T}{\alpha+b}<l_1^2<\dfrac{T}{1+b}$ | $l_1^0=l_1^1<l_1^2$ |

若 $w>p$，我们有:

| WPS体系:<br>$w<p$ | 农业技术效率参数 $\alpha$ | $l_1^0$ | $l_1^1$ | $l_1^2$ | $l_1^0, l_1^1, l_1^2$ 大小关系 |
|---|---|---|---|---|---|
| $s=0$ | $0<\alpha<1<\dfrac{w}{p}$ | $l_1^0=\left(\dfrac{p\alpha}{w}\right)^{\frac{1}{1-\alpha}}$ | — | — | — |
| $0<p<w<s$ | $0<\alpha<\dfrac{w}{p+s}$ | $l_1^0=\left(\dfrac{p\alpha}{w}\right)^{\frac{1}{1-\alpha}}$ | $l_1^1=\left[\dfrac{(p+s)\alpha}{w}\right]^{\frac{1}{1-\alpha}}$ | $\dfrac{\alpha T}{\alpha+b}<l_1^2<\dfrac{T}{1+b}$ | $l_1^0<l_1^1$ |
| | $\dfrac{w}{p+s}<\alpha<1$ | $l_1^0=\left(\dfrac{p\alpha}{w}\right)^{\frac{1}{1-\alpha}}$ | $l_1^1=\dfrac{\alpha}{\alpha+b}T$ | $\dfrac{\alpha T}{\alpha+b}<l_1^2<\dfrac{T}{1+b}$ | $l_1^1<l_1^2$ |
| $s<w<p+s$ | $0<\alpha<\dfrac{w-s}{p}$ | $l_1^0=\left(\dfrac{p\alpha}{w}\right)^{\frac{1}{1-\alpha}}$ | $l_1^1=\left[\dfrac{(p+s)\alpha}{w}\right]^{\frac{1}{1-\alpha}}$ | $l_1^2=\left(\dfrac{p\alpha}{w-s}\right)^{\frac{1}{1-\alpha}}$ | $l_1^0<l_1^1<l_1^2$ |
| | $\dfrac{w-s}{p}<\alpha<\dfrac{w}{p+s}$ | $l_1^0=\left(\dfrac{p\alpha}{w}\right)^{\frac{1}{1-\alpha}}$ | $l_1^1=\left[\dfrac{(p+s)\alpha}{w}\right]^{\frac{1}{1-\alpha}}$ | $\dfrac{\alpha T}{\alpha+b}<l_1^2<\dfrac{T}{1+b}$ | $l_1^0<l_1^1$ |
| | $\dfrac{w}{p+s}<\alpha<1$ | $l_1^0=\left(\dfrac{p\alpha}{w}\right)^{\frac{1}{1-\alpha}}$ | $l_1^1=\dfrac{\alpha}{\alpha+b}T$ | $\dfrac{\alpha T}{\alpha+b}<l_1^2<\dfrac{T}{1+b}$ | $l_1^1<l_1^2$ |
| $w>p+s>p$ | $0<\alpha<1<\dfrac{w}{p}$ | $l_1^0=\left(\dfrac{p\alpha}{w}\right)^{\frac{1}{1-\alpha}}$ | $l_1^1=\left[\dfrac{(p+s)\alpha}{w}\right]^{\frac{1}{1-\alpha}}$ | $l_1^2=\left(\dfrac{p\alpha}{w-s}\right)^{\frac{1}{1-\alpha}}$ | $l_1^0<l_1^2<l_1^1$ |

# 第 十 章

# 基于湖南省涟源市（平原地区）调查数据及农业直接补贴政策的实施效应研究<sup>*</sup>

本章基于在湖南省涟源市调查得到的数据，应用有序选择模型对农业直接补贴政策在山区丘陵地带的实施效应进行了探讨。之所以在数据上尝试多种不同的有序选择模型、比如有序 Logit（OL）模型、有序 Probit（OP）模型、有序极值（OE）模型，还额外介绍了零观察值过多的有序选择（ZIOC）模型，是因为调查数据中大部分是有序变量。而且本章还对这些有序选择模型的估计结果、检验统计量和拟合优度进行了比较，然后从其中选择最适合数据的设定——OE 模型来拟合数据。从 OE 模型的估计结果中得出结论：在山区丘陵地带，补贴额度对补贴投入生产的比例没有显著的正面效应，只有当补贴额度增长率较大时，才能出现显著的正面效应；在平原地带，提高机械化程度能够提高直接补贴政策的有效性。最后根据初步分析的结论和实证分析的结论，提出了相应的政策建议。

## 第一节　调查背景及数据的初步分析

### 一　调查背景

根据信息需要，我们设计了调查问卷<sup>①</sup>，并在湖南省涟源市对农户展

---

* 本部分粱超燕做了大量的工作。

① 问卷类似第七章所述，主要修改了时间。

开了调查。湖南省涟源市地处雪峰山东南麓，全市地形多为丘陵和山地的地形，农业主产水稻、甘薯、柑橘、茶叶和猪、牛、羊畜养等，对其进行调查研究，有利于制定适用于山区丘陵地带的农业补贴政策。在调查中，我们随机抽取了涟源市几个村作为取样地点，并对这些村的农户进行随机调查，调查后整理问卷，共获得有效问卷66份，即66个样本。

调查包括如下几类信息：第一，农户家庭组成，主要包括总人数、老人、小孩个数，还有劳动力个数和非农劳动力个数。第二，农户的行为特征，比如喝酒、抽烟、打麻将。第三，家庭经济情况，是否需要经常借钱。第四，最为关键的是，农业投入和生产，观察近几年劳动力、种子、化肥和农药的投入以及粮食产量是否发生变化等，还有农业投入的增加是量的增加还是价格上升导致的水涨船高。第五，农业补贴政策，观察农户对该项政策的反应，包括实际已经发生的反应（农业补贴之后的投入）和潜在的反应（比如增加农业补贴会有什么样的反应）。第六，农户对政策的预期和大体评价。在问卷设计中，我们采取的方法是将有序的区间分布法和精确核算法相结合。

对于农户的家庭情况和生活状况，我们的调查首先从农户行为入手，进而调查了农户的经济现状、资金盈余状况、生产的投入和产出状况等问题，其中，对于农业生产资料的投入（包括数量和金额两方面），我们采取了有序的区间分布方法，即：增加、持平和减少，对于农户的粮食产量、种植面积和外出务工收入等问题，我们得到的是初始数据并据此进行精确核算。紧接着引入政府补贴的调查数据，具体探测农业补贴与经济产出的相关性，其中比较重要的是具体的补贴金额，我们以实际发放的额度为准。接着农户对于农业政策的评价，选项为：政策很好，得到了实惠；一般般，没有什么实际好处；感觉较差，农户还是吃亏。农业补贴占家庭收入的比重即大概在1%以下（很低）、1%—5%（较高）、5%—10%（很高）、10%以上（非常高）。类似的问题还有：生活水平是否因为补贴增加而提高，目前的补贴能否弥补农业物资价格上涨，农业补贴上涨一倍后农业投入会不会增加，将补贴的多大比例用于农业投入，拿到农业补贴的第一反应是做什么等问题。最后，我们还引入了农户对农业补贴的预期问题。这些选项并非精确的数据，但是这些定性或者区间选项也比较符合农户的日常行为特征——农户自己无法做到精确核算。

## 二　问卷调查的初步结论

### （一）农户的基本信息和经济状况

#### 1. 农户年龄基本信息

调查结果显示，从事农业的农户的年龄均值为54.7岁，最小年龄为25岁，最大年龄为87岁，标准差为11.47岁。其中年龄在50岁以上的占69.7%，40—50岁的占16.7%，而青年劳动力（30岁以下），仅占总劳动力的3%。这种农户年龄的老龄化可能是由于较高的工价吸引年轻的劳动力选择非农劳动。从另一角度考虑，如今在涟源这种山区丘陵地带从事农业生产的80后几乎不存在，而当这些80后的父母老去、不能再从事农业生产时，农业很可能因为后继无人而就此荒废。

#### 2. 农户的经济状况

关于农户经济状况，调查结果显示，59%的农户需要借钱或者赊账（其中赊账的居多，主要限于熟人之间）购买种子、化肥和农药等生产资料。

表 10 - 1　　　　农户的基本信息和经济状况描述性统计　　　　单位:%

| 变量 | 状况 | | |
|---|---|---|---|
| 年龄 | 30 岁以下 | 30—50 岁 | 50 岁以上 |
| 比例 | 3 | 26.3 | 69.7 |
| 教育 | 9 年以下 | 9—12 年 | 12 年以上 |
| 比例 | 84.9 | 13.6 | 1.5 |
| 喝酒 | 喝得多 | 偶尔喝 | 不喝 |
| 比例 | 16.7 | 24.2 | 59.1 |
| 是否需要借钱购买农资 | 时常需要 | 偶尔需要 | 不需要 |
| 比例 | 13.6 | 45.4 | 41 |
| 平常手头是否宽裕 | 经常有余钱 | 保持平衡 | 比较紧张 |
| 比例 | 9.1 | 50 | 40.9 |

资料来源：问卷调查。

我们还设计了更加直接的家庭收支状况的选项，分别为生活宽松、收支平衡和生活较紧三个选项，结果显示，约一半的农户处于收支平衡的中等水平，生活宽松的农户只有不到10%，还有40%的农户表示生活比较拮据，时常需要借钱。所以，整体上看农户是入不敷出的。

（二）农业生产状况

1. 农户对农业生产重要性的看法

关于农业生产的重要性，我们设计了"很重要，是主要收入"、"一般般，自己吃"和"没钱赚，不想种"三个选项。结果显示，认为农业生产是主要收入的农户只占 30.3%，甚至调查对象中有 16.7% 的人表示不想种了，而超过一半的农户种田只为自己家用。另有 81.8% 的农户没卖粮或卖粮不超过 100 斤。这在一定程度上说明农户对农业生产的收益很不看好，不愿把精力和资金投入到农业生产上。这可能与工价上涨，耕田的边际成本上升有关。因为很多农户"打算盘"：现在的工价大约在 80 元/天，一亩田一季的收成平均为 1000 斤，谷物价格为 1 元/斤，一亩田的种子、农药、化肥、犁田、灌水等成本大约 400 元，也就是说，只要做 7 天半的小工就能赚到耕一亩田的收入——600 元，而耕一亩田耗费的时间远远不止 7 天半。所以，只要是能找到小工做，一般农户大多会选择做小工；而年迈无法做小工的农户在家耕田，这也在一定程度上解释了耕田农户的老龄化。

2. 农业生产投入产出状况

关于投入状况，我们调查了农户对种子、化肥和农药三种生产资料的投入数量和金额状况，设计选项为"增加"、"持平"和"减少"。调查结果显示，单位面积的种子投入量基本持平；单位面积化肥投入量持平的比例约占 2/3，投入增加的农户占 1/3；而单位面积农药投入量增加的农户却占绝大比例。单位面积农药投入量的增加，可能与用药过度导致害虫的抗药性增强有关。而化肥用量的增加可能与常年使用无机化肥导致土壤自然肥力下降相关。另外，这三种生产资料的单位面积投入金额都是增加的，因为价格都是上涨的，从来没出现过下降，而且耕田的另一项成本——犁田费用也越来越高。单位面积生产资料投入金额的增加造成了农业生产成本的上升。而关于粮食产量，由于去年湖南省涟源市很多地区都遭受了风灾，所以有 30% 以上的农户的总产量和单位产量都下降了 5% 以上；如果不遭受风灾的话，那么产量大抵是持平的。

3. 耕种面积的变化

表 10 - 2 显示，2009 年的耕种面积总体上是减少的，绝大多数（75.8%）农户没有改变耕种面积，但是减少耕种面积的农户（15.2%）

比增加耕种面积的农户（9%）多。此外，我们还调查了2005年以来每年的耕种面积，发现以下变化趋势：只有10.7%的农户增加了耕种面积；63.6%的农户维持不变；剩下25.7%的农户趋于减少耕种面积。耕种面积的变化最能反映农业补贴政策对农户产生的影响，因为农户如果觉得实施农业补贴政策后务农的边际收益大于务工的边际收益的话，那么农户就会增加耕种面积，增大农业投入，进而提高粮食产量。那为什么补贴在增加，耕种面积却整体在减少呢？这就引出了另一个重要问题——直接补贴政策是脱钩的，也就是不和生产挂钩。当被问及政策这么好为什么不增加耕种面积时，大部分农户回答：耕种别人的地是拿不到补贴的，所以即使有多余的力气，农户也不会增加耕地面积。于是，耕种面积的变化情况告诉我们：脱钩的农业补贴政策对农业生产规模产生的正面影响非常有限。

表10－2　　　　　　　　农业生产状况描述性统计　　　　　单位：%

| 变量 | 状况 | | |
|---|---|---|---|
| 重要性 | 很重要，是主要收入 | 一般，维持自己吃 | 没钱赚，不想种了 |
| 比例 | 30.3 | 53 | 16.7 |
| 2009年劳力投入量 | 较大增加（10%以上） | 大体持平 | 减少了（10%以上） |
| 比例 | 1.5 | 95.5 | 3 |
| 2009年总投入 | 较大增加（5%以上） | 大体持平 | 减少了（5%以上） |
| 比例 | 30.3 | 59.1 | 10.6 |
| 2009年粮食产量 | 较大增加（5%以上） | 大体持平 | 减少了（5%以上） |
| 比例 | 16.7 | 43.9 | 39.4 |
| 2009年单位产量 | 较大增加（5%以上） | 大体持平 | 减少了（5%以上） |
| 比例 | 13.6 | 48.5 | 37.8 |
| 2009年耕种面积 | 较大增加（5%以上） | 大体持平 | 减少了（5%以上） |
| 比例 | 9.0 | 75.8 | 15.2 |
| 2009年有没有卖粮 | 有（100斤以上） | 没有 | — |
| 比例 | 18.2 | 81.8 | — |
| 是否经常使用机械 | 经常 | 偶尔 | 没有 |
| 比例 | 12.1 | 21.2 | 66.7 |

资料来源：问卷调查。

（三）农户对农业补贴政策的看法

我们设计了相应调查问卷，以了解农户对农业补贴政策的评价，以及该补贴政策对农户的行为的影响。

表 10 - 3 显示，绝大多数农户表示政策很好，但是也有超过一半的农户对农业补贴的增减没有预期，这可能与 84.8% 的农户是初小文化程度以及自力更生的传统精神有关。很显然，得益于国家的发展和优惠政策，一半以上的农户生活水平得到了提高，只有 1.6% 的农户表示似乎下降了。另外，74.2% 的农户认为，补贴能够弥补生产资料价格上涨的部分，这可能与山区丘陵地带耕地面积少，需要的生产资料较少有关。补贴对投入的影响是：大约一半没影响，一半有些影响；这还不包括我们没有调查的从事非农工作的农户。所以，补贴政策在投入上的效果还不到 50%。

**表 10 - 3　　　　　　　　农业补贴有效性调查问卷描述性统计　　　　　　　单位：%**

| 变量 | 状况 | | |
|---|---|---|---|
| 政策评价 | 政策好，得实惠 | 一般般，无好处 | 差，农户还是吃亏 |
| 比例 | 68.2 | 28.8 | 3 |
| 预期补贴是否会增加 | 应该会，政策好 | 难说，不清楚 | 不会，政策不到位 |
| 比例 | 22.7 | 59.1 | 18.2 |
| 补贴对生活水平影响 | 生活水平提高 | 有无补贴差不多 | 似乎还下降了 |
| 比例 | 54.5 | 43.9 | 1.6 |
| 补贴与物价上涨 | 物价上涨更快 | 基本弥补上涨部分 | 补贴略有多 |
| 比例 | 25.8 | 31.8 | 42.4 |
| 农业补贴翻番的反应 | 全部用于增加投入 | 无变化，补贴还是少 | 还是不断减少投入 |
| 比例 | 40.9 | 53.0 | 6.1 |
| 补贴用于投入的比例 | 全部 | 部分 | 无，维持原来投入 |
| 比例 | 21.2 | 24.2 | 54.6 |

资料来源：问卷调查。

以上就是对调查数据的初步分析，总的来说，可以得到如下结论：（1）农户的老龄化提醒我们要注意农业劳动力的流失；（2）农户的经济状况还是有些入不敷出；（3）脱钩的补贴政策对农业生产规模产生的正面影响很有限；（4）农业的生产成本越来越高；（5）一半以上的农户种粮只为自己吃，卖粮的农户还不到20%，农业生产的重要性很低；（6）直接补贴政策增进了农户的福利，提高了农户的生活水平，因而农户持肯定态度，但是调查对象中只有约一半的农户把补贴投入到农业生产中来。接下来，我们建立各种不同的有序响应模型来分析调查数据。

## 第二节　经验分析结论

由于我们问卷设计的问题选项多是有序排列的、可比较的，比如，A. 有较大增加（5%以上）；B. 大体持平；C. 减少了（5%以上），所以，我们将在调查数据上建立有序选择模型来进行实证分析。

**一　计量模型**

（一）有序选择模型

现在我们建立有序选择模型来拟合数据。我们首先定义一个可观察的离散随机变量 $y$ ——补贴投入生产的比例：如果补贴不投入生产或投入小于20%，则 $y=0$，如果投入补贴的20%—80%于生产，则 $y=1$，如果投入补贴的80%以上于生产，则 $y=2$。

投入水平由一个离散变量 $\tilde{y}$（$\tilde{y}=0$，1，2）代表，这个离散变量通过一个潜在变量 $\tilde{y}^*$ 由一个有序模型产生：

$$\tilde{y}^* = Z'\gamma + u, \tag{10.1}$$

其中，$Z$ 是具有未知权重 $\gamma$ 的一个解释变量向量，$u$ 是一个误差项，以后我们对误差项进行不同假设以得到不同的有序选择模型。$\tilde{y}^*$ 和 $\tilde{y}$ 存在如下映射：

$$\tilde{y} = \begin{cases} 0 & \text{如果 } \tilde{y}^* \leqslant 20\%, \\ 1 & \text{如果 } 20\% \leqslant \tilde{y}^* \leqslant 80\%, \\ 2 & \text{如果 } \tilde{y}^* \geqslant 80\% \end{cases} \tag{10.2}$$

概率由以下形式给出：

$$Pr(\tilde{y}) = \begin{cases} Pr(\tilde{y}=0|Z,) = F(20\% - Z'\gamma), \\ Pr(\tilde{y}=1|Z,) = F(80\% - Z'\gamma) - F(20\% - Z'\gamma), \\ Pr(\tilde{y}=2|Z,) = 1 - F(80\% - Z'\gamma) \end{cases} \tag{10.3}$$

其中 $F(.)$ 是 $u$ 的累积分布函数（CDF）。

一旦概率的全集已经被定义，根据我们 66 个观察值 $(y_i, Z_i)$，$i = 1, \cdots, 66$，整个模型的所有参数 $\gamma$ 都可以应用最大似然准则进行一致有效估计，得到渐进正态分布最大似然估计（MLEs）。对数似然函数是：

$$l(\theta) = \sum_{i=1}^{66} \sum_{j=0}^{2} h_{ij} \ln[Pr(y_i = j | Z_i, \gamma)], \qquad (10.4)$$

其中指示函数 $h_{ij}$ 是：

$$h_{ij} = \begin{cases} 1 & \text{如果个体 } i \text{ 选择结果 } j \\ 0 & \text{否则} \end{cases} \quad (i = 1, \cdots, 66; j = 0, 1, 2) \qquad (10.5)$$

接着，只要对似然函数关于 $\gamma$ 求导并令导数等于 0，就可以求得参数 $\gamma$ 的估计值。

（二）零观察值过多的有序选择模型（ZIOC）

对于粮食直接补贴政策对农户非农劳动决策的影响，能不能参加非农劳动并不取决于农户。据调查，约 60% 的农户年龄在 50 岁以上，这个年纪的农户要找到一份非农劳动的工作是很困难的。在调查中，许多农户表示有参加非农劳动的意愿，只是苦于找不到这样的工作机会。于是，即使工价高，从事非农劳动的工资率高，年纪稍大的农户也只能从事农业生产，这从另一角度解释农户的老龄化。

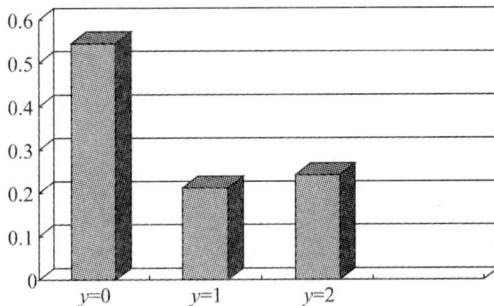

图 10 - 1  观察到的 y 值分布概率

马克·N. 哈里斯（Mark N. Harris）和 Xueyan Zhao（2007）在香烟消费数据上建立了零观察值过多的有序 Probit（ZIOP）模型，他们将零观

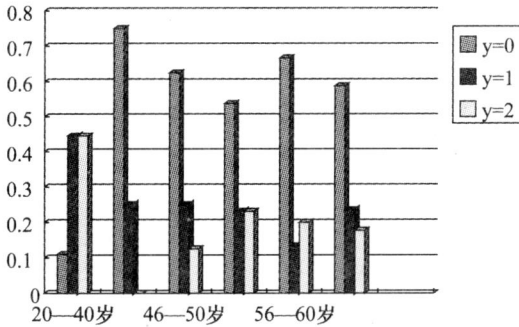

图 10-2 观察到的年龄——y 值概率分布

察值的来源归类于两种不同的消费行为：一是基于法律和健康的考虑，从不消费毒品，这种人的价格和收入需求弹性为零；二是零是标准消费者需求问题的角点解。也就是说，当收入上升或价格下降时，该消费者就会消费毒品，是一个潜在的毒品消费者。这是完全不同机制的消费行为不可能归为一类，所以，ZIOP 模型建立了两个潜在方程来分别分析这两种行为。类似的，我们的调查数据显示，一半以上的农户在农业补贴增加的情况下还是维持原来的投入和耕地面积，这其中的原因也可以分为两种：一种是补贴力度还不够大，还不足以吸引农户增大投入；另一种是农户年龄过大或身体素质较差等原因导致身体负荷有限，不能再扩大农业生产规模，这种情况下，补贴额度再增加，农户也不会增加农业生产投入。这两个原因分别代表两种不同的作用机制：前者是一种投资者的机制，农户不增加投入只是因为这是他投入产出的最优解，一旦补贴力度达到一定的程度，提高了农业生产的收益，改变了最优解，农户就会增大投入；后者是一种非投资者机制，在这种机制下，农户不考虑增大投入。另外，由于马克等（2007）假设残差服从正态分布而得到 ZIOP 模型，在这里，我们可以对残差进行不同的假设而得到不同的 ZIOC 模型。因此，接下来我们介绍ZIOC 模型。

　　一个标准的 OC 模型只存在一个与观察值 y 映射的潜在变量，其中潜在变量与一系列协变量相关。而 ZIOC 模型则包括两个潜在方程：一个选择方程和一个 OP 方程，也就是 ZIOC 模型比 OC 模型多一个分裂的过程——将观察值分裂成与不同的解释变量相关的两种机制的过程。

设 $r$ 为一个代表分裂的两种机制的二分变量,其中,$r=0$ 代表非投资者机制(机制 0),$r=1$ 代表投资者机制(机制 1)。$r$ 通过这样的映射和 $r^*$ 联系起来:如果 $r^*>0$,$r=1$;如果 $r^* \leqslant 0$,$r=0$。潜在变量 $r^*$ 代表参加的倾向,它由以下形式给出:

$$r^* = X'\beta + \varepsilon \qquad (10.6)$$

其中,$X$ 是一个决定两种机制之间选择的协变量向量,$\beta$ 是未知的系数向量,$\varepsilon$ 是误差项。相应的,一个观察对象处于机制 1 中的概率为:

$$Pr(r=1|X) = Pr(r^*>0|X) = \Phi(X'\beta) \qquad (10.7)$$

其中,$\Phi$(.)是误差项的累积分布函数。

在 $r=1$ 的条件下,机制 1 下的投入水平由一个离散变量 $\tilde{y}$($\tilde{y}=0$,1,2)代表,这个离散变量通过第二个潜在变量 $\tilde{y}^*$ 由一个有序选择(OC)模型产生:

$$\tilde{y}^* = Z'\gamma + u \qquad (10.8)$$

其中,$Z$ 是具有未知权重 $\gamma$ 的一个解释变量向量,$u$ 是误差项。$\tilde{y}^*$ 和 $\tilde{y}$ 存在如下映射:

$$\tilde{y} = \begin{cases} 0 & \text{如果 } \tilde{y}^* \leqslant 20\% \\ 1 & \text{如果 } 20\% \leqslant \tilde{y}^* \leqslant 80\% \\ 2 & \text{如果 } \tilde{y}^* \geqslant 80\% \end{cases} \qquad (10.9)$$

值得注意的是,机制 0 对应的 $\tilde{y}=0$,机制 1 也允许有 $\tilde{y}=0$。而且,这里并不要求 $X=Z$。所以,OC 概率由以下形式给出:

$$Pr(\tilde{y}) = \begin{cases} Pr(\tilde{y}=0|Z,r=1) = \Phi(20\% - Z'\gamma) \\ Pr(\tilde{y}=1|Z,r=1) = \Phi(80\% - Z'\gamma) - \Phi(20\% - Z'\gamma) \\ Pr(\tilde{y}=2|Z,r=1) = 1 - \Phi(80\% - Z'\gamma) \end{cases}$$

$$(10.10)$$

就零观察值而言,$r$ 和 $\tilde{y}$ 不是分别观察的,它们通过如下准则观察:

$$y = r\tilde{y} \qquad (10.11)$$

也就是说,为了观察到一个 $y=0$ 的结果,我们要求 $r=0$(个体是非投资者)或者 $r=1$ 联合 $\tilde{y}=0$(个体是一个零投入的投资者)。为了观察到一个正的 $y$ 值,我们要求不仅个体是投资者,而且 $\tilde{y}^*>0$。所以,$y$ 的完整概率给出如下:

$$Pr(y) = \begin{cases} Pr(y=0|Z,X) = Pr(r=0|X) + Pr(r=1|X)Pr(\tilde{y}=0|Z,r=1) \\ Pr(y=1|Z,X) = Pr(r=1|X)Pr(\tilde{y}=1|Z,r=1) \end{cases}$$

$$= \begin{cases} Pr(y=0|Z,X) = [1 - \Phi(X'\beta)] + \Phi(X'\beta)\Phi(20\% - Z'\gamma) \\ Pr(y=1|Z,X) = \Phi(X'\beta)[\Phi(80\% - Z'\gamma) - \Phi(20\% - Z'\gamma)] \quad (10.12) \\ Pr(y=2|Z,X) = \Phi(X'\beta)[1 - \Phi(80\% - Z'\gamma)] \end{cases}$$

这样的话，零观察值的概率膨胀是因为它是 OC 过程的零值概率加上分裂过程的非投资者概率的结合。值得注意的是，这个设定类似于零值过多/增强计数模型，且 $X$ 和 $Z$ 中的变量可能重叠也可能不重叠。

一旦概率的全集已经被定义，我们使用 66 个观察值 $(y_i, X_i, Z_i)$，$i=1, \cdots, 66$，整个模型的所有参数 $\theta = (\beta', \gamma')'$ 都可以应用最大似然准则进行一致有效估计，得到渐进正态分布最大似然估计（MLEs）. 对数似然函数是：

$$l(\theta) = \sum_{i=1}^{66} \sum_{j=0}^{2} h_{ij} \ln[Pr(y_i = j|X_i, Z_i, \theta)] \quad (10.13)$$

其中指示函数 $h_{ij}$ 是：

$$h_{ij} = \begin{cases} 1 & \text{如果个体 } i \text{ 选择结果 } j \\ 0 & \text{否则} \end{cases} (i=1,\cdots,66; j=0,1,2) \quad (10.14)$$

接着，只要对似然函数关于 $\theta$ 求导并令导数等于 0 就可以求得参数 $\theta$ 的估计值。

## 二　基于有序选择模型的实证分析

首先，定义变量：

| | |
|---|---|
| Y | 补贴投入生产的比例：如果补贴不投入生产或投入小于 20%，则 $y=0$，如果投入补贴的 20%—80%，则 $y=1$，如果投入补贴的 80% 以上，则 $y=2$。 |
| lnAge | 真实年龄的对数。 |
| Age | 真实年龄除以 10。 |
| Agesqr | Age 的平方除以 10。 |
| Edu | 调查对象的教育程度：1 代表小学，2 代表初中，3 代表高中，4 代表高中以上学历。 |
| Worker | 农户家里在外务工人数。 |
| Farmer | 农户家里务农劳动力个数。 |

| | |
|---|---|
| Oldman | 农户家里年龄超过 60 的人数。 |
| Borrow | 是否需要借钱购买种子等农资：1 代表时常需要，2 代表偶尔需要，3 代表不需要。 |
| Budget | 平时生活是否宽裕：1 代表较宽松，2 代表保持平衡，3 代表比较紧张。 |
| Importance | 农业生产对家庭的重要性：1 代表很重要，主要收入来源；2 代表一般，够维持自己吃就够了；3 代表不想种了。 |
| Input | 农业总投入是否增加：1 代表较大增加（5% 以上），2 代表大体持平，3 代表较大减少（5% 以上）。 |
| Productivity | 单位产量是否增加：1 代表较大增加（5% 以上），2 代表大体持平，3 代表较大减少（5% 以上）。 |
| Price | 粮食价格是否上涨：1 代表有较大涨幅（10% 以上），2 代表基本持平（上下波动不超过 10%），3 代表有较大跌幅（10% 以上）。 |
| Mech | 机械化程度：1 代表经常，2 代表偶尔，3 代表没有。 |
| living | 生活水平是否提高：1 代表有一定提高；2 代表没什么感觉，差不多；3 代表似乎还下降了。 |
| Sub_price | 补贴能否抵消农业物质的价格上涨：1 代表不能，2 代表差不多持平，3 代表超过。 |
| Sub2009 | 2009 年的补贴额除以 100。 |
| Sub2008 | 2008 年的补贴额除以 100。 |
| Area | 耕种面积是否改变：1 代表增加，2 代表持平，3 代表减少。 |
| lnincome2009 | 农户 2009 年总收入的对数除以 10。 |
| lnincome2008 | 农户 2008 年总收入的对数除以 10。 |
| Growthofincome2009 | 农户 2009 年总收入与 2008 年的比率。 |
| Growthofincome2008 | 农户 2008 年总收入与 2007 年的比率。 |
| Growthofsub2009 | 农户 2009 年得到的补贴额与 2008 年的比率。 |
| Growthofsub2008 | 农户 2008 年得到的补贴额与 2007 年的比率。 |

然后，估计并比较不同的有序选择模型。我们对误差项 $u$ 的分布进行以下三种不同的假设：（1）正态分布；（2）逻辑分布；（3）极值分布。相应的，我们得到三个类似的模型：（1）有序 Probit（OP）模型；（2）有

序 Logistic（OL）模型；（3）有序极值（OE）模型。利用 Eviews 软件得到估计结果，我们可以对这三个结果进行以下比较：

表 10 - 4 中的变量与模型拟合优度的对应关系是：$R^2$ 越大，解释力度越强；施瓦兹、汉南—奎因、AIC 等准则越小，拟合得越好；LR 统计量越大，解释变量越显著；P 值（LR 统计量）越小，解释变量越显著；对数似然函数值越大，模型拟合得越好。于是结合表 10 - 4 中的数字，我们可以判断出：OE 模型的拟合优度最好，假设最符合数据。所以我们选择 OE 模型来解释和分析数据。

表 10 - 4　　　　　　　三个有序选择模型的估计结果比较

| 被解释变量 | Y | | |
|---|---|---|---|
| 解释变量 | OE 模型 | OP 模型 | OL 模型 |
| Sub2009 | - 0.785422（0.8364） | 0.356677（0.9124） | - 0.705954（0.9041） |
| Sub2008 | 0.249481（0.9439） | - 0.628175（0.8352） | 0.143315（0.9791） |
| lnincome2009 | - 7.010081（0.0424）* | - 6.233575（0.0339）* | - 11.33928（0.0283）* |
| lnincome2008 | 6.780423（0.0473）* | 6.056172（0.0372）* | 11.01171（0.0307）* |
| Educ | 1.305794（0.0122）* | 1.071273（0.0128）* | 2.016282（0.0155）* |
| Oldman | 0.761878（0.0231）* | 0.642679（0.0221）* | 1.086720（0.0303）* |
| Money | 1.003033（0.0877）** | 0.836089（0.0986）** | 1.335471（0.1183） |
| Importance | - 0.862047（0.0720）** | - 0.810185（0.0641）** | - 1.629838（0.0402）* |
| Perunit | - 0.888170（0.1871） | - 0.514487（0.2972） | - 0.874363（0.3688） |
| Whether | - 0.852741（0.0482）* | - 0.811912（0.0266）* | - 1.275931（0.0433）* |
| Area | 1.401455（0.0229）* | 1.304818（0.0143）* | 2.332545（0.0147）* |
| Worker | 0.756581（0.0551） | 0.625644（0.0650）** | 1.132813（0.0681）** |
| Living | 0.461332（0.3668） | 0.421020（0.3871） | 0.624862（0.4681） |
| Growthofincome2009 | 7.224684（0.0968）** | 7.518645（0.0580）** | 15.02251（0.0551）** |
| Growthofincome2008 | 0.231073（0.5535） | 0.165465（0.2818） | 0.302923（0.3789） |
| Growthofsub2009 | - 4.180448（0.7321） | - 5.478998（0.6235） | - 4.837317（0.8135） |

续表

| 被解释变量 | Y | | |
|---|---|---|---|
| 解释变量 | OE 模型 | OP 模型 | OL 模型 |
| Growthofsub2008 | 2. 954862（0. 0567）** | 2. 332212（0. 1068） | 3. 389702（0. 2163） |
| Pseudo R² | 0. 420502 | 0. 407662 | 0. 411410 |
| 施瓦兹准则 | 2. 939978 | 2. 965736 | 2. 958218 |
| 汉南—奎因准则 | 2. 378104 | 2. 403862 | 2. 396344 |
| LR 统计量 | 55. 67639 | 53. 97638 | 54. 47256 |
| P 值（LR 统计量） | 0. 000621 | 0. 001022 | 0. 000885 |
| AIC 准则 | 2. 011034 | 2. 036791 | 2. 029274 |
| 对数似然函数值 | － 38. 36411 | － 39. 21412 | － 38. 96603 |
| 平均对数似然函数值 | － 0. 581274 | － 0. 594153 | － 0. 590394 |

注：括号里的数字是 $p$ 值；* 代表在 5% 的水平上显著；** 代表在 10% 的水平上显著。

　　从 OE 模型的估计结果可以得出：（1）LR 统计量的 P 值远远小于
0. 05，所以估计整体上在 5% 的水平上是显著的。（2）由于在有序选择模
型中 $R^2$ 通常都很小，所以该估计 $R^2$ 只有 0. 420502 是正常的，模型的拟
合优度还是不错的。（3）解释变量中 Sub2009 和 Sub2008 的系数都不显
著，说明直接补贴的数量对投入生产的补贴比例没有显著的效应，但是，
2008 年直接补贴的增长比率却有着显著的正面效应，这说明农户看重的
不是数量的大小而是增长速度的快慢，补贴额度增长越快农户投入农业的
补贴比例就越大，并且 2008 年的显著 2009 年的不显著说明这个变量可能
存在滞后性。（4）lnincome2009 和 lnincome2008 虽然显著，但是这两个变
量的效应完全相反，一个为正，另一个为负，而且这两个变量的相关系数
高达 0. 9958，所以我们会在下一次估计中去除其中的一个，再看结果。
（5）变量 Educ 显著且有正面效应，说明教育水平越高，农户对农业直接
补贴政策的解读就越准确，从而对政策的反应就越符合政策的预期。
（6）由于在家务农的人一半以上是老人，所以 Oldman 具有显著的正面效

应就不难理解了。（7）解释变量 Budget 具有显著的正面效应是因为生活越宽裕，农户就越不会把补贴挪作他用，补贴投入生产的比例就越高；同理，变量 Worker 和 Growthofincome2009 也就有正面效应，因为一般而言 Worker 和 Growthofincome2009 越大，农户家庭的 Budget 也就越多。（8）变量 Sub_price 具有负面效应说明零观察值中较多的观察对象不属于农业投资者，当补贴额超过农资的上涨部分时，农户选择将多余的部分另做他用而不是投入到农业生产中去。

由于 Sub2009 和 Sub2008、lnincome2009 和 lnincome2008 都具有高度相关性，所以为了去除多重共线性的干扰，我们去除 Sub2008 和 lnincome2008 两个变量再进行估计得到。

表 10 – 5　　　　　　　　去除共线性后的 OE 模型估计结果

| 被解释变量 | Y | | | |
|---|---|---|---|---|
| 解释变量 | 系数 | 标准差 | Z 统计值 | P 值 |
| Sub2009 | − 0.395509 | 0.253677 | − 1.559103 | 0.1190 |
| lnincome2009 | − 0.150609 | 0.237696 | − 0.633622 | 0.5263 |
| Educ | 1.125926 | 0.503233 | 2.237384 | 0.0253 ** |
| Oldman | 0.665980 | 0.292313 | 2.278315 | 0.0227 ** |
| Budget | 0.771018 | 0.516117 | 1.493881 | 0.1352 |
| Importance | − 0.845573 | 0.423017 | − 1.998908 | 0.0456 ** |
| Productivity | − 0.904513 | 0.522128 | − 1.732360 | 0.0832 * |
| Sub_Price | − 0.695121 | 0.353067 | − 1.968807 | 0.0490 ** |
| Area | 1.314072 | 0.581288 | 2.260623 | 0.0238 ** |
| Worker | 0.686049 | 0.353723 | 1.939507 | 0.0524 * |
| Living | 0.524008 | 0.523074 | 1.001785 | 0.3164 |
| Growthofincome2009 | − 0.460893 | 1.987499 | − 0.231896 | 0.8166 |
| Growthofincome2008 | 0.092823 | 0.236865 | 0.391880 | 0.6951 |
| Growthofsub2009 | − 3.592576 | 3.647907 | − 0.984832 | 0.3247 |
| Growthofsub2008 | 2.725156 | 1.160060 | 2.349150 | 0.0188 ** |
| Pseudo $R^2$ | 0.373258 | 最大似然函数值 | | − 41.49178 |
| LR 统计量 | 49.42106 | 受约束的最大似然函数值 | | − 66.20231 |
| p 值（LR 统计量） | 0.001677 | 平均最大似然函数值 | | − 0.628663 |

注：* 代表在 5% 的水平上显著；** 代表在 10% 的水平上显著。

从表 10 - 6 中我们可以得出：（1）最大似然函数值（log likelihood）减小了；（2）$R^2$ 同样减小了，也就是拟合优度下降了；（3）LR 统计量的 P 值上升了，说明所有解释变量的整体显著性下降，但整体上还是显著的；（4）施瓦兹、汉南—奎因、AIC 等信息准则值的扩大也意味着第二个模型不如第一个模型。但是，以上变化都是解释变量减少时的正常反映，是可以接受的；所以以上指标的稍微逊色，远不足以让我们舍弃这个拟合良好的模型。比较表 10 - 4 和表 10 - 5，我们发现，单个变量系数的显著性发生了如下变化：（1）lnincome2009、Growthofincome2009 和 Budget 都变得不显著了，这说明农户家庭的收入水平实际上可能与补贴投入生产的比例不相关。（2）Productivity 的系数由不显著变成显著为负，说明单位面积的产量会影响农户投资农业的积极性，单位面积产量下降，农户投入农业生产的补贴比例也会相应下降。

表 10 - 6　　　　　　　　　去除共线性前后的估计结果比较

|  | 去除前 | 去除后 |
|---|---|---|
| Pseudo $R^2$ | 0.420502 | 0.373258 |
| 施瓦兹准则 | 2.939978 | 2.907797 |
| 汉南—奎因准则 | 2.378104 | 2.386056 |
| LR 统计量 | 55.67639 | 49.42106 |
| P 值（LR 统计量） | 0.000621 | 0.001677 |
| AIC 准则 | 2.011034 | 2.045205 |
| 对数似然函数值 | - 38.36411 | - 41.49178 |
| 平均对数似然函数值 | - 0.581274 | - 0.628663 |

最后，我们对湖北省广水市的调查数据进行同样的处理，再和湖南省涟源市的结果进行比较分析。而且由于湖北省广水市的主要地形是平原，所以这两个地方调查数据的回归结果的差异（见表 10 - 7）可以归结于平原地带与山区丘陵地带的区别。

**表 10 - 7    广水市调查数据的 OC 模型回归结果（样本数：68）**

| 被解释变量 | $Y$ | | |
|---|---|---|---|
| 解释变量 | OE 模型 | OP 模型 | OL 模型 |
| Sub2009 | - 0.163268(0.1933) | - 0.008428(0.9290) | - 0.063049(0.7442) |
| lnincome2009 | - 3.095800(0.2671) | - 2.176238(0.3000) | - 3.929716(0.2924) |
| Edu | - 0.498062(0.2853) | - 0.306319(0.4318) | - 0.489765(0.4821) |
| Budget | 0.454601(0.3817) | 0.480108(0.2591) | 0.870808(0.2345) |
| Importance | - 1.934136(0.0014)** | - 1.361857(0.0020)* | - 2.499008(0.0033)* |
| Productivity | - 1.052006(0.0877)* | - 0.783551(0.1066) | - 1.342525(0.1260) |
| Sub_price | 0.968641 (0.0392)** | 0.750767 (0.0519)** | 1.273636 (0.0581)** |
| Area | - 0.458325 (0.6121) | - 0.048354 (0.9472) | - 0.370746 (0.7835) |
| Living | - 1.343969 (0.0398)** | - 1.004937 (0.0379)* | - 1.751789 (0.0457)* |
| Growthofincome2009 | - 0.201855 (0.9351) | - 0.119894 (0.9496) | - 0.339202 (0.9144) |
| Growthofincome2008 | 0.204981 (0.4321) | 0.135995 (0.5305) | 0.276707 (0.4616) |
| Growthofsub2009 | - 1.652422 (0.5946) | - 2.030139 (0.4526) | - 3.461533 (0.4543) |
| Growthofsub2008 | 0.256109 (0.6131) | 2.144675 (0.1492) | 3.489397 (0.1799) |
| Mech | - 0.651888 (0.0849)* | - 0.460378 (0.1591) | - 0.785078 (0.1772) |
| Pseudo $R^2$ | 0.407600 | 0.377046 | 0.375403 |
| 施瓦兹准则 | 2.537048 | 2.597491 | 2.600742 |
| 汉南—奎因准则 | 2.103495 | 2.163939 | 2.167190 |
| LR 统计量 | 54.83065 | 50.72050 | 50.49942 |
| P 值（LR 统计量） | 0.000044 | 0.000175 | 0.000188 |
| AIC 准则 | 1.818972 | 1.879415 | 1.882666 |
| 对数似然函数值 | - 39.84503 | - 41.90011 | - 42.01065 |
| 平均对数似然函数值 | - 0.585956 | - 0.616178 | - 0.617804 |

注：括号里的数字是 P 值；*代表在 5% 的水平上显著；**代表在 10% 的水平上显著。

　　根据之前所述的拟合优度判断准则，我们可以得出：OE 模型是三个有序选择模型中的最优模型。所以，接下来我们选择 OE 模型来分析广水市的数据。

　　从 P 值（LR 统计量）——0.000044——可以看出，OE 模型整体上是非常显著的；从 Pseudo $R^2$（0.4076）可以看出，这个模型整体的解释力度也是不错的。所以用 OE 模型拟合广水市的调查数据是成功的。

　　比较表 10-5 和表 10-7，我们发现：（1）不论是补贴额度还是补贴额度的增长率都不再显著，也就是说，在平原地带，在其他条件不变的情况下，不论国家对农业补贴多少或者补贴增加多少比例，农户都不会改变补贴投入农业生产的比例。（2）变量 Living 变得显著，说明在平原地区当农户觉得补贴提高了生活水平时，农户会增加补贴投入生产的比例。（3）解释变量 Mech 的显著说明了一个很重要的问题：在平原地带，在其他条件不变的情况下，机械化程度越高，补贴投入生产的比例就越高，补贴政策就越有效，这是因为平原地带耕种面积广阔，机械化很重要，不像山区丘陵地带耕种面积狭窄，即使没有机械化农具也可以进行人力耕种。

　　三　实证分析结论

　　总的来说，有序选择模型的估计结果最主要有两点：其一，在山区丘陵地带，直接补贴额度对补贴投入生产的比例没有显著的正面效应，也就是说，没有显著提高农户的生产积极性；只有当补贴额度增长率较大时，农户才会受到较大影响，增加补贴投入生产的比例。其二，在平原地带，补贴额度的大小和增长率都对补贴投入生产的比例没有显著的正面效应，但是，提高机械化程度能够提高直接补贴政策的有效性。

# 第三节　本章结论

　　通过建立有序选择模型来分析补贴投入生产比例低的原因。在建模之前，我们对在湖南省涟源市进行调查得到的数据进行了描述性分析，主要得到了以下结论：（1）农户的老龄化提醒我们要注意挽回流失的农业劳动力；（2）农户的经济状况还是有些入不敷出；（3）脱钩的补贴政策对农业生产规模产生的正面影响很有限；（4）农业的生产成本越来越高；

（5）一半以上的农户种粮只为自己吃，卖粮的农户还不到20%，农业生产的重要性很低；（6）直接补贴政策增进了农户的福利，提高了农户生活水平，因而农户持肯定态度，但是调查对象中只有约一半的农户把补贴投入到农业生产中来。当然，这些结论都只适用于像湖南省涟源市这种山区丘陵地带。接着，我们建立有序选择模型试图解释产生这些结论的原因。分析有序选择模型的估计结果得到：在山区丘陵地带，直接补贴额度对补贴投入生产的比例没有显著的正面效应，也就是说，没有显著提高农户的生产积极性，只有当补贴额度增长率较大时，属于投资者的农户才会受到刺激，增加补贴投入生产的比例；在平原地带，补贴额度的大小和增长率都对补贴投入生产的比例没有显著的正面效应，但是，提高机械化程度能够提高直接补贴政策的有效性。所以，接下来我们将根据以上结论，对山区丘陵地带农业直接补贴政策的实施提出相应的政策建议。

首先应该区分政策目的：如果政策的目的是提高农户收入，提高农户生活水平，那么54.5%的农户告诉我们政策目的达到了，虽然效果不是很明显；但是，如果政策目的是提高农户的生产积极性，进而提高粮食产量，那么耕种面积和粮食产量降低的趋势告诉我们，事实和政策预期正背道而驰。所以，我们将对具有提高农户的生产积极性和提高粮食产量目的的直接补贴政策提出改进建议。

由于在调查过程中，当被问及为什么不愿在这么好的国家政策下扩大耕种面积、增加农业生产投入时，农户的回答通常多是这样的：（1）直接补贴政策是脱钩的，只与登记的缴税面积有关，与实际的耕种面积无关，即使我扩大面积增加投入也得不到更多的补贴；（2）年纪大了，能力有限，只能维持现状，甚至以后还会缩小面积减少投入。因此，我们可以针对这两个回答来进行政策改善。

对于第一种回答，我们可以将脱钩的直接补贴政策转换成挂钩的补贴政策。实际上，如果改成挂钩的话，国家每年得消耗巨大的人力来统计信息，监督生产，防止"谎报"和"假耕"。所谓谎报就是谎报耕种面积，调查中有农户反映，当年为了少缴纳农业税，村里少报了耕地面积，以至于现在得到的补贴也比应得的少；所谓假耕就是从事非农劳动的农户为了防止因为荒田而被罚，在地里胡乱地播一下种，以掩盖荒废的事实。所以，为了克服这个困难，我们必须大大减少监督和管理的对象，也就是说，可以将一个村所有的土地承包给一个农户，然后根据这个农户耕种的面积进行补贴。主要是因为这种山区丘陵地带耕地少，在家务农的青年人更少。同样，这也很好地解决了第二种回答，因为这样回答的农户是属于非投资者机制的，即使补贴再增加一倍，农户也会无动于衷，可以考虑收回土地，把土地交给更具灵活性的投资者耕种。这样的话，补贴政策更有效，更能提高农户的生产积极性，扩大耕种面积，提高粮食产量。当然，还有一个更直截了当的办法是放任自由，无为而治，不补贴也不惩罚。这种山区丘陵地带，耕地面积少，不是主要的产粮区，即使土地荒废也不会造成粮食短缺。

而对于平原地带，根据实证分析的结果，我们建议大力发展科学农业技术，努力提高机械化程度，以提高直接补贴政策的实施效应。

## 本章附录

去除共线性后三个次序选择模型的估计结果比较

表 10 – 8　　　　去除共线性后三个次序选择模型的估计结果比较

|  | OP 模型 | OL 模型 | OE 模型 |
|---|---|---|---|
| Pseudo $R^2$ | 0.357670 | 0.356026 | 0.373258 |
| 施瓦兹准则 | 2.939068 | 2.942366 | 2.907797 |
| 汉南—奎因准则 | 2.417327 | 2.420626 | 2.386056 |
| LR 统计量 | 47.35717 | 47.13946 | 49.42106 |
| P 值（LR 统计量） | 0.003029 | 0.003221 | 0.001677 |
| AIC 准则 | 2.076477 | 2.079775 | 2.045205 |
| 对数似然函数值 | – 42.52373 | – 42.63258 | – 41.49178 |
| 平均对数似然函数值 | – 0.644299 | – 0.645948 | – 0.628663 |

因为 $R^2$、信息准则 AIC、LR 统计量和最大对数似然值等指标都显示 OE 模型优于 OP 模型优于 OL 模型，所以书中，在去除共线性后，我们还是选择 OE 模型来进行估计和分析数据。

# 第十一章

# 基于湖北广水市的问卷调查及经验分析

—— 农业直接补贴对农业劳动等投入的影响<sup>*</sup>

本章对农业直接补贴及其对农户投入决策的影响进行探讨。根据已经设计的调查问卷,选择湖北省广水市的四个农业区进行了实地调研。使用统计分析和计量分析(有序 Logistic 模型)两种方法对所得到的数据进行经验性分析。结果显示,从事农业生产的农户偏老龄化,受教育程度较低,近年来农户的生活有较大改善;农业直接补贴改善了农户的生活,并且也成为农户收入的重要来源之一,但对农户生活水平提高的效应不大,对农户生产的影响也不大,体现在对于农业投入的影响不大,农户得到补贴后还是倾向于维持农业投入基本不变;除非家庭结构出现变化,从事农业生产的劳动力供给一般不会改变。

## 第一节 数据及调查背景

我们根据已设计好的调查问卷,进行实地调查研究,并获得了相关数据。在四个农业区,我们进行随机抽样调查,一共获得 68 份问卷。下面将会对这些数据做一个初步的介绍和分析。

**一 数据背景**

调查问卷涉及的内容有:(1)被调查者的基本信息;(2)农户家庭日常情况和经济情况;(3)农业生产情况;(4)农业税收和补贴政策;(5)具体数据调查和核算。在问卷设计中,采取的是将有序的区间分布

---

\* 本章的调查由李春莉完成,并初步整理相关内容。

法和精确核算法相结合的方法。

被调查者的基本信息，包括其姓名（可匿名）、性别、年龄、教育程度、是否为家庭主要决策者、所在地以及电话（如方便则留）。在农户家庭日常情况和经济情况中，我们可以大致了解该农户家庭的基本构成、其生活习惯（抽烟、喝酒、打牌），以及在过去三年中是否有足够的资金用于农业生产和资金盈余现状（经常有余钱、保持平衡、比较紧张、不适用）。在农业生产情况中，我们可以从整体上了解到该农户对农业生产的看法、借贷、投入和产出状况等问题。农业税收和补贴政策里面涉及农业税取消和农业补贴逐步实施后对该农户的影响，以及预期农业补贴是否会增加。最后一部分是农业税和农业补贴、农业投入、农业产出以及农业收入和务工收入的具体数据。

关于一些基本信息、个人观点之类的都是采用定性选项的方法，如"经常"、"偶尔"和"不会"，或者"很好"、"一般般"和"差"。在整体上的了解采用的是有序的区间分布方法。对于农业生产资料的投入（包括数量和金额两方面），我们采取了精确核算法和有序的区间分布方法相结合的方法，如果记不住具体的数量和金额，就可以简单地描述，即增加、持平和减少。对于农户的粮食产量、种植面积、农业收入和外出务工收入等问题，我们得到的是初始数据并据此进行精确核算。紧接着引入政府补贴的调查数据，具体探测农业补贴与农业产出的相关性，其中比较重要的是具体的补贴金额，我们以实际发放的额度为准。有很多选项并非精确的数据，但是，这些定性或者区间选项比较符合农户的日常行为特征——农户自己也无法做到精确核算。

## 二　数据来源

根据问卷调查，对湖北省广水市余店、骆店、陈巷和长岭四个农业区展开调查。之所以选择这些地区，是因为这些地区的农业都是以种植业为主，具有代表性。还因为，一个农业区的农户具有很大的相似性，选择多个地区是为了更好地说明农业直接补贴对农户投入决策的影响，从而更具说服力。在四个农业区，总共获得有效问卷 68 份，其中也有不进行农业生产但仍然能获得农业补贴的被调查者。在处理数据中，仍将这些被调查者作为研究对象。因为，他们能够获得农业补贴，只是由于种种原因，选择了不再进行农业生产。在研究农业直接补贴对农户投入尤其是对劳动力投入的影响时，将这些被调查者作为研究对象，还是具有一定实际意义的。

在调查中发现，这些农业区一般种植两季，第一季以稻谷为主，第二季以小麦、油菜为主，其他农作物还有花生、棉花、芝麻等。近些年来，由于小麦自身产量低等原因，大多农户都不种小麦了，而是消费面粉、面条等农产品。第二季只种植一些油菜，一大部分农户将种植得到的油菜用于榨油或换油等，自给自足；只有少部分人种植油菜用于出售。相反，一些经济作物的生产越来越多，如花生、芝麻。

关于农业直接补贴，所调查的农业区都是按照自有耕种面积来计算的，自有农地越多，得到的补贴就越多，而与是否转租农地无关。而每个农业区的分配农地的标准是不一样的，虽然都是以农户人口为基准，但有的是按面积分配的，如骆店农业区，将田地划分几个等级，每一个人得到的农田是一样的，从而现在得到的农业直接补贴就是一样的；有的是按产量来分配的，如陈巷农业区，有的田地产量高，有的产量低，一个人如果得到的是产量低的农田，那么他得到农田的面积就会多一些，从而现在得到的农业直接补贴就会多一些。

在本章中主要选取的数据有：农业直接补贴、农户的农业收入、农户的工资收入、随着农业补贴的增加农户生活水平有没有提高、农业补贴增加一倍农业投资是否会增加、今年用于农业生产的人力有没有增加等定量和定性数据。

之所以选择农业投入中的劳动力做更为细致的研究，是因为：（1）农业劳动力投入的数目比较容易统计；（2）劳动力投入不会像种子、农药等明显地受其价格因素的影响。将利用这些数据，采用 Logistic 模型来分析农业直接补贴对农户福利、农户投入决策以及具体到对农业劳动力投入的影响。

## 第二节　描述性统计及一般结论

对数据有了一定的了解后，我们将对获得的数据进行一般性统计分析。

**一 被调查者的年龄分布和教育水平**

在被调查者基本信息中，我们设计了一个关于年龄的问题，结果显示，被调查的农户平均年龄达到50.9岁，标准差为9.25，最大年龄为75岁，最小年龄为19岁。60岁及60岁以上的有11个，占16.18%；40（含）—60岁的占73.53%；40岁以下的只有7个，占10.29%。这个百分比显示，参与农业方面的劳动力年龄一般都在40岁及40岁以上，高达89.71%，说明农业劳动力明显偏老龄化，同时也说明农业劳动力要素逐步向外转移的现状。

另外，被调查者基本信息也设计了一个教育水平的问题。分析结果显示，小学水平的占36.76%，初中水平的占55.88%，高中水平的只占5.88%，其他（包括未上学或高中以上）占1.47%。图11-1显示，在被调查的从事农业生产的农户中，小学和初中水平的占绝大多数，高中及以上水平的只有很小一部分。这个结果说明，从事农业生产的劳动力受到的教育水平都不是很高，也进一步说明了高学历的农业劳动力都已向外界转移的现状。

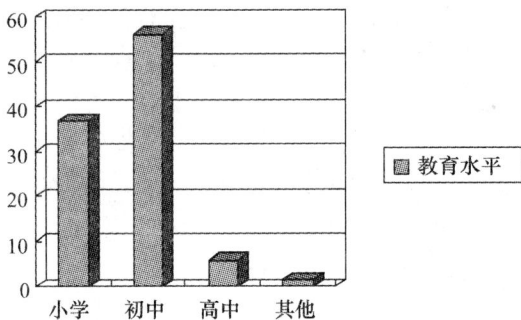

图 11-1 被调查者的教育水平分布

**二 被调查者的家庭经济状况**

调查结果显示，被调查的农户中，有82.35%的农户，不需要借钱用于购买种子、化肥、农药等农资；7.35%的农户只是偶尔需要借钱用于农业生产；只有1.47%的农户需要时常借钱周转。这样的结果说明，被调查的农业区关于农业生产的资金问题基本上已经得到解决，农户基本上不需要因从事农业生产而借钱。

关于手头是否宽裕的问题，被调查的农户中，72.06%的农户经常有余钱，生活较宽裕；19.12%的农户保持平衡，收支差不多；只有5.88%的农户比较紧张，时常需要借钱。这样的调查结果显示，被调查的农业区的农户生活水平目前很大程度提高了，大部分农户时常有余钱，生活还是比较宽裕的；只有很少一部分人生活得比较紧张，还需要时常靠借钱来维持生活。

### 三　农业的生产状况

在调查中发现，一半以上的农户觉得，农业生产很重要，是主要收入来源；接近1/3的农户觉得，农业生产一般，够维持自己吃就够了；还有1/10的农户不想种了，觉得没有钱赚；只有近3%的农户选择了不适用或不想回答。

关于农业生产投入变动的各项调查结果如表11-1所示。

表11-1　　　　农户的农业投入变动的描述性统计　　　　单位:%

| 投入 | 有较大增加 | 基本维持不变 | 减少 |
|---|---|---|---|
| 劳动力 | 1.47 | 80.88 | 8.82 |
| 种子 | 23.53 | 61.76 | 7.35 |
| 化肥 | 26.47 | 58.82 | 7.35 |
| 耕种面积 | 5.88 | 80.88 | 5.88 |
| 机械 | 经常 17.25 | 偶尔 51.47 | 没有 17.65 |
| 资金总投入 | 17.65 | 70.59 | 4.41 |

从表11-1中可以很明显地看出，一半以上的被调查农户对农业生产的投入（劳动力、种子、化肥、耕种面积、机械等）基本维持不变，尤其是劳动力和耕地面积，多达4/5以上。在调查中发现，像种子、化肥等农业投入的数量一般是不会改变的，除非当年耕种面积发生变化（转或租），其金额变化反映的一般是价格变化以及数量变化。

我们也对农业区的产出情况做了一定的调查，统计结果如表 11 - 2 所示。

表 11 - 2 农户的农业产出变动的描述性统计 单位:%

| 产出 | 有较大增加 | 基本维持不变 | 减少 |
|---|---|---|---|
| 2009 年总产量 | 27.94 | 54.11 | 7.35 |
| 2009 年单位产量 | 35.29 | 52.94 | 5.88 |
| 2009 年有没有卖过粮食 | 卖过 100 斤以上 91.18 | 没卖过 1.47 | |

表 11 - 2 中显示，一半以上的被调查农户在 2009 年的总产量和单位产量都基本上维持不变，单位产量有较大增加的被调查农户要比总产量有较大增加的多，这与农户的耕种面积密切相关。另外，2009 年的产量（总的或是单位的）比 2008 年有较大增加，有一个非常重要的原因就是，2008 年大部分农业区发生过干旱等情况，从而也降低了基期 2008 年的产量。所以这里的产量增加，不能简单地理解为农业直接补贴的作用。

**四 农业直接补贴对农户的影响**

农业直接补贴对农户可能会产生多种影响，如农户的福利、农户对农业的投入等方面。

（一）农业直接补贴对农户福利的影响

关于农业直接补贴对农户福利的影响，问卷中设计了两个问题，即"随着农业补贴的增加，您的家庭生活水平有没有提高"和"每年的农业补贴占您家庭农业收入的比重高不高"。

在回答问卷中的"随着农业补贴的增加，您的家庭生活水平有没有提高"这个问题时，超过一半的被调查农户觉得他们的生活水平因为补贴的增加而有一定的提高；也有 39.71% 的被调查农户认为没什么感觉，觉得有没有补贴都差不多；没有农户觉得有了补贴后生活水平似乎还下降了。

对于第二个问题，60.29% 的农户选择了农业补贴占农业收入的比重较高，达到 1%—5%；17.65% 的农户回答的是很低，低于 1%；14.71% 的农户认为高达 5%—10%；还有 1.47% 的农户选择了非常高，高至 10% 以上。调查结果显示，每年的农业直接补贴对农户还是很重要的，作为他们可支配收入的重要来源之一。

（二）农业直接补贴对农户投入的影响

农业直接补贴增加了农户的可支配收入，从而改变了农户的预算约束曲线，将会进一步影响到农户的消费选择。这里的消费，当然也包括对农业生产投入的消费。

在调查中发现，一半以上的被调查农户认为，农业直接补贴要比农业物资（种子、农药和化肥等）涨价来得多，还有 1/4 的农户认为差不多，当然也有农户觉得补贴没有涨价多。

在"如果农业补贴增加一倍，您对农业投资是否会增加"选项，55.88% 的被调查农户选择了维持目前状况，补贴对农业耕作无影响；22.06% 的农户会增加农业投资，多买化肥、农药等；7.35% 的农户还是会不断减少农业投资。这样的结果表明，农业直接补贴不会增加多数农户对农业的投资。

在面临每亩地有 100 元补贴的情况下，一成以上的被调查农户几乎将所有的补贴用在增加农业生产上，不到一半的农户会将部分补贴用在农业生产上，1/5 的农户还是原来的投入水平。这个结果更具体地表明，农业直接补贴对农户投入决策的影响不是很明显。

根据初步的统计分析，我们可以得到一些基本的结论：第一，从事农业生产的农户偏向老龄化，教育程度也不是很高，近些年来农户的生活有较大提高，大多数农户目前时常会有余钱可以自由支配。第二，农业直接补贴在一定程度上提高了农户的生活水平，并且占农业收入的比重较高（1%—5%）。第三，农业直接补贴要比农业物资（种子、农药和化肥等）涨价来得多，但对农业总投入的影响不是很大。第四，农业劳动力基本上不会发生变化。

## 第三节　计量模型及计量结果

为了能够准确地探讨农业直接补贴对农户的福利以及农户的农业投入决策的影响，我们将自农业补贴实施以来的农户平均每年获得的农业直接补贴、农户的农业收入、农户的工资收入作为解释变量进行具体的分析。农业直接补贴、农业收入、工资收入都是农户可支配收入的重要来源，将它们作为解释变量，可以更好地说明农户福利及其关于农业投入决策变动的原因。另外，农业劳动力投入作为农业投入之一，我们更为细致地探讨这些因素对农业劳动力投入的影响。所以我们将分别设定农业补贴增加时农户生活水平是否提高、农业补贴增加一倍时农户对农业投资的变化情况、农户 2009 年用于农业生产的劳动力变化情况作为因变量。

为了便于建立模型以及后面的统计分析，我们有必要限制一些条件：

（1）农户是理性的，即根据自己的预算约束，选择效用最大的那个消费束。在这里，农户会理性地选择对自己最有利的各种农业投入品及其数量；

（2）农户的行为是独立的，即农户与农户之间不会相互影响，农户只会根据自己个体需要而选择；

（3）农业投入品包括劳动力、种子、农药、化肥、耕种面积和机械等。其中，由于自有耕种面积是十几年前根据当时家庭人口数和农户的意愿确定的，并在近几年不会改变，所以，可以假设耕种面积是固定不变的。

## 一 整体效应

我们用 Sub、Income_Agr、Wage 分别表示解释变量：自农业补贴实施以来的农户平均每年获得的农业直接补贴、农户的农业收入、农户的工资收入，用 Living、Input_doulle、Labor_2009 分别表示因变量：农业补贴增加时农户生活水平是否提高、农业补贴增加一倍时农户对农业投资的变化情况、农户 2009 年用于农业生产的劳动力变化情况。

现在，我们将三个解释变量分别对三个因变量做回归，代入数据，我们可以得到计量结果，如表 11 - 3 所示。

表 11 - 3　　　　　　　　　　农业补贴效应计量结果

| 变量 | Living | Input_doulle | Labor_2009 |
|---|---|---|---|
| Sub | 0.000775 （0.6925） | − 0.000290 （0.8888） | − 0.000169 （0.9536） |
| Income_Agr | 8.16E − 05 （0.1447） | 0.000126 （0.0250） | 0.000177 （0.1078） |
| Wage | 1.86E − 05 （0.1029） | − 1.21E − 05 （0.2751） | − 8.67E − 06 （0.5190） |
| 样本数 | 63 | 63 | 63 |
| Pseudo $R^2$ | 0.134965 | 0.066182 | 0.090224 |

注：括号内的数字为 p 值。

### 二　农业直接补贴对农户福利的影响

表 11-3 第二列的结果显示，自农业补贴实施以来的农户平均每年获得的农业直接补贴这个解释变量对农户生活水平的作用是不显著的。但是，农户的农业收入、农户的工资收入对农户生活水平的作用是显著的，并且农户的生活水平与农户的农业收入、农户的工资收入都成正相关关系，即农户的农业收入越多，农户的生活水平就越高；并且当农户的工资收入越多时，农户的生活水平就会越高。

根据问卷调查所获得的信息，农业直接补贴对农户生活水平的提高影响不是很大的原因可能有：第一，农业物资（种子、农药和化肥等）的价格上涨抵消了部分农户获得的农业直接补贴，从而使农户的净可支配收入增加不多。第二，农业直接补贴占农户家庭收入的比重并不是很高，对提高家庭收入的作用不大。

### 三　农业直接补贴对农户投入决策的影响

从表 11-3 中第三列可以看出，在影响农户投入决策的几个重要变量中，农户的农业收入和农户的工资收入对农户关于农业投资的作用比较显著，而自农业补贴实施以来的农户平均每年获得的农业直接补贴对其作用则不显著。并且，农户的农业投资变化与农户的农业收入成正相关关系，与农户的工资收入成负相关关系。这样的回归结果显示，当农户的农业收入越高，农户会选择对农业投资更多；农户的工资收入越高，农户会选择更少的农业投入。而年均的农业直接补贴，对农户的农业投入决策影响是不明显的，即基本上不怎么会影响到农户的农业投入决策。

农业直接补贴对农业投入决策的作用不够显著，可能有以下两种原因：第一，农户耕种面积基本上不变，不变的耕种面积所需要的农业物资（种子、农药和化肥等）的数量也基本上不会改变。第二，农户关于农业直接补贴的意识问题，一般农户会将农业直接补贴作为一项收入，而不是作为一项对农业的投资。

### 四　农业直接补贴对农业劳动力投入的影响

为了更具体地讨论农业直接补贴对与农业劳动力投入的影响，我们继续对农业劳动力投入做回归，得出的结果如表 11-3 中第四列所示。结果显示，自农业补贴实施以来的农户平均每年获得的农业直接补贴、农户的工资收入两个解释变量对农业劳动力投入的作用都是不显著的，但是农户的农业收入对农业劳动力投入是显著的，并且农业劳动力投入与农户的农业收入成正相关关系，即农户的农业收入越高，农户对农业的劳动力投入就越多。

农业直接补贴对农业劳动力投入的影响不大，经过分析，可能存在的原因有：第一，农业劳动力市场已经达到饱和，不需要更多的劳动力进入。第二，农村劳动力转移出去存在障碍。一些大中城市的政府对劳动力流动的态度十分消极，利用各种手段限制这种流动。近几年，城市政府对外地民工定居和就业的限制有增无减，大有继续增加的趋势。在这样的政策倾向下，农村劳动力向城市和非农产业的转移障碍将很难克服。

影响我国农村劳动力转移的障碍，可以归纳为四个方面，即能力、信息、偏见、制度问题。

首先，待转移劳动力能力上的障碍。在调查过程中可以知道，实现了地域转移的劳动力，绝大部分集中在 20—35 岁，其中男性的比重大大高于女性，与农村劳动力的平均水平相比，受教育程度较高。从转移者的家庭经济状况来看，通常在其家乡处于中上等水平。和这些已经走出去的人相比，还留在农村的劳动力相对素质偏低，要实现向外转移，需要克服文化、年龄以及经济条件等方面的限制。

其次，待转移劳动力面临的信息障碍。从劳动力转移的流向和转移劳动力的地区分布来看，其中比重最大的一部分是省内转移（按照统计定义，迁移是指跨县或跨区的流动行为），通常占转移人口的 50% 以上。这是因为跨地区寻找就业机会，其信息获取目前几乎全部依靠亲戚、朋友和同乡等社会网络的帮助，而由于长期以来迁移行为都很少见，所以超越省界之后，社会关系也大大减少了。

再次，待转移劳动力面临的偏见障碍。农村劳动力转移到工资更高的城市部门就业，不仅产生提高流动劳动力收入的效果，同时产生压低城市劳动力收入的效果。因此，大规模、无限制的劳动力流动，意味着构成对城市居民特权的冲击。其结果是引起后者的不满甚至抵制。

最后，待转移劳动力面临的制度障碍。由于地方政府首先代表本地居民的利益，在城市居民通过各种渠道表达了对于外地劳动力的不满之后，地方政府便会采取一系列政策手段，排斥外地民工在城市就业，阻碍劳动力流动，导致劳动力市场的继续分割。户籍制度和排他性的城市劳动就业制度就是障碍劳动力流动的典型制度安排。

结果显示，首先，平均每年的农业直接补贴对农户生活水平的作用是不显著的，但是农户的农业收入、农户的工资收入对农户生活水平的作用是显著的，并且农户的生活水平与农户的农业收入、农户的工资收入都成正相关关系，这个结果与原来的计量结果是一致的。

其次，农户的农业收入对农户关于农业投资的作用比较显著，而平均每年农业直接补贴和农户的工资收入对其作用则不显著，并且农户的农业投资变化与农户的农业收入成正相关关系，这样的回归结果与原来回归结果有一定的差异，主要体现在农户工资收入对农户关于农业投资影响是否显著上。

最后，平均每年的农业直接补贴、农户的工资收入两个解释变量对农业劳动力投入的作用都是不显著的，农户的农业收入对农业劳动力投入却是显著的，并且农业劳动力投入与农户的农业收入成正相关关系，结果与原来计量结果保持一致。

## 第四节　本章结论

本章主要采用一般统计方法（如描述性统计等）和计量方法（如 Logistic 模型）对通过调查得到的数据进行定量及定性分析，分析了农业直接补贴对农户福利、农户投入决策的影响以及对农业劳动力投入的影响。

我们可以得到以下结论：

第一，从事农业生产的农户偏老龄化，教育程度也不高，近些年来农户的生活有较大提高，大多数农户目前时常会有余钱可以自由支配。

第二，农业直接补贴改善了农户的生活，并且也成为农户收入的重要来源之一，但是农业直接补贴对农户生活水平的提高作用不是很大，农户的生活水平与农户的农业收入、农户的工资收入成正相关关系。

第三，农业直接补贴对农户关于农业投入决策的作用不显著，在调查中发现，即使有了农业直接补贴或者增加农业补贴，农户还是倾向于保持农业投入基本不变。另外，通过回归分析得知，农户关于农业投入决策与农业收入成正相关关系。

　　第四，农业直接补贴对农业劳动力投入的作用也是不显著的，农业劳动力投入与农户的农业收入成正相关关系，统计分析结果表明，从事农业生产的劳动力一般情况下是不会改变的，除非家庭结构出现变化，如劳动力由农村转向城市、原来的农业劳动力失去劳动能力、子女嫁娶，等等。当然，这只是关于农业直接补贴的一种情况。

　　我们使用一般统计和计量方法来分析政策对农户福利、农业投入的影响。分析发现，农业直接补贴可以改善农户的生活水平，但对农户关于农业投入决策的影响不是那么明显。如果政策旨在增加农户的收入，而不是改变农户对农业的投入，农业直接补贴政策会更有效。这些结论，可能适合其他补贴。

# 第十二章

# 基于两部门的收入性补贴的
# 政策效应研究[*]

## 第一节　模型说明

我们尝试将国际上现在流行的关于补贴研究的方法——结构转换与中国的农业补贴政策实践结合起来建立恰当的模型，然后通过 Logistic 模型对我国当前的农业补贴政策的效应做经验上的验证，从而使我们的结论更有说服力。为此，我们设计相应的调查问卷，以全国的农业地区作为调查对象，进行随机性的抽样调查，为模型做经验验证。

需要说明的是，根据农业补贴政策的不同目标，农业补贴方式基本上可分为投入补贴、产出补贴和直接补贴三种，目前我国农业补贴主要集中于流通领域，投入补贴的力度不大，有限的补贴流失严重，农户所得不多，产出补贴在将来不具有普遍适用性，而对农户的直接收入补贴也刚刚进入试点阶段。所以，我们此处以农业的直接收入性补贴为研究对象，考察补贴政策的效应，以下简称"补贴"。

我们通过建立两部门模型来分析中国的农业收入性补贴政策的产出效应和福利效应，结论说明，农业补贴虽然能够提高农户的生活水平，但是，农业补贴对农业产量的影响不仅取决于该部门的农业生产率，同时还取决于农户在拿到补贴后将补贴用于生产的比例。为了验证模型的结论，

───────────

　* 本部分根据 2010 年中国经济年会入选论文改编成。合作者有肖琴和陈三攀。

我们对全国的农村地区做随机性的抽样调查，通过对调查的结果做有序 Logistic 计量分析发现：虽然农业补贴提高了农户的生活水平，但农业物资价格的上涨和部门间的比较利益存在扭曲，在一定程度上抑制了农业补贴的产出水平。

## 第二节　农业直接收入性补贴政策效应模型分析

本部分通过建立一个简单的模型来分析存在结构转换时农业补贴政策的效应。假设经济系统由农业部门和工业部门两部门组成，补贴政策对劳动在不同部门的再分配由收入效应和替代效应所决定，前者由代理人的不同偏好所决定，而后者则由两部门的不同生产率所决定。

### 一　经济环境

（一）生产

假设在每一个时期代理人生产两种类型的产品——农业产品（$a$）和工业产品（$m$）——其生产函数形式遵循如下规模报酬不变的形式：

$$Y_i = A_i L_i, \ i \in \{a, m\} \tag{12.1}$$

其中，$Y_i$ 表示 $i$ 部门的产出，$L_i$ 表示 $i$ 部门的劳动投入，$A_i$ 表示 $i$ 部门的技术参数。

假设经济中的每一个部门存在大量同质的企业，各部门的产品市场和要素市场是完全竞争的，在每一个时期，部门 $i$ 的产品价格为 $p_i$，劳动工资为 $w$，则 $i$ 部门的代表性企业的利润最大化问题可表示为：

$$\max_{L_i \geq 0} \{p_i A_i L_i - w L_i\} \tag{12.2}$$

（二）农户（家庭）需求

假设经济中存在规模一定的有限存活的农户且人口规模为 1。每一个农户在每一时期拥有 $L$ 单位的时间，且劳动在市场上可以无弹性的供给。农户在消费品上的偏好可用如下效用函数表示：

$$U = \sum_{t=0}^{\infty} \beta^t u(c_a, c_m), \ \beta \in (0, 1) \tag{12.3}$$

其中，$c_a$ 表示 $t$ 时期代表性家庭消耗的农业产品，$c_m$ 表示 $t$ 时期其消耗的工业产品。瞬时效用函数 $u(c_a, c_m)$ 表示为：

$$u(c_a, c_m) = a\ln(c_a - \bar{a}) + (1 - a)\ln c_m \tag{12.4}$$

其中，$\bar{a}$ 表示代表性家庭最低的农业产品消费量，低于这一水平，代表性家庭将无法维持生存。

在每一个时期，代表性家庭在给定的价格下，选择最优的消费水平以实现个人效用最大化，有：

$$\max_{c_i \geq 0} [a\ln(c_a - \bar{a}) + (1 - a)\ln c_m] \tag{12.5}$$

$$\text{s. t. } p_a c_a + p_m c_m = wL + \gamma\zeta \tag{12.6}$$

其中，$\zeta$ 表示农户接受的总的收入性农业补贴。$\gamma \in [0, 1]$ 表示农户将所得的补贴用于非生产性消费的比例。当 $\gamma = 1$ 时，则农户将所得的直接性收入性补贴全部用于消费；当 $\gamma = 0$ 时，则农户将所得的收入性补贴全部用于农业生产性投资。所以，参数 $\gamma$ 反映的是农户在接受农业补贴时的投资反映。$\gamma$ 越趋于 0，则补贴用于农业投资的部分则越大；反之则越小。

（三）政府预算与市场出清

政府在 $t$ 时期面临如下的预算约束：

$$\zeta + T + G \leq \tau(L)w \tag{12.7}$$

其中，$G$ 为政府的购买支出，$T$ 为政府的转移支付，假设此处二者皆为常数。$\tau$ 为劳动收入的税率。

企业的劳动需求必须与来自家户的外生的劳动供给相等，即：

$$L_a + L_m = L \tag{12.8}$$

同时，在每一个时期，每一个产品市场也要出清，即：

$$c_a = Y_a, \quad c_m = Y_m \tag{12.9}$$

## 二　均衡分析

定义 1：两部门情况下的竞争性均衡：

在给定价格 $\{p_a, p_m\}$ 下，家户的消费分配为 $\{c_a, c_m\}$，部门的劳动分配为 $\{L_a, L_m\}$，满足如下条件：

（1）给定价格下，企业通过分配劳动 $\{L_a, L_m\}$ 实现企业利润最大化，即（12.2）式满足；

（2）给定价格下，家户通过不同的消费分配 $\{c_a, c_m\}$，在预算约束（12.6）式下，实现个人效用最大化，即（12.5）式满足；

（3）市场出清，即（12.8）式和（12.9）式满足。

性质 1：在给定价格下，企业通过不同部门间的劳动分配实现利润最大化时，各部门产品的价格等于其相应部门的劳动生产率。

企业最优化的一阶问题即单位劳动的边际收入和边际成本要相等。定义工资率为1，这一条件暗示，价格与部门劳动生产率成反比：

$$p_i = \frac{1}{A_i} \qquad (12.10)$$

由（12.9）式可以得到，当部门的劳动生产率越高，那么，其相应的劳动产品的价格则越低；反之则越高。

性质2：如果政府对农户实行直接的农业收入补贴政策，那么代表性家户在给定的价格下实现个人效用最大化时，农业部门的劳动供给不受政府补贴政策的影响，只与该部门的劳动生产率负相关。

由家庭消费的一阶条件得到农业部门的劳动供给为：

$$L_a = aL + \frac{\bar{a}}{A_a}(1 - a) \qquad (12.11)$$

### 三 比较静态分析

上一部分我们分析了在均衡情况下劳动市场的劳动供给状况，在这一部分，我们将分析，在均衡情况下，当农业补贴发生改变时，农业产量和农户的消费将会相应地发生什么样的变化。

性质3：当 $\gamma = 1$ 时，在给定价格下，代表性家庭实现个人效用最大化，代表性企业实现利润最大化的均衡条件下，直接的农业收入补贴政策对农业产出并没有影响。

将（12.10）式和（12.11）式代入（12.1）式，得到均衡情况下的产出水平 $Y^*$：

$$Y^* = A_a aL^* + \bar{a}(1 - a) \qquad (12.12)$$

由（12.12）式有：

$$\partial Y^* / \partial \gamma \zeta = \partial Y^* / \partial \zeta = 0 \qquad (12.13)$$

由（12.12）式、（12.13）式可以看出，在农户实现个人效用最大化的情况下，当 $\gamma = 1$ 时，农业产出只受到农业部门的劳动生产率和劳动供给两个因素影响，农业补贴这一变量对农业产出并无影响。

推论1：当 $0 \leqslant \gamma < 1$ 时，即农户只将所得到的农业收入性补贴部分用于消费等非生产性投资，而将 $(1 - \gamma)\zeta$ 的补贴用于农业性的生产性投资。

第九章通过在单部门的条件下数学建模，证明了在稳态情况下，投资性的农业补贴政策对农业生产有正向的刺激作用。

性质4：当 $\gamma \in [0，1]$ 时，在均衡的情况下，直接的农业收入补贴将会对农户的消费产生正向的影响。

由预算约束（12.6）式可以得到消费的表达式为：

$$c_a = \frac{wL + \gamma\zeta - p_m c_m}{p_a} \qquad (12.14)$$

将（12.10）式代入（12.14）式，有：

$$c_a^* = A_a(wL^* + \gamma\zeta - p_m c_m) \qquad (12.15)$$

进而有：

$$\partial c_a^* / \partial \gamma\zeta = A_a \qquad (12.16)$$

由（12.16）式可以得到，在均衡的条件下，直接的农业收入性补贴政策对农户的消费将会产生正向影响，即农业收入补贴每增加一个单位，农户的消费将会增加 $A_a$ 个单位。

**四　理论模型结论**

两部门的均衡模型得到，直接的农业收入性补贴对农业部门的劳动供给并不产生影响，农业部门的劳动供给只与该部门的劳动生产率负相关；当农业收入性补贴全部用于非生产性的消费时，其对农业部门的农业产出不产生影响，只有农业部门的劳动生产率对该部门的产出产生正向的影响。而当农户将该补贴部分或全部用于生产性投资时，将会对农业产出产生正向的影响（根据我们之前所做的关于投资性补贴的政策研究分析所得）。直接的农业收入补贴只对农户的消费产生显著性影响。

综上所述，农业产出水平除了受到该部门的劳动生产率的影响外，还决定于农户将所得到的补贴用于生产的比例。

接下来，我们将通过实际的调查数据对上述模型得到的结论一一做计量上的验证。

## 第三节　农业补贴政策效应的微观
### 数据及描述性统计

两部门模型对农业收入性补贴政策的有效性做了分析，我们将通过制定较为详细的调查问卷，从实证的角度分析农业补贴对农户行为的影响。

　　需要说明的是，为了便于模型的数据处理，我们在建模时，对其做了一系列的假设和简化，比如，我们在分析农业收入性补贴的效应时，只从经典模型的角度考虑了农户的工资性收入和劳动性收入等非补贴因素对产出和福利的影响，暂时忽略农户的种植面积，农户的个人保障等其他因素对产出和福利的影响。

## 一　调查背景

　　我们依据模型设计关于农业补贴的调查问卷，在 2010 年年初，分别对湖北省内农村地区和湖北省以外的农村地区做随机性抽样调查，总共得到 1122 个有效样本，其中湖北省内样本为 384 个，湖北省外样本为 738 个。在调查地点的选择上，除了新疆、青海、西藏等农作物产区未涉及外，其他地区均有所涉及。在调查数据的时间选择上，我们主要考虑 2009 年、2008 年和 2007 年这三年的数据。

　　在调查的内容安排上，我们尝试着获取了多个层面的信息。

　　第一，对于农户的家庭情况和生活状况，从农户行为特征入手，设计了农户的经济现状、资金盈余状况、生产的投入和产出状况等问题，其中，对于农业生产资料的投入（包括数量和金额两方面），我们采取了有序的区间分布方法，即增加、持平和减少，对于农户的粮食产量、种植面积和外出务工收入等问题，我们得到的是初始数据并据此精确地核算。

　　第二，对政府补贴的数据进行调查，具体探测农业补贴与经济产出的相关性，其中比较重要的是具体的补贴金额，我们以实际发放的额度为准。

　　第三，探测农户对于农业政策的评价，选项为："政策很好得到了实惠"、"一般般且没有什么实际好处"、"感觉较差农户还是吃亏"；农业补贴占家庭收入的比重即大概在 1% 以下（很低）、5%（较高）、5%—10%（很高）、10% 以上（非常高）。类似的问题还有：生活水平是否因为补贴增加而提高、目前的补贴能否弥补农业物资价格上涨、农业补贴上涨一倍后农业投入会不会增加、将补贴的多大比例用于农业投入、拿到农业补贴的第一反应是做什么等问题。

## 二　农业补贴政策有效性的描述性统计分析

　　我们将所调查的问卷中涉及的主要变量做统计性描述，其结果如表12-1 所示。

表 12 - 1　　　　　　　农业补贴政策有效性的描述性统计　　　　　单位:%

| 变　量 | 状　况 | | |
|---|---|---|---|
| 家庭收支状况 | 手头宽松 | 生活平衡 | 手头较紧 |
| 比例 | 23.96 | 53.91 | 22.14 |
| 2009年粮食是否有多 | 有余粮 | 自己够吃 | 不够吃 |
| 比例 | 74.22 | 23.70 | 2.08 |
| 农业物资投入 | 增加 | 持平 | 减少 |
| 比例 | 35.68 | 58.85 | 5.47 |
| 农业对生产的重要性 | 很重要 | 一般,自己吃 | 不想种田 |
| 比例 | 47.14 | 38.80 | 14.06 |
| 政策评价 | 政策好,得实惠 | 一般般,无好处 | 差,农户还是吃亏 |
| 比例 | 69.79 | 19.53 | 10.68 |
| 补贴占收入比重 | 很低,低于1 | 较高,1—5 | 高,大于5 |
| 比例 | 46.09 | 47.66 | 6.25 |
| 补贴对生活水平影响 | 生活水平提高 | 有无补贴差不多 | 似乎还下降了 |
| 比例 | 63.02 | 35.42 | 3.39 |
| 补贴与物价上涨 | 物价上涨更快 | 基本弥补上涨部分 | 补贴略有多 |
| 比例 | 35.42 | 35.42 | 29.17 |
| 农业补贴预期 | 应该会,政策好 | 难说,不清楚 | 不会,政策不到位 |
| 比例 | 45.83 | 50.52 | 3.64 |

资料来源:笔者的问卷调查。

（一）农户的年龄分布和经济状况

1. 农户年龄分布

调查结果显示,从事农业的农户的年龄均值为51.32岁,最小年龄为18岁,最大年龄为75岁,标准差为11.21岁。其中,年龄在50岁以上的占56.77%,40—60岁的占30.21%,而青年劳动力,仅占总的劳动力的13.02%。这种年龄分布的"倒金字塔"结构揭示了从事农业生产的劳动力要素流失的状况。

2. 农户的经济状况

关于农户经济状况，结果显示，超过一半的农户需要借钱或者赊账（其中赊账的居多，主要限于熟人之间）购买种子、化肥和农药等生产资料。

我们还设计了更加直接的家庭收支状况的选项，分别为生活宽松、收支平衡和生活较紧三个选项，结果显示，约45%的农户处于收支平衡的中等水平，生活宽松和生活较紧的农户数量相当，所以整体上农户的收支状况是平衡的。

（二）农业生产状况

1. 农户2009年粮食生产的情况

我们就"2009年粮食是否有多"这一问题设计了三个选项："有余粮出售"、"自己够吃"和"不够吃"。其中，第一个选项最能反映农业补贴政策对农户的影响，因为粮食生产的成本收益直接与农业补贴政策相关。从表12－1中我们可以看出，选有余粮出售的农户占到了总体样本数的74.22%，选生产粮食自己够吃的农户占总体样本的23.70%，仅有一小部分农户表示粮食不够吃。

2. 农业生产投入状况

对生产投入状况，我们调查了农户对种子、化肥和农药三种生产资料的投入数量和金额。调查结果显示，种子的投入量基本持平，化肥的投入量持平的比例约2/3，投入增加的农户占1/3，而农药投入增加的农户也占到了绝大比例。对于总体金额的投入，35.68%的农户选择"农业投入增加"，58.85%的农户选择"大体持平"，而只有小部分农户选择"投入减少"。目前农业生产技术在良种培育上面取得较大的成绩，因而种子用量没有显著变化。但是化肥和农药用量基本呈上升态势，可能与常年生产使用无机化肥和土壤自然肥力下降相关。与此同时，种子、化肥和农药价格上涨，造成了农户在生产资料投入上的金额绝对上升，即生产成本上升。

3. 农户对农业生产重要性的看法

关于农业生产的重要性，我们设计了"很重要，是主要收入"、"一般般，自己吃"和"没钱赚，不想种"这三个选项。结果显示，认为农业生产是主要收入的农户占47.14%，而超过一半的农户种田只自己吃或不想种田，这在一定程度上反映了农户对农业生产的评价有所降低。

(三) 农户对农业补贴政策的看法

结果显示，尽管大部分的农户对农业补贴政策给予了积极的评价，他们的生活水平也相应得到了提高，但是，还是有大部分农户对农业补贴政策的预期不看好或不明白，认为当前的农业补贴额相对于其总收入而言，还是偏低，补贴的数量抵不过农业生产资料物价的上涨。所以这导致了52.86%的农户降低了对农业生产重要性的看法。

以上的分析都是从统计描述的角度对农业补贴政策做的有效性分析，接下来我们将从定量的角度对农业补贴政策的有效性做更精确的分析，重点研究农业补贴政策对农业投入产出和农户福利的影响。

## 第四节 农业收入性补贴政策对农业生产决策的经验分析

根据模型推导，我们得到如下结论，即农户将直接的收入性补贴全部用于消费时，农业补贴政策对农业产出没有影响；当农户将所得到的收入性补贴部分或全部用于生产时，农业补贴对农业生产将产生正向的影响。不论农户将收入性补贴用于非生产性还是生产性投资，该补贴都将会对农户的消费及福利产生正向的影响。下面我们将以湖北地区的调查数据对这一结论做实证性的检验。

我们以单个家户劳动力数量、农业收入性补贴占家庭总收入的比重、工资性收入和农业性收入相对于上年是否提高、补贴相对于农业生产资料物价上涨的水平、补贴用于投资的比例六个因素为解释变量，来分析在存在其他因素影响的情况下农业补贴是否是农户生产行为的主要影响因素，即分析：在给予农户农业补贴后，农业的产量是否因此也有显著的提高，农户的生活水平（即农户的效用）是否有显著性的提高。如果上述问题不成立，那又是什么原因导致了农业补贴政策的低效率？相应的被解释变量我们设定为：农业补贴增加时农业投资以及农业产量相对于往年（本部分的实证分析都是以 2008 年作为基期，分析 2009 年各个变量相对于

2008 年的变动）是否增加。由于这些统计量采用的是问卷调查的形式，得到的数据本身是不连续的。当因变量是一个分类变量而非连续变量的时候，传统的线性的最小二乘法（OLS）就不再适用，此时我们考虑采用有序 Logistic 模型。

**一 农业补贴政策对农业产量和农户生活水平的影响分析**

用 Labor 表示家户劳动力的数量，Grainselling 表示农业性收入相对于去年是否有增加，Balance 表示除去农业性收入后手头是否有多的余钱，Sub_income 表示农业补贴占家庭总收入的比重，Sub_price 表示补贴相对于物价的上涨水平，Share 表示补贴用于投资的比例，分别对农业产量的增减变化 Output，补贴对生活水平的影响 Living，农户对生产重要性的看法 Importance 以及农户的政策的评价 Evaluation 做回归，探测各自变量对被解释变量的影响。

1. 农业补贴政策对农户产量的影响

表 12-2 回归结果显示，农业产出水平与农业补贴用于投资的比例显著相关，且呈现正向关系（对应回归系数为 0.385445），即补贴用于投资的比例越高越能对农业产量产生正向的刺激作用，这与我们的模型的结论是一致的。但是，补贴水平和农业生产资料相对于补贴上涨的价格水平与农业产量却是显著负相关（对应的回归系数分别为 -0.4547413 和 -0.3200137），这说明即使农户将所得到的农业补贴部分或者全部用于生产性投资，但是农业产量并没有因补贴而得到提高。

因为农业生产资料的市场价格也在很大程度上决定农户种粮的积极性进而决定了农业产量。农户作为理性经济人，他们所追求的是自身的粮食安全和收益最大化，当温饱问题解决后，影响农户种粮积极性的一个内在因素就是种粮的收益。种粮收益是由出售粮食收益和种粮补贴组成。在不考虑政府补贴的基础上，种粮收入 = 粮食价格 × 粮食产量 - 生产成本。粮食产量基本上随粮食价格变化，而生产成本主要是农资价格决定（暂不考虑劳动力成本）。因此影响粮食销售的效益主要是粮食价格和农资价格，粮食价格提高能够带来农户种粮积极性的提高；而农资价格越高农户种粮积极性越低。这在一定程度上说明了，现行的农业补贴额度还不足以弥补生产资料价格的上涨量。

表 12 - 2 农业补贴政策对农业生产和农户行为的分析——湖北

| 变量 | Output | Living | Importance | Evaluation |
|---|---|---|---|---|
| Labor | 0. 2394677 | 0. 0429992 | 0. 2113654 | 0. 043716 |
| | (0. 081) *** | (0. 777) | (0. 123) | (0. 779) |
| Sub_income | − 0. 4547413 | 0. 8368035 | 0. 4165829 | 1. 378163 |
| | (0. 005) * | (0. 000) * | (0. 013) ** | (0. 000) * |
| Balance | 0. 3798157 | 0. 5176629 | − 0. 0328364 | 0. 3944334 |
| | (0. 016) ** | (0. 002) * | (0. 832) | (0. 028) ** |
| Grainselling | − 0. 0717446 | 0. 4736408 | 0. 3727561 | 0. 6455951 |
| | (0. 742) | (0. 041) ** | (0. 074) *** | (0. 006) * |
| Sub_price | − 0. 3200137 | − 0. 2060243 | − 0. 0774891 | − 0. 4353277 |
| | (0. 018) ** | (0. 151) | (0. 555) | (0. 005) * |
| Share | 0. 385445 | 0. 6802315 | 0. 8503092 | 0. 7486825 |
| | (0. 023) ** | (0. 000) * | (0. 000) * | (0. 000) * |
| 样本量 | 384 | 384 | 384 | 384 |
| Pseudo $R^2$ | 0. 0349 | 0. 1026 | 0. 0607 | 0. 1552 |

注：括号内数字为 $p$ 值，* 、* * 、* * * 分别表示 1%、5% 和 10% 的显著性水平。

2. 农业补贴政策对农户福利的影响

如表 12 - 2 所示，农业补贴的水平和补贴用于投资的比例对农户的福利均有显著的正向刺激作用（相应的回归系数分别为 0. 8368035 和 0. 6802315）。这与我们的模型中得到的结论也是一致的。

二 结论分析

正如上述分析，虽然农业补贴政策在一定程度上提高了农户的生活水平，但由于受补贴额度和价格因素的影响，农业产量并没有因为农业补贴的增加而显著增加，反而出现下降的状况。为了更深入地分析农户的行为，我们接下来从农户的心理角度来分析，影响农户生产积极性的因素。

就此，我们分别对农户对生产重要性的看法 Importance 和农户对农业补贴政策 Evaluation 的评价做回归分析。

如表 12 - 2 所示，农业补贴对农户生产的重要性的影响是显著的，即说明大部分的农户对政府的农业补贴政策还是持支持态度的。关于政策的评价，尽管农业补贴与政策评价显著相关且有正向的影响，但是农业生产资料相对于补贴的上涨水平对政策评价也显著相关，且有负向的作用（相应的回归系数为 - 0.4353277，显著性水平为 0.005），这在一定程度抑制了农户种粮的积极性。正如我们的调查结果，大部分农户认为，从粮食生产中得不到什么实惠，种粮获得的收入还没有投入的农药、化肥和种子等生产资料的成本多。所以对于大部分青壮年而言，为生计，他们都宁愿出去务工，这也印证了统计分析中关于农业劳动力的年龄呈现"倒金字塔"结构的原因。

所以，对于当前的农业补贴政策，我们除了要对补贴的方式做进一步的探讨外，还需要对补贴的额度做进一步的分析，使得农户真正能够从政策中得到实惠。

### 三　数据的稳健性检验

为了检验模型回归的稳健性，我们对湖北省外的农村地区做随机性的抽样调查，获取 738 个样本，对农业补贴政策的投资效应和产出效应做分析，结果如表 12 - 3 所示。

表 12 - 3　农业补贴政策对农业生产和农户行为的分析——湖北省外的其他地区

| 变量 | Output | Living | Importance | Evaluation |
|---|---|---|---|---|
| Labor | 0.0878416 | 0.1841778 | 0.1100249 | 0.1636427 |
|  | (0.257) | (0.034)** | (0.158) | (0.057)*** |
| Sub_income | - 0.2330456 | 0.4491774 | 0.1944881 | 0.5633892 |
|  | (0.008)* | (0.000)* | (0.026)** | (0.000)* |
| Balance | 0.3102147 | 0.4849047 | - 0.0857456 | 0.2512833 |
|  | (0.006)* | (0.000)* | (0.442) | (0.035)** |
| Grainselling | 0.1076125 | 0.6477194 | 0.4903493 | 0.658796 |
|  | (0.373) | (0.000)* | (0.000)* | (0.000)* |
| Sub_price | - 0.0372017 | - 0.2876348 | 0.1000601 | - 0.3645434 |
|  | (0.681) | (0.003)* | (0.262) | (0.000)* |
| Share | 0.1313302 | 0.7052344 | 0.6381301 | (0.8112751) |
|  | (0.226) | (0.000)* | (0.000)* | (0.000)* |
| 样本量 | 738 | 738 | 738 | 738 |
| Pseudo R$^2$ | 0.0122 | 0.0162 | 0.0564 | 0.1350 |

注：括号内数字为 $p$ 值，*、**、*** 分别表示 1%、5% 和 10% 的显著性水平。

我们将得到的结果与表 12 - 2 中的结果做对比性分析发现：

第一，关于农业产量，虽然农业补贴用于投资的比例和农业补贴额度相对于物价上涨的水平对农业产量的影响不是非常显著，但是，农业补贴对农业产量的影响与表 12 - 2 中得到的结论是一致的，即显著负相关。

第二，关于农户生活水平，表 12 - 3 和表 12 - 2 的结果均显示，农业补贴对农户生活水平产生了显著的正向影响。

第三，关于农户对农业生产的重要性看法以及农户对农业补贴政策的评价，同表 12 - 2 中的分析结果，虽然补贴对二者的影响显著正相关，但价格因素对其影响显著负相关，从而在一定程度上削弱了农户种粮的积极性。

值得一提的是，虽然务工收入对农户对生产重要性的看法影响不显著，但是，它还是在一定的程度上降低了农户从事农业生产的积极性。这在一定程度上折射出了部门的比较利益和劳动生产率的不同导致劳动力由农业部门向非农部门转移和农业部门生产率低下这一现实问题。所以，政府不仅要考虑农业补贴的方式和农业补贴的额度，还要考虑如何提高农业部门的生产率，为农业生产和农户福利的提高创造外部环境。

## 第五节　本章结论及进一步研究的方向

通过建立两部门模型来分析我国的农业补贴政策的产出效应和福利效应，结论说明，农业补贴虽然能够提高农户的生活水平，但是，农业补贴对农业产量的影响不仅取决于该部门的农业生产率，同时还取决于农户在拿到补贴后将补贴用于生产的比例。为了验证模型的结论，我们对全国的农村地区做随机性的抽样调查，通过对调查的结果做有序 Logistic 计量分析，我们发现：虽然农业补贴提高了农户生产的积极性和农户的生活水平，但农业物资价格的上涨和部门间的比较利益的存在，在一定程度上影响了农业补贴的产出水平。

如果政府的政策目标只是为了稍微提高农户的生活水平，那目前的补贴水平即实现了目的；如果政府的政策目标是促进农业整体的发展，真正提高农户种粮的积极性，那么当前农业补贴方式和补贴额度还有待改进。

因为，目前政府以农户所拥有的土地面积作为补贴额度的依据，但是，我们并不能够控制农户将所得到的补贴全部或者大部分用于农业生产，即目前出现的一种现象——不种田的农户也得到了补贴。所以，我们可以尝试一种新的补贴即按照农户上一年的实际卖粮量作为下一年的补贴依据。但是，仅仅改变补贴的方式和提高补贴额度还是远远不够的，从长期来看，需要加大农村的基础设施建设，提高农户的知识水平，提高农业部门的比较利益，为农户的生产创造外部环境。

# 第 六 篇
# 投资补贴及福利分析

# 第十三章

## 基于单部门分析的投资性补贴 政策的有效性分析和经验验证

### 第一节 模型说明

关于中国的农业补贴研究，国外对于中国的农业补贴的研究主要侧重于一般形式的补贴和专门的农业补贴的规范研究，但对中国的农业补贴问题的特殊性研究得较少，而中国独特的发展状况和制度扭曲又表明中国的独特性，比如二元经济现实等，因而这些基准的模型需要融入中国特殊的情形和设定才能更妥当地分析中国的农业问题和农业政策所可能的效应（比如价格扭曲和城乡差距）。并且值得注意的是，国际上部分机构测算出来的中国对农业的支持力度或者农业补助很大，可能会引起一些争议，这些测算事实上忽略了中国特殊的现实，比如中国的粮食收购价格远低于国际粮价，国内农户所获得的补助实际上微乎其微。需要对这些可能不真实的结论进行准确研究。

当前中国的农业补贴政策主要包括种粮农户直接补贴、农资综合补贴、良种补贴和农机具购置补贴。从近几年政府对各种补贴的补贴额度来看，农户直接补贴额与后三种投资性补贴额相比，其比重明显偏小。如2009年，中央财政安排种粮农户直接补贴190亿元、农资综合补贴756亿元、良种补贴198.5亿元、农机具购置补贴130亿元，其中农业直接性补贴仅占补贴总额的14.91%，所以，我们将重点放在农业的投资性补贴上，对农业投资补贴的效应做分析，本章简称"补贴"。

同时，在存在比较利益的情况下，部门间会存在劳动力和资本的转移，所以趋于模型的完整性，应该考虑多部门的模型，即国际上现在非常流行的结构转换，但是，为了能够对补贴的投资效应和产出效应做更细致的分析，即求出补贴对投资和产出的显示解，同时也为了避免模型表达过于复杂，我们暂时不考虑多部门模型，只考虑单部门（农业部门）模型。

通过建立动态一般均衡模型来分析农业投资性补贴政策对农户行为和农业产量的影响。依据模型，我们对全国的农村地区做随机性的抽样调查并对调查的结果做有序 Logistic 分析发现：尽管农业投资补贴提高了农户投资生产的积极性，但由于受补贴方式、补贴额度和地区差异的影响，它对农业产量的影响并不明确。所以在制定补贴政策时，我们除了要考虑补贴的方式和补贴的额度外，还应考虑各地区的地区差异制定适宜该地区的补贴政策。

# 第二节　有投资性补贴政策的动态一般均衡模型

本部分通过建立动态一般均衡模型（DGE 模型）来分析农业投资性补贴政策，该模型涉及农户需求、农户生产、政府预算和市场出清四个方面。模型重点研究当对农业生产给予投资补贴时，农户的行为和农业产出将发生什么样的变化。

## 一　模型建立

### （一）家庭需求

考虑一个拥有大量相同家庭的经济体，为方便后续的推导，规定每个家户的人口数量为1，不存在人口的增长问题。据拉姆齐模型，家户是永久存活的，在每个时点上，家庭将其收入在消费和投资之间进行分配，以便最大化其终生效用。其效用函数有如下的形式：

$$U = \int_0^\infty u(C_t, N_t) e^{-\rho t} dt \qquad (13.1)$$

其中，U（.）为代表性家庭的瞬时效用函数，$C_t$ 为家庭在 $t$ 时期的消费，$N_t$ 为家庭在 $t$ 时期的劳动量，是贴现率。家庭通过消费（$C_t$）获取效用，劳动（$N_t$）具有负效用。

假设家户拥有整个资本储备，$\delta$ 是折旧系数，$K_t$ 是 $t$ 时期资本的储存量，设生产 $I_t$ 单位的资本的总成本为 $\varphi_t = \varphi(I_t)$。其边际成本为 $\varphi_t = \varphi_t(I_t) = \partial\,\varphi(I_t)/\partial\,I_t$，在此假设边际成本 $\varphi_t(I_t)$ 递增。为与克里斯托弗·L. 豪斯（2008）对投资的临时性税收补助分析做比较，假设函数 $\varphi_t^m(I_t^m)$ 有与其相同的形式：

$$\varphi_t(I_t) = (I_t/I^*)^{(1/\xi)} \tag{13.2}$$

其中，$I^*$ 是资本在稳态时的投资水平（关于稳态水平，将在下文分析），$\xi$ 是供给弹性。该成本既可解释为外在成本，即反映产品的市场价格，又可解释为调整成本，即农户内在成本，不反映市场价格。

假定所用的税收由农户支付，农户的劳动和资本收入均受扭曲性课税的影响。$\tau^N$ 是劳动收入的税收率，$\tau^\pi$ 是资本的税收率。代表性家庭选择 $C_t$、$N_t$、$K_t$ 和 $I_t$ 在如下约束下最大化其效用函数，即：

$$(PH) \qquad \max_{(C_t, N_t, K_t, I_t)} U$$

s. t. $\qquad (1 - \tau_t^N) W_t N_t + (1 - \tau_t^\pi) R_t K_t + T_t = C_t + \varphi_t I_t (1 - \zeta_t) \tag{13.3}$

$$K_t = I_t - \delta K_t \tag{13.4}$$

$$K_0 = 0 \text{ 给定}$$

此处，$\zeta_t$ 是新购资本的总的有效补助，即政府对农业投资的有效补助，$0 \leq \zeta_t \leq 1$。$W_t$ 是实际工资，$R_t$ 是资本的实际租金，$T_t$ 是家户所得到的来自政府的转移支付。

设 $\Omega_H$ 为方程（13.4）的现值影子价格，预算约束方程（13.3）式的现值影子价格经计算可由 $u_1$ 表示，则由最优化问题有：

$$\dot{C} = -\frac{u_1(1 - \tau_t^\pi)R_t}{u_{11}\varphi_t(1 - \zeta_t)} + \frac{u_1(\rho + \delta)}{u_{11}} \tag{13.5}$$

$$\dot{N} = \frac{(1 - \tau_t^N)^2 W_t u_1 R_t}{u_{22}\varphi_1(1 - \zeta_t)} - \frac{(1 - \tau_t^N)^2 W_t u_1(\rho + \delta)}{u_{22}} \tag{13.6}$$

$$\Omega_H = u_1\varphi_t(1 - \zeta_t) \tag{13.7}$$

$$\dot{\Omega}_H = (\rho + \delta)\Omega_H - u_1(1 - \tau_t^\pi)R_t \tag{13.8}$$

（二）农户生产

农户的生产要素包括土地要素和非土地要素，由于农户的土地供给在短期内不会发生变化，在此，我们只考虑非土地因素。为简单起见，假设农户的生产函数遵循规模报酬不变的柯布—道格拉斯形式：

$$Y_t = AK_t^a(N_t)^{1-a} \qquad (13.9)$$

假定市场是完全竞争的，在资本租金 $R_t$ 和真实工资 $W_t$ 给定的情况下，家户选择资本 $K_t$ 和劳动 $N_t$ 最大化其利润，即边际产量等于边际成本，有：

$$R_t = A\alpha\left(\frac{N_t}{K_t}\right)^{1-\alpha} \qquad (13.10)$$

$$W_t = A(1-\alpha)\left(\frac{K_t}{N_t}\right)^{\alpha} \qquad (13.11)$$

$$\dot{Y} = A(1-a)K_t^a \frac{(1-\tau_t^N)^2 W_t u_1 R_t}{u_{22}\phi_t(1-\zeta_t)} - A(1-a)$$

$$K_t^a \frac{(1-\tau_t^N)^2 W_t u_1(\rho+\delta)}{u_{22}} + AaN_t^{1-a}(I_t - \delta K_t)$$

$$\qquad (13.12)$$

（三）政府支出与市场出清

政府在 $t$ 时期面临如下预算约束：

$$\varphi_t I_t \zeta_t + T_t + G_t \leq \tau_t^N(N_t)W_t + R_t K_t \tau_t^\pi \qquad (13.13)$$

$G_t$ 为政府在 $t$ 时期的支出，假设为常数。

由（13.13）式有：

$$\dot{I} = \frac{\tau_t^N W_t}{\phi_t \zeta_t}\left[\frac{(1-\tau_t^N)^2 W_t u_1 R_t}{u_{22}\phi_1(1-\zeta_t)} - \frac{(1-\tau_t^N)W_t u_1(\rho+\delta)}{u_{22}}\right] + \frac{R_t \tau_t^N}{\varphi_t \zeta_t}(I_t - \delta K_t)$$

$$\qquad (13.14)$$

均衡时要求所有的市场出清，特别地，当产品市场出清时有：

$$Y_t = C_t + I_t + G_t \qquad (13.15)$$

（四）均衡

定义1：在完全竞争的农业市场上，家庭的价格（$R_t$，$W_t$）和税收补贴率（$\tau_t^N$，$\zeta_t$）给定，家户选择为（$C_t$，$N_t$，$K_t$，$I_t$），农业补贴的动态一般均衡存在有如下的条件成立：

（1）对于给定的价格，家户在一定的预算约束下个人效用最大化；

（2）对于给定的价格和税收补贴，家户生产实现最大化；

（3）政府预算满足（13.13）式；

（4）市场出清情况下（13.15）式成立。

均衡的存在性为我们接下来研究均衡的动态效应提供了基础。下面，我们将研究均衡条件下家户选择（$C_t$，$N_t$，$K_t$，$I_t$）的动态效应，不失一般性，先将各变量的下标 $t$ 去掉。

**二　动态系统和稳态**

**（一）均衡条件和稳态**

前文已经假设的"经济体存在大量相同的家庭，出于简化，假定家庭成员的单位为1"。

令 $Y = (C，N，K，I)^T$，由上文的关于家户行为和家户生产的最优化问题，我们依次可以得出各变量的变动率，动态系统可相应表示为 $\dot{Y} = h(Y，W，R，\zeta)$，初始条件为 $K_0 = 0$ 给定，有：

$$\dot{C} = -\frac{u_1(1-\tau^N)R}{u_{11}\varphi(1-\zeta)} + \frac{u_1(\rho+\delta)}{u_{11}} \tag{13.16}$$

$$\dot{N} = \frac{(1-\tau^N)^2 Wu_1 R}{u_{22}\varphi(1-\zeta)} - \frac{(1-\tau^N)^2 Wu_1(\rho+\delta)}{u_{22}} \tag{13.17}$$

$$\dot{I} = \frac{\tau^N W}{\varphi\zeta}\left[\frac{(1-\tau^N)^2 Wu_1 R}{u_{22}\varphi(1-\zeta)} - \frac{(1-\tau^N)^2 Wu_1(\rho+\delta)}{u_{22}}\right] + \frac{R\tau^N}{\varphi\zeta}(I-\delta K) \tag{13.18}$$

$$\dot{K} = I - \delta K \tag{13.19}$$

如果给定，当系统存在稳态时，$\dot{Y} = h(Y，W，R，\zeta) = 0$，那么由（13.16）—（13.19）式，我们可以求出动态系统处于稳态时的唯一均衡解 $Y^* = h(C^*，N^*，K^*，I^*)^T$。

**（二）稳态时的农业补贴政策的动态效应**

我们开始研究稳态时的政策效应，重点将研究稳态时农业补贴政策的投资效应和产出效应。

**1. 稳态时农业补贴政策对投资的动态效应分析**

设 $\tilde{v}$ 是变量 $v$ 偏离其稳态时的比例，即 $\tilde{v} = \frac{dv}{v} = \frac{v-v^*}{v}$。同克里斯托弗·L. 豪斯和 D. 马修（2008）的分析，假设政府以信誉担保制定农业补助政策，而且该补助是临时性的，其通过总的转移支付 $T$ 来融资。对某些（或者全部）投资产品，农业补助的临时性增长为 $\zeta$。在临时性补贴政策下，$\Omega_H$ 为常数，效用函数对消费的一阶导数为 $u'(C_t) = C_t^{-\frac{1}{\sigma}}$，将方程（13.7）变形有：

$$\frac{\Omega_H C_t^{\frac{1}{\sigma}}}{(1 - \zeta_t)} = \varphi_t \tag{13.20}$$

由方程（13.20）和方程（13.2）有：

$$\frac{\Omega_H C_t^{\frac{1}{\sigma}}}{(1 - \zeta_t)} = (\frac{I_t}{I^*})^{\frac{1}{\xi}} \tag{13.21}$$

将（13.21）式两边取对数，有：

$$\ln\Omega_H + \frac{1}{\sigma}\ln C_t - \ln(1 - \zeta_t) = \frac{1}{\xi}[\ln I_t - \ln I^*] \tag{13.22}$$

又因为 $\tilde{v} = \frac{dv}{v} = d\ln v$，对（13.22）式两边全微分，有：

$$\tilde{I}_t = \frac{\xi}{(1 - \zeta_t)}d\zeta_t + \frac{\xi}{\sigma}\tilde{C}_t \tag{13.23}$$

$d\zeta_t$ 是投资补贴的变化。由（13.23）式可以看出，如果补贴没有总效应，则稳态时 $\tilde{C}_t = 0$。当农业投资补贴发生改变的时候，相应的，会对投资相对于稳态的变动率产生正向影响。当补贴消失的时候，投资最终会回到其稳态的水平。这也同时说明，如果取消补贴政策，那么，投资水平将会迅速下降，所以对农业生产给予补贴会比未来的农业投资更有效。

2. 稳态时农业投资补贴政策对产出的动态效应分析

同上述推导过程，由（13.4）式、（13.9）式和（13.23）式有：

$$\tilde{Y} = \frac{\alpha}{K_t}\exp\left\{\left[\frac{1}{I_t}\int\frac{\xi}{(1 - \zeta_t)}d\zeta_t + \frac{\xi}{\sigma}\tilde{C}_t\right]d_{I_t}\right\} + (1 - \alpha)\tilde{N}_t - \delta\alpha$$

$$\tag{13.24}$$

类似于农业补贴对投资的效应分析，当农业补贴发生变动时，相应的，会对产出相对于其稳态的变动率产生正向影响。对农业生产实施补贴，将会有利于农业产量的提高。

通过模型推导，我们可以得出以下结论：农业投资补贴政策对农户的生产具有正向的激励作用，能在一定程度上刺激农业生产的积极性从而导致农产品产量的提升。下面我们将从实证的角度对模型的结论——做验证。

## 第三节 农业补贴政策效应的微观数据及描述性统计

如第二部分的模型所述,模型得出结论:增加农户的农业补贴可以激励农户提高对农业的投资水平,进而提高农业产量。下面,我们将用所调查的数据对上述模型得出的结论做经验验证。

**一 调查背景**

我们依据模型设计关于农业补贴的调查问卷,在 2010 年年初分别对湖北省内农村地区和湖北省以外的农村地区进行随机性抽样调查,总共得到 738 个有效样本,其中,湖北省内样本为 384 个,湖北省外样本为 354 个。在调查地点的选择上,除了新疆、青海等非主要农作物产出未涉及外,其他地区均有所涉及。在调查的内容上,我们主要考虑以下三类问题:第一,农户的日常生活状况和经济状况;第二,农户的投资和生产状况;第三,农户在接受补贴后的反应和对补贴政策的评价及预期。在调查数据的时间选择上,我们主要考虑 2009 年、2008 年和 2007 年这三年的数据。

**二 农业补贴政策有效性的统计分析**

我们将所调查的问卷中涉及的主要变量做统计性描述,其结果如表 13-1 所示。

表 13-1　　　　　　农业补贴政策有效性的描述性统计　　　　　　单位:%

| 变 量 | 状 况 | | |
|---|---|---|---|
| 家庭收支状况 | 手头宽松 | 生活平衡 | 手头较紧 |
| 比例 | 23.96 | 53.91 | 22.14 |
| 2009 年粮食是否有多 | 有余粮 | 自己够吃 | 不够吃 |
| 比例 | 74.22 | 23.7 | 2.08 |
| 农业物资投入 | 增加 | 持平 | 减少 |
| 比例 | 35.68 | 58.85 | 5.47 |
| 农业对生产的重要性 | 很重要 | 一般,自己吃 | 不想种田 |
| 比例 | 47.14 | 38.8 | 14.06 |

| 变　量 | 状　况 | | |
|---|---|---|---|
| 政策评价 | 政策好，得实惠 | 一般般，无好处 | 差，农户还是吃亏 |
| 比例 | 69.79 | 19.53 | 10.68 |
| 补贴占收入比重 | 很低，低于1 | 较高，1—5 | 高，大于5 |
| 比例 | 46.09 | 47.66 | 6.25 |
| 补贴对生活水平影响 | 生活水平提高 | 有无补贴差不多 | 似乎还下降了 |
| 比例 | 63.02 | 35.42 | 3.39 |
| 补贴与物价上涨 | 物价上涨更快 | 基本弥补上涨部分 | 补贴略有多 |
| 比例 | 35.42 | 35.42 | 29.17 |
| 农业补贴预期 | 应该会，政策好 | 难说，不清楚 | 不会，政策不到位 |
| 比例 | 45.83 | 50.52 | 3.64 |

注：因四舍五入，比重合计不等于100%。

结果显示，尽管大部分的农户对农业补贴政策给予了积极的评价，他们的生活水平也相应得到了提高，但是，大部分农户对农业补贴政策的预期不看好或不明白，认为当前的农业补贴额度相对于其总收入而言还是偏低，同时，补贴的数量抵不过农业生产资料价格的上涨，所以这导致了52.86%的农户降低了对农业生产重要性的看法。

上述分析皆从统计描述的角度对农业补贴政策有效性做分析，接下来我们将用计量方法对农业补贴政策的有效性做更深入的分析，重点研究农业补贴政策的投资效应和产出效应。

## 第四节　对农业生产决策的经验分析

### 一　农业补贴政策对农业投资和农业产量的影响

用 Labor 表示家户劳动力的数量，Grainselling 表示农业性收入相对于去年是否有增加，Balance 表示除去农业性收入后手头是否有多的余钱，Sub_income 表示农业补贴占家庭总收入的比重，Sub_price 表示农业生产资料相对于补贴的上涨水平，分别对农业生产资料的投入变化 Input 和农业产量的增减变化 Output 做回归。我们逐步将变量引入方程，探测各自变量对被解释变量的影响，结果如表 13－2 所示。

表 13－2　　　农业补贴政策对农业投资和农业产量的影响——湖北

| 变量 | Input | Input | Output | Output |
|---|---|---|---|---|
| Labor | | | 0. 2460228 (0. 072) *** | |
| Sub_income | 0. 3134078 (0. 054) *** | 0. 3162416 (0. 052) *** | － 0. 4126684 (0. 013) ** | － 0. 4508148 (0. 006) * |
| Balance | | | 0. 379847 (0. 016) ** | |
| Grainselling | 0. 4696952 (0. 039) ** | 0. 4908123 (0. 027) ** | － . 0103527 (0. 962) | |
| Sub_price | － 0. 0610383 (0. 641) | | － 0. 3024258 (0. 024) ** | － 0. 289293 (0. 026) ** |
| 样本量 | 384 | 384 | 384 | 384 |
| Pseudo $R^2$ | 0. 0162 | 0. 0158 | 0. 0277 | 0. 0166 |

注：括号内数字为 $p$ 值，*、**、*** 分别表示 1%、5% 和 10% 的显著性水平。

（一）农业补贴政策对农户投资的影响

为研究农业补贴增加之后农户的投资反应，我们设置了"全部用于增加农业投入"、"部分用于农业投入"和"不断的减少农业投入"三个选项。根据回归结果显示，农业补贴和农业性收入对农业投资有一定的正向的刺激作用，且效果显著。由此可见，当前的农业补贴政策确实对于农户生产决策产生了积极作用，这刚好印证了我们前面模型推导的结论。

（二）农业补贴政策对农业产量的影响

根据回归的结果我们发现，尽管农业补贴政策提高了农户的投资积极性，但是农业产量并没有因为农业补贴的增加而得到显著性的提高，反而有所下降（相应的回归系数为 － 0.4508148，显著性水平为 0.006）。这很有可能是因为当前的农业补贴水平还不能弥补农业生产资料价格的上涨水平（相应的回归系数为 － 0.289293，显著性水平为 0.026），从而抑制了农户种粮的积极性，抑制了农业产量的提高。

（三）结论分析

如上述分析所述，虽然农业补贴政策在一定程度上提高了农户的生活水平，但由于受补贴额度和价格因素的影响，农业产量并没有因为农业补贴的增加而显著增加，反而出现下降的状况。那么，是什么原因导致了这样一种状况呢？下面，我们将从农户的心理角度对这一问题做进一步的探讨。

同理，我们还是在此处选取表 12 - 2 中的五个解释变量对以下两个变量做回归：农户对生产重要性的看法 Importance 和农户对农业补贴政策 Evaluation 的评价。

如表 13 - 3 所示，农业补贴对农户对生产的重要性的影响是显著的，即说明大部分的农户对政府的这一政策还是持支持态度的。关于政策的评价，尽管农业补贴与政策评价显著相关且有正向的影响，但是农业生产资料相对于补贴的上涨水平对政策评价也显著相关，且有负向的作用（相应的回归系数为 - 0.4324766，显著性水平为 0.003），这在一定程度上抑制了农户种粮的积极性。

表 13 - 3　农户对生产重要性的看法和农户对补贴的评价——湖北

| 变量 | importance | importance | Evaluation | Evaluation |
|---|---|---|---|---|
| Labor | 0.2045968 (0.127) | 0.2094926 (0.111) | | |
| Sub_income | 0.473173 (0.004) * | 0.477561 (0.003) * | 1.376112 (0.000) * | 1.487848 (0.000) * |
| Balance | - 0.0455884 (0.764) | | 0.3708259 (0.033) ** | |
| Grainselling | 0.4816145 (0.019) ** | 0.4743246 (0.016) ** | 0.7683318 (0.001) * | |
| Sub_price | - 0.0078931 (0.951) | | - 0.3057107 (0.038) ** | - 0.4324766 (0.003) * |
| 样本量 | 384 | 384 | 384 | 384 |
| Pseudo $R^2$ | 0.0261 | 0.0162 | 0.1284 | 0.1008 |

注：括号内为 $p$ 值，*、**、*** 分别表示 1%、5% 和 10% 的显著性水平。

所以，对于当前的农业补贴政策，我们除了要对补贴的方式做进一步的探讨外，还需要对补贴的额度做进一步的分析，使得农户真正能够从政策中得到实惠。

### 二 结论的稳健性检验

为了检验上述有序 Logistic 模型回归结果的稳健性，我们对湖北省外的农村地区做随机性的抽样调查，对农业补贴政策的投资效应和产出效应做分析，结果如表 13 - 4 所示。

表 13 - 4　　　农业补贴政策对农业投资和农业产量的影响
——湖北省外的其他地区

| 变量 | Input | Input | Output | Output |
|---|---|---|---|---|
| Labor | 0. 1382164<br>(0. 165) | | 0. 396024<br>(0. 000)* | |
| Sub_income | 0. 2150038<br>(0. 046)** | 0. 2352688<br>(0. 027)** | 0. 3695862<br>(0. 001)* | 0. 453239<br>(0. 000)* |
| Balance | - 0. 1182406<br>(0. 481) | | | |
| Grainselling | 0. 5521996<br>(0. 001)* | 0. 5857786<br>(0. 000)* | 0. 5757896<br>(0. 000)* | |
| Sub_price | - 0. 4223881<br>(0. 002)* | - 0. 4517707<br>(0. 001)* | - 0. 409269<br>(0. 002)* | - 0. 5375562<br>(0. 000)* |
| 样本量 | 354 | 354 | 354 | 354 |
| Pseudo $R^2$ | 0. 0489 | 0. 0452 | 0. 0945 | 0. 0484 |

注：括号内为 $p$ 值，*、**、*** 分别表示 1%、5% 和 10% 的显著性水平。

我们将得到的结果与表 13 - 2 中的结果做对比性分析发现，对于农业补贴的投资效应，对省内数据和省外数据做回归，得到的结果是一致的，即农业补贴和农业性收入对农业投资能产生正向的影响。

关于农业产量，由表 13 - 4 可以看到，农业生产资料价格相对于补贴的上涨水平对农业产量产生了负向的刺激作用，而且该作用是显著的，这与省内的数据回归得到的结果也是一致的。但是，关于农业补贴对产出的影响，表 13 - 2 结果显示农业补贴对产出有负向的显著性影响，而表 13 - 4 中得到的却是正向的显著性影响，这与省内数据回归得到的结果刚好相反，所以，农业补贴政策对产出的影响是不明确的。这可能是因为，农业产量除了受到补贴水平和农业生产资料价格的影响外，还受到各地区差异的影响，从而使得补贴对农业产量的影响不明确。所以，我们在考虑补贴的方式和额度时还要考虑地区的差异性，以制定适应该地区的补贴方案。

## 第五节　本章结论及进一步研究的方向

本章通过建立动态一般均衡模型来分析我国的农业补贴政策，该模型涉及农户、市场和政府三个主体，主要研究农业投资性补贴对农户行为和农业产量的影响。依据模型，我们设计了关于农村生产状况的调查问卷，通过对调查的结果做有序 Logistic 计量分析，我们发现：虽然补贴提高了农户生产投资的积极性，但是补贴对农业产量的影响是不明显的；虽然补贴也在一定程度上提高了农户的收入水平，但种子、农药和化肥等农业物资价格的上涨抵消了补贴的正面影响。

可以在一定程度上说明，当前的农业投资性补贴政策的产出效应并不明显，这为当前的农业补贴政策的改进提供政策上的建议。根据结果的分析，我们认为，如果农业补贴政策旨在提高农户生产的积极性从而提高农业产量，那么当前的投资性补贴政策在补贴方式上和补贴额度上尚需改进，同时还需要因地制宜，根据各个地区的特点制定不同的补贴方案。

# 第十四章

# 社会福利（农户满足程度）与
# 农业补贴：一般性与区域差异

## 第一节　理论依据

如果以劳动力要素作为农业补贴政策评价的基础，那么我们还是选用静态模型。它反映的传导机制是，农业补贴会因为改变农户的预算约束而改变农户在选择消费和闲暇之间的相对大小关系，其中难以计算闲暇给农户带来的效用，因而用农户的整个可利用的时间减去农户在从事生产上面所耗费的时间进行替代。这样一来，整个的效用函数实际上也就变成了劳动力的函数，因为在静态模型下，农户在一定的预算约束下消费会选择将收入全部用做消费，这样考虑的话，分析就变得简便。

另外，我们还需要看到，在前面的模型设定中，都是以单部门模型作为基准的，这样处理实际上仍然有经济含义：在具有异质性特征的农户看来，农业补贴政策的意义不同，如果是能够实现劳动力的自由流动，他所在家户的最优选择是从事非农部门的生产，这样，即使政府给予补贴，也只是在收入上增加该家户的预算，从而补贴只具有收入效应。对于不能够实现劳动力自由流动的劳动力来说，农业补贴的效果还要分两类：一类是身体状况不允许其大面积耕种，只能够维持简单生活的农户；另一类是年纪虽大但身体健康、承包土地较多的农户，这一类农户对于补贴政策的反应是最敏感的，因此他们也最有可能增加农业投入扩大产出，通过出售产品的方式增加收入从而获得更高的效用。现在我们回顾一下理论模型的环境。

单个农业部门基准模型是：

$$\max_{C,l} U = \ln C + b\ln(T - l), s.t.\ C \leqslant y, y = pl^{\alpha}, 0 < \alpha < 1 \qquad (14.1)$$

两部门基准模型是:

$$\max_{C,l_1,l_2} U = \ln C + b\ln(T - l_1 - l_2), s.t.\ C \leqslant y, y = pl_1^{\alpha} + wl_2, 0 < \alpha < 1$$

$$(14.2)$$

求解一阶条件: $pal_1^{\alpha-1} = w$,得到 $l_1 = \left(\dfrac{p\alpha}{w}\right)^{\frac{1}{1-\alpha}}$

在前面的理论模型中我们研究发现:补贴政策改变的是农户的预算约束。事实上,农业补贴政策通过改变农户的预算约束,扩大了可行解的范围。在扩大可行解范围而不改变目标函数条件下,理性人的最优目标函数必然不减。因此,从总体而言,大部分农户的生活水平应该是得到提高的,可能存在小部分农户的效用维持不变的情况。从该意义上说,农业补贴确实可增进农户的福利。

模型中的替代效应的衡量系数 $b$ 没有作为主要的因素讨论,这并不意味着该因素不重要。事实上,在仅有农业部门生产的情况下,劳动供给的程度负相关于 $b$。$b$ 越大,替代效应越强,享受闲暇给农户带来更大的效用。

在 $p < p + s < w$ 价格条件下,我们分别考察农业补贴对于农户福利水平的影响。

如果补贴是从价补贴,那么我们可以分析不同的补贴对农户福利水平的影响。此时,农业劳动供给为: $l_1^1 = \left[\dfrac{(p + s)\ \alpha}{w}\right]^{\frac{1}{1-\alpha}}$;非农劳动供给为: $l_2 = \dfrac{1}{b + 1}\left(T - \dfrac{\alpha + b}{\alpha}l_1\right)$。

得到:

$$\frac{\partial U}{\partial s} = \frac{\partial U}{\partial l_1}\frac{\partial l_1}{\partial s} = \left(\frac{\alpha}{w}\right)^{\frac{1}{1-\alpha}}(p + s)^{\frac{\alpha}{1-\alpha}}\frac{b + 1}{\alpha T + (1 - \alpha)l_1} > 0 \qquad (14.3)$$

因而,农户的闲暇替代系数 $b$ 越大,则从价补贴对于农户的福利提升的水平也就越大。

如果补贴是从量补贴,那么对农户福利水平的影响同样可以进行相应分析。此时,农业劳动供给为: $l_1^2 = \left(\dfrac{p\alpha}{w - s}\right)^{\frac{1}{1-\alpha}}$;

非农劳动供给为：$l_2 = \dfrac{1}{b+1}\left[ T - \left( 1 + \dfrac{bs}{w} + \dfrac{b}{w}\dfrac{w-s}{\alpha} \right) l_1 \right]$。

因而：

$$\frac{\partial U}{\partial s} = \frac{\partial U}{\partial l_1}\frac{\partial l_1}{\partial s} = \left( \frac{p\alpha}{w-s} \right)^{\frac{1}{1-\alpha}} \frac{\alpha(b+1)}{\alpha wT + (1-\alpha)(w-s)l_1} > 0 \qquad (14.4)$$

从上式我们也可以看到，农户的闲暇替代系数越大，则从量补贴对于农户的福利提升水平也越大。通过上述分析，我们知道，农业补贴确实提升了农户的效用，但是这种补贴的效应更多地体现在从量补贴的形式即农业直接补贴上面。我们需要进一步采用经验验证，农业补贴整体的政策对于农户福利水平的影响。

## 第二节 数据与描述性统计

在初次调查的基础上，我们对问卷设计进行了修改，并将来自全国的数据进行了整理合并，单独分析农业补贴政策的福利效果。其中，在前文所述，我们选用的数据依次来自湖北武汉黄陂、湖南涟源、湖北广水、湖北天门、山东省、福建漳平及全国其他地域。为了依次对照福利效果，我们将福利分析先分区域进行，然后将所有数据汇总分析。这个工作很有必要，一个是验证所选样本典型性，另一个是不失一般性地把各个区域的结构特征分析出来。

首先，我们用比例分析式将全国的关于农业补贴政策的评价做一个大概的分析（见表 14－1）。

表 14－1　　　　　　　　农户对农业补贴的心理评价

| 比例估计 | 观察值 799 个 | | | |
|---|---|---|---|---|
| Evaluation | 比例 | 标准差 | 95% 的置信区间 | |
| 1. 政策差 | 0.1076345 | 0.010971 | 0.0860991 | 0.1291699 |
| 2. 无影响 | 0.2740926 | 0.0157902 | 0.2430974 | 0.3050879 |
| 3. 政策好 | 0.6182728 | 0.0171975 | 0.5845152 | 0.6520305 |

续表

| 比例估计 | 观察值 799 个 | | |
|---|---|---|---|
| Livings | 比例 | 标准差 | 95% 的置信区间 |
| 1. 还下降了 | 0.0312891 | 0.006163 | 0.0191915 | 0.0433867 |
| 2. 无影响 | 0.4455569 | 0.0175946 | 0.4110198 | 0.4800941 |
| 3. 有提高 | 0.5231539 | 0.0176808 | 0.4884475 | 0.5578604 |
| ex-fsubsidy | 比例 | 标准差 | 95% 的置信区间 |
| 1. 不会 | 0.1364205 | 0.0121504 | 0.1125701 | 0.160271 |
| 2. 难说 | 0.4518148 | 0.0176174 | 0.4172328 | 0.4863967 |
| 3. 会提高 | 0.4117647 | 0.017422 | 0.3775663 | 0.4459631 |

　　三个变量依次是对于政策的整体评价、农业补贴政策对于家庭的生活水平的影响和农业补贴增加的预期。整体来说，大部分农户对于农业补贴的评价是积极的，税收减免政策在很大程度上增加了农户的福利。但是这种福利的增加，并不是通过增加产出来增加收入的，而是更直接的收入增加实现的。由于补贴的金额是可计量的，而且家庭的收入也可以在调查中获得，因此，补贴在家庭收入中所占比重是一个十分重要的解释变量，可以用来说明农户对于政策整体评价、补贴对家庭生活水平的影响大小。不仅如此，我们还应该注意到，由于地区经济发展的差异，农业部门在各自区域中的重要性有所不同，劳动力要素流动性也有很大的差异，因此对比在政策评价上可能的区域差异，似乎会有新的发现。

　　经过统计，我们发现不同的地区对于农业补贴政策的评价大相径庭。在表14-2中，福建漳平地区，对于农业补贴政策的评价几乎没有认同农业补贴实惠的，主要的原因可能是，福建漳平的农户地处东南沿海，地理优势十分明显，农户的主要家庭收入是非农部门的收入，农业收入只占到家庭收入的非常小的部分，平均来看，漳平地区平均的家庭非农收入就有38000元左右，而农业补贴仅122元，因此国家的农业补贴不会对这些地区产生实质的影响。与此形成鲜明对比的是湖北天门地区和广水地区，这些地区地处湖北西部，是中国中部地区与西部地区接壤的门户，但是在经济上总体并不发达，这些地区一般反而受到农业税收政策的约束更大，因此对于农业税收减免和补贴政策就更加欢迎一些。这时就不能简单地用非农收入在家庭收入占比的大小来解释了，因为我们发现，在湖北广水，也有相当的家户具有较高的非农收入，所选样本中 2009 年农户平均非农收入已经达到了 34000 元，注意到这类样本的平均年龄在 49 岁，仍然可以外出务工。

表 14 - 2　　　全国及各地区对于农业补贴的政策评价和影响因素

| 地区及样本数 | 政策评价的相关变量（最高层级在所选样本占比率） | | | |
| --- | --- | --- | --- | --- |
| | Evaluation | Living | exp-subsidy | 补贴占总收入 10% 以上 |
| 全国：799 | 0.6182728 | 0.5231539 | 0.4117647 | 0.0525657 |
| 湖南涟源：79 | 0.6835443 | 0.5443038 | 0.2531646 | 0.443038 |
| 福建漳平：94 | 0 | 0.0106383 | 0 | 0 |
| 湖北天门：110 | 0.9818182 | 0.8090909 | 0.5636364 | 0.0272727 |
| 湖北广水：76 | 0.8421053 | 0.5657895 | 0.5921053 | 0.1184211 |
| 湖北黄陂：128 | 0.59375 | 0.5390625 | 0.2734375 | 0.09375 |
| 全国其他地区：312 | 0.6153846 | 0.5544872 | 0.5352564 | 0.0128205 |

这可以说明一点，尽管农业收入可能由于地域因素差别很大，但是非农收入的差异由于劳动力要素的流动性而并不明显。这也解释了劳动力要素流动的普遍性。因此，我们在统计描述上得出结论，农业补贴的政策评价和地域因素有关，而且农业补贴在家庭收入占比的大小是十分合理的解释变量。经济上发达、交通便利的地区，对补贴政策的评价较低，而西部落后地区对于补贴政策的评价相对较高。这可能是因为西部地区开发较晚，对于惠农政策的敏感性更为强烈，即使农业补贴在家庭收入中的比重并不高。

## 第三节　经验结论

首先，我们对初次调查的数据进行分析，观察补贴的福利效应评价。经过统计分析我们发现农业补贴占家庭收入比重是一个十分重要的变量，另外我们引入农户消费与闲暇选择的替代变量即"抽烟"、"喝酒"和

"打麻将"三个次序选择变量。农户的融资状况也对评价有影响，所以我们还引入了"家庭经济状况"和"补贴中用户生产的份额"作为解释变量，之所以没有选择生产融资状况是因为它可能和家庭经济状况具有极强的相关性，而"补贴中用户生产的份额"可以试探农户的生产融资状况，这样就减轻了共线性问题。

所有的数据是有序数据，所选用的与政策福利有关的变量见表14－3。

表14－3　　　　　　　　政策福利评价变量表

| 变量 | | 选择次序 [1；2；3；4（若有的话）] |
|---|---|---|
| Cigarette | 吸烟 | 不抽；抽得不多；经常抽 |
| Wine | 喝酒 | 不喝；喝得不多；经常喝 |
| Majiang | 麻将 | 不打；偶尔打；经常打 |
| Budget | 家庭经济状况 | 比较紧张；收支平衡；手头有余 |
| Importance | 农业生产重要性 | 不想种；一般般；很重要 |
| Evaluation | 补贴政策评价 | 农户吃亏；没有实际好处；政策好 |
| exp_subsidy | 补贴增加的预期 | 不会；难说；应该会 |
| Living | 补贴与生活水平 | 下降了；无明显变化；提高了 |
| Sub_price | 补贴比生产成本上涨部分 | 少些；持平；多些 |
| Share | 补贴用于生产的比重 | 0；部分；全部 |
| Sub_tic | 补贴占家庭总收入的比重 | 1%以下；1%—5%；6%—10%；10%以上 |

首先我们看农户的福利水平是否得到提高，农户的福利水平与哪些因素相关？特别是补贴的实际水平即与价格上涨相比、农业补贴占整体收入比相关，不仅如此，农户的家庭经济状况以及生产融资状况也有可能造成影响。我们的猜测是农业补贴占总收入比重与家庭经济状况相关，对于个体因素，消费与闲暇的替代因素可能会有作用，这种作用必须通过增加生产投入来体现，因此我们又选定劳动力投入的替代变量——补贴增加后农户在投入上的反应作为替代变量。这时候，若解释变量为"家庭生活水平是否有提高"，控制变量就是补贴所占比重、补贴与物价、家庭预算约束、农业生产重要性及补贴增加的反应（Responce）。

我们对全国及各地区分别回归，被解释变量为"生活水平是否提高"，结果见表14-4。

表14-4　　　　　农业补贴对生活水平的影响区域差异

| 变量/地区 | 涟源 | 漳平 | 天门 | 广水 | 黄陂 | 其他地区 | 全国 |
|---|---|---|---|---|---|---|---|
| Sub_tic | 0.040 | -2.129 | 3.046 | 0.170 | 0.348 | 0.438 | 0.415 |
| | (0.179) | (0.815) | (0.897) | (0.488) | (0.348) | (0.210) | (0.100) |
| Sub_prise | -0.794 | -0.773 | -0.648 | -0.283 | -0.268 | 0.163 | -0.395 |
| | (0.339) | (0.607) | (0.642) | (0.466) | (0.520) | (0.203) | (0.098) |
| Importance | 0.178 | 1.944 | 1.044 | 0.832 | 0.508 | 0.549 | 0.523 |
| | (0.370) | (0.971) | (0.555) | (0.468) | (0.298) | (0.180) | (0.119) |
| Budget | 0.238 | 0.533 | 0.413 | 1.227 | 0.435 | 0.575 | 0.580 |
| | (0.357) | (0.714) | (0.569) | (0.441) | (0.256) | (0.203) | (0.116) |
| Share | 0.138 | 0.540 | 2.021 | 0.430 | 0.203 | 0.412 | 0.321 |
| | (0.398) | (0.539) | (0.730) | (0.574) | (0.356) | (0.172) | (0.116) |
| Responce | -0.042 | -0.767 | -1.651 | 0.705 | -0.087 | 0.351 | 0.485 |
| | (0.494) | (0.882) | (0.868) | (0.594) | (0.353) | (0.226) | (0.141) |
| 样本量 | 79 | 94 | 110 | 76 | 128 | 312 | 799 |
| Pseudo $R^2$ | 0.059 | 0.183 | 0.251 | 0.160 | 0.062 | 0.085 | 0.121 |

注：括号内为系数标准差。

资料来源：全国的调查数据。

通过对比分析发现，对丁涟源地区，农业补贴是否弥补生产资料价格上涨这一变量具有显著的意义，其他的变量都不显著；漳平地区，农业补贴占总收入比重的显著性水平达到1%，农业生产重要性的显著性水平达到了5%，其余的变量不显著；在湖北天门地区，"补贴占收入的比重"、"补贴中用于生产的部分"的显著性水平达到1%，"农业生产重要性"和"补贴增加的反应"显著性水平达到10%，其余变量不显著；广水地区，农户的"家庭经济状况"显著性达到1%，"农业生产重要性"的显著性水平达到10%，其余的变量不显著；黄陂地区的各经济变量均不十分显著，只有"农业生产的重要性"和"家庭经济状况"具有稍微强一些的解释力，显著性水平达到10%；全国的其他地方的312份数据分析结果是，"农业生产的重要性"和"家庭经济状况"的显著性达到1%，"补贴占收入的比重"、"补贴中用于生产的部分"显著性达到2%，其余变量不显著。值得一提的是，以上六个变量在使用到全国的数据上时，均具有极强的解释力，每个解释变量的显著性水平达到了1%。

从以上的分析看出，由于地域的因素，确实存在样本异质性的问题，通过汇总数据的回归，我们进一步发现补贴占比、补贴与物价、家庭预算约束、农业生产重要性及补贴增加的反应确实具有很强的解释力，这就和我们之前的理论分析是一致的。

也就是说，农户对于补贴的政策评价，与福利状况显著改善有关，也与农业劳动供给之间的关系总体显著，但农业补贴政策大体上是通过增加收入的方式增进农户福利的。农业生产对于农户来说地位越重要，农业收入占总收入比重越大，农业补贴占总收入比重越高，则补贴对于提高农户收入水平的作用就越显著。因此这可以验证理论模型的观点，即农业补贴确实提高了农户的福利，其渠道是通过改善农户的收入状况而实现的。

我们应该注意到，"手头是否有余钱"这一选项同政策评价呈正向关系，则从次序响应的角度分析说明，对于面临流动性约束的农户来说，补贴无论以什么方式使用，补贴确实通过收入效应增加了农户的福利。这就与我们理论分析的结论是一致的。

# 第十五章

## 农业补贴的实际效应
### ——来自安徽安庆岳西的补充调查结论

### 第一节 研究说明

如第九章所述，我们在农业部门劳动力供给模型分析中，得到的结论是：第一，尽管农业补贴提高了农户的福利水平，农业补贴可以促进增产，但是效果并不显著。农业补贴通过增加农户的现金收入提高了农户福利，且消费与闲暇的替代系数越高，这种福利改善程度越大。由于农户的生产受到流动性约束，农业补贴更有可能是通过改善农户的流动性状况而促进生产。相比而言，改变价格体系对于农户而言更能提高农户生产的积极性，从而增加粮食产量，促进农户增收。第二，农业补贴增加时农户的反应可以从一个侧面反映农业补贴政策对农户的影响。若补贴政策的预期是长久的，由于补贴增加时，面临流动性约束的农户更愿意将补贴用于投入，则补贴增加可以提高农户的积极性，这反过来说明政府的补贴供给不足。如果政府的政策目标只是为了稍微提高农户的生活水平，那么在目前的补贴水平上只要农业生产资料价格不上涨，政府即实现了目标；如果政府的政策目标是促进农业整体的发展，提高农户生产的积极性，那么就要将补贴政策长久地执行下去，还要进一步提高补贴的额度，并且真正将补贴作用到农业产品的生产函数上，促进农业部门技术水平的提高。

但是，我们在多次的调研分析中发现，关于政策目标的问题仍然无法解决。

农业补贴政策的目标到底是什么？如果农业补贴的目标表现为增加农户收入，那么以直接的收入性补贴形式发放就足够了，没有必要再配合各种形式的综合补贴或者良种补贴。

如果农业补贴的目标是要促进农户增加农业投入，从而增加农产品的供给，那么农业补贴的金额甚至跟不上生产资料的价格上涨，如何进一步地激励农户增加生产？换句话说，农业补贴能不能对农户的农业投入持续地产生影响，这是一个值得探究的问题。退一步讲，即便政策目标进一步明确了，还有一个疑问就是，由于各个地区执行补贴政策的具体措施各不相同，有可能在名义上是从量补贴和从价补贴却在实际执行过程中变成了从价补贴或者从量补贴。那么这样的政策安排下的约束条件发生变化，理论上的最优结果实际上却不是最优的。这就给我们的分析带来了疑问：在 2008—2009 年的陆续调查中，关于农业补贴的政策效果即对于农业生产投入、农业产出和农户收入的影响是否改变？

为了进一步印证结论的可靠性，我们选择安徽安庆岳西进行补充调研，并对问卷做了进一步调整：在分析农户家庭生产的基本情况的基础上，侧重分析农户对政策评价的最新变化，包括 2010 年的农业补贴和农业生产的情况。

整体上，补充调查的研究进一步证实，农业补贴政策确实增加了农业总产出，但这种效应比较小，且总产出增加的原因不在于耕种面积的增加，而在于单位面积的产量增加；单位面积产量增加的原因不在于技术水平，而在于劳动投入、化肥投入等要素投入的增加，农业补贴确实同时产生了收入效应和替代效应，并且收入效应比替代效应大。长期中，农户对于补贴政策的评价降低，并没有产生实质性的影响。

## 第二节　调查背景、调查方法和相关情况

我们选择安徽省安庆市岳西县做调查①，主要考虑到安徽省在农业生产上的代表性。根据《中国统计年鉴》（2009）中关于《各地区农村居民家庭土地经营情况》的介绍，2008 年年底，安徽省的家庭人均耕地面积

①　调查得到了孙焕民博士及岳西县的大力帮助，我们所采用的问卷仅对时间做了修改，从而保持了问卷的连贯性。

为 1.76 亩，列华东五省第一位，并且还要高于湖北的人均耕地面积 1.59 亩，并且根据《中国统计年鉴》（2009）中关于《各地区人口的城乡构成和出生率、死亡率、自然增长率》，2008 年年底，安徽省的总人口数为 6135 万，高于湖北省的 5711 万。这个数据说明，在安徽省取样具有代表性。这可以作为我们取样的根据。

再看安庆市岳西县的情况。在地理位置上，岳西属于内陆地区，地处大别山腹地，在安徽省的西部，而同时地跨长江和淮河两大流域，人口 40.1 万。根据岳西县统计公报①，2009 年全年生产总值为 343558 万元，第一产业增加值为 91490 万元，第二产业增加值为 164623 万元，第三产业增加值 87445 万元。三次产业的比重为 26.63% : 47.92% : 23.45%。人均国内生产总值为 8491 元。可见，岳西经济整体发展水平较低；同时，农业在当地经济中比重较高，农业发展具有较为重要的影响。

本次调查在 2010 年年底进行，在调查方法上，我们采取入户的方法，对农户进行采访，从而获得相应的数据和信息。调查问卷的总体结构和前几次调查保持一致，首先是关于农户的家庭成员、生活状况，然后是关于农业生产的基本情况，再就是农业补贴政策的相关评价和反应，最后是关于种子、农药、化肥的投入、农产品产出和家庭收入状况。

每个乡镇随机选择 10 个左右的样本，调查获得样本 233 份，大部分数据类型为定序数据，回答比较完整，保证了调查的整体效果。我们首先对农业补贴政策的调查相关的变量进行描述。

## 第三节　描述性统计：农业生产与农业补贴政策效应的初步分析

统计结果包括农户基本状况、农业生产、农业政策效应等，基本的描述性统计分析表明：农业生产具有有效劳动力减少态势、农业生产积极性有所下降。

农户家庭状况（见表 15 - 1）。每户家庭平均总人口为 4.49 人，其中

---

①　http：//www.cnyxtj.com/index3.asp？id＝939.

从事农业生产的平均人数为 1.75, 超过 60 岁以上的老年人平均数目为 0.76, 上学的儿童平均人数为 1.03, 而外出务工的劳动力人数平均为 1.67 (部分农户选项为 0, 导致总和超过平均总数)。说明农村整体年龄分布呈现两边倒事态: 老年人和幼龄儿童较多, 外出务工的也占据较大比重。

表 15 – 1                                  农户家庭情况的描述性统计

| 变量 | 样本 | 均值 | 标准差 | 最小值 | 最大值 |
|---|---|---|---|---|---|
| 总人口 (pop) | 230 | 4.491304 | 1.320782 | 1 | 10 |
| 从事农业生产人数 (farmers) | 226 | 1.747788 | 2.597968 | 0 | 39 |
| 老年人数目 (old) | 155 | 0.754839 | 0.696391 | 0 | 2 |
| 在校学生数目 (schooling) | 173 | 1.028902 | 0.650829 | 0 | 3 |
| 外出务工数目 (workers) | 211 | 1.672986 | 0.932064 | 0 | 5 |

资料来源: 安徽岳西的问卷调查。

对于农业生产的评价 (见表 15 – 2), 即对农业的重要性或者基本态度, 超过一半 (52.4%) 的农户认为, 只要维持自己的基本农业需要即可。将近 30% 的农户认为农业生产很重要; 而 18.5% 的农户表示, 农业生产没有利润, 不想再从事农业生产了。说明对农业抱着自给自足的态度占据绝大多数。

农户的总产出总体持平, 略有增加。对于农业产出的判断, 绝大部分农户认为, 产出整体平稳; 78.6% 的农户认为, 产出持平; 而增加 5% 以上的有 11.4%, 减少 5% 以上的农户占 10.0%。

总产出增加的原因有两个: 一是种植面积增加; 二是单位产量增加。分别来看, 耕地面积 75.7% 的农户报告没有变化, 而 13.3% 的农户认为单位产量有较大的增加 (5%), 而 11.0% 的农户则认为有所减少, 说明大体上存在着一定程度的生产率的提高。在耕地面积上, 较大比重的农户认为没有变化, 占 84.4%; 而 9.8% 的农户认为有较大增加 (5%), 5.8% 的农户认为有所减少。

表 15-2　　　　　　　　　问卷主要结果的描述性统计　　　　　　单位:%

| | 样本 | "增加"的比重 | "持平"的比重 | "减少"的比重 |
|---|---|---|---|---|
| 产出（prod2010_2009） | 229 | 11.4 | 78.6 | 10.0 |
| 亩产（productivity_2010） | 218 | 13.3 | 75.7 | 11.0 |
| 耕种面积（area2010） | 225 | 9.8 | 84.4 | 5.8 |
| 每100元补贴的反应 | 185 | 几乎全部用于增加投入 | 部分用 | 不增加投入 |
| | | 62.2 | 21.1 | 16.8 |
| 补贴增加一倍的投入变化 | 208 | 53.4 | 44.2 | 2.4 |
| 农业的重要性（Importance） | 233 | 很重要 | 一般不 | 不想种了 |
| | | 29.2 | 52.4 | 18.5 |
| 农户对补贴政策的评价（evaluation） | 228 | 很好 | 一般不 | 差，还是吃亏 |
| | | 77.2 | 14.9 | 7.9 |
| 补贴对农户的生活水平的影响（Living） | 224 | 有一定提高 | 没什么影响 | 似乎还下降了 |
| | | 54.5 | 40.6 | 4.9 |
| 补贴占家庭收入比重 | 218 | 很低（<1） | 较高（1—5） | 高（>5） |
| | | 61.5 | 35.3 | 3.2 |
| 直接补贴弥补物价（sub_price） | 221 | 补贴低 | 持平 | 补贴多 |
| | | 50.7 | 48.4 | 0.9 |

资料来源：安徽岳西的问卷调查。

对政策的评价。农户对于补贴政策的评价是正向的，但也有14%的农户反映，农业补贴其实并没有显著改善生产状况。在生活水平评价上，55.8%的农户反映，农业补贴提高了家庭的生活水平，但是约40%农户认为，生活水平并没有因为补贴而发生显著的变化，还有小部分农户甚至认为生活水平下降了。问卷还关注了农业补贴增加之后农户的反应，53.8%的农户选择会进一步增加农业投资，购买更多的农药、化肥，有44.2%的农户选择维持现状，对生产没有影响。

对于补贴的实际效应，在补贴的福利方面，有超过一半的农户（55.80%）持有正面评价，而持中性（没有感觉，认为有无补贴差不多）

的比重也有41.07%，而少数（3.13%）的农户认为补贴对福利没有实际影响。

农业补贴政策本身的评价。我们分别设计了假设补贴增加一倍和增加100元人民币的反应。结果显示，农户对加入农业补贴增加一倍的反应是，53.4%的农户会增加较大幅度的农业投入；而增加100元，将近62.2%的农户表示会将大部分补贴用于增加农业投入。

有将近一半（49.8%）的农户认为，农业物质的价格涨幅超过了补贴，而大体一半的农户认为持平，只有极少数农户认为补贴弥补了物质上涨。

其中，家庭的负担比用老年人数量和在读学生人数之和占家庭人口比重来表示，农业生产比用农业劳动在总的劳动供给中的比重来表示，补贴效度用补贴与生产资料价格上涨的比较程度来表示。农户的利润最大化不仅涉及农业部门生产的成本收益问题，还涉及从事农业生产的机会成本以及相关的政策变量的影响。

整体上，补充调查的结论与我们之前的情况比较吻合，如果农业补贴增加，确实可以增加农户生产的积极性，总的投入会有些微的增加，但是考虑到非农工作更大的收益，农户可能会通过增加资金投入替代劳动力投入的方式来扩大农业生产。那么，这个假设是否成立，我们下面采用计量模型予以说明。

## 第四节　研究方法说明

农户的利润最大化模型包括的因素很多，既要考虑农业部门生产的成本收益问题，还要考虑从事农业生产的机会成本问题，以及相关的环境变量的影响。在此，我们将农户的最优化函数描述为非农工作的工资水平 $w$，农产品价格 $p$ 和补贴水平 $s$ 的函数，相关的变量还有家庭的负担比重 $z$（采用老年人数量和在读学生人数之和占家庭人口比重来计算），农业生产资料的价格 $pp$ 的函数。最大化决策函数为：

$$F_i = F(w,p,s,z,pp,r;a,l_1,l_2,k;\varphi) + \varepsilon_i \qquad (15.1)$$

其中，种植面积 $a$、农业劳动力供给数量 $l_1$、非农劳动力供给 $l_2$ 和资

金投入量 $k$ 为决策变量，$\varphi$ 表示与农户决策相关的其他特征变量和环境变量。

方程（15.1）表现的是农户的收入最优化模型，假设收入最大化在此替代了效用最大化，则通过农户的收入最大化一阶求导可以得到各个决策变量的表达式，并判断农业补贴政策对决策变量的影响方向。

在经验分析上，我们认为，应该首先分析农产品的产出大体持平而略有增加的原因，需要分析农业补贴政策对于农户生产的劳动力投入和资本投入各自的影响，然后分析补贴对于收入或者福利的影响。

总产量增加的效应又与种植面积增加和单位产量增加两种效应有关。因此，我们还需要分析总产量增加是因为种植面积增加还是因为单位产量增加：如果是前者，则说明农业补贴促进了土地集中；如果是后者，则说明还要进一步论证单位面积产量增加的原因。依据生产函数，单位面积产量增加，既有可能是因为单位面积的物质投入增加，也有可能是因为技术水平提高了。

农业补贴政策的福利效应既和补贴的数额有关，也和农户的农业收入有关，甚至和农户的非农劳动的收入有关，并且这种评价也可以通过补贴增加之后农户的反应和农户将补贴用于农业生产的比重中反映出来。

由于数据类型是定序数据，因此我们选用有序 Logistic 模型，通过极大似然估计得到参数估计，软件选取 Stata11.0。

## 第五节　农业补贴对产出、投入及福利的影响：补充调研的经验结果

基于微观调查数据，并结合理论模型和计量方法，我们对结果进行了估计。理论上，农业补贴有可能会改变农业生产的激励，从而产生替代效应，但也有可能产生收入效应。在经验上，这些效应可以分别用产出效应、投入效应及福利效应来分别刻画。如果补贴改变了农业生产的比较收益，那么农户将可能对农业生产投入更多的人力和物力，从而进一步增加农业产出，因而形成投入效应和产出效应；相反，如果更多的是提高了农户的收入，可能更多地提高农户的生活水平及福利。特别是如果农业的比

较收益并没有明显改变，可能的结果是，农业补贴更多地增加了农户的休闲或者其他非农活动。

对于产出效应、投入效应及福利效应的估计，分别列于表 15 - 3、表 15 - 4 和表 15 - 5。对农业总产出增加的因素的分析如表 15 - 3 所示。

表 15 - 3　　　　　　　　农业总产出（output）的因素分析

| 总产量 | 模型 1 | 模型 2 | 模型 3 | 模型 4 |
|---|---|---|---|---|
| 种植面积 | - 0. 7124846 | | | |
| 单位产量 | 2. 629522 *** | 2. 661229 *** | 2. 544843 *** | 2. 120948 *** |
| 农业生产比 | 0. 9267612 ** | | 0. 7811833 ** | 0. 8619142 ** |
| 劳动投入 | 1. 72403 ** | 2. 417289 *** | 2. 126428 *** | 2. 417554 *** |
| 资本投入 | 0. 5655675 | | | |
| 粮食价格 | 0. 9246999 *** | 1. 044686 ** | 0. 9668009 * | 0. 9404531 ** |
| 补贴效度 | 0. 9623705 ** | 0. 8848473 ** | 0. 8987304 * | 0. 7090312 * |
| 家庭负担比 | 1. 960041 * | 1. 75734 | 1. 831133 | |
| 样本数 | 152 | 155 | 155 | 177 |
| LR 检验 p 值 | 0. 0000 | 0. 0000 | 0. 0000 | 0. 0000 |
| Pseudo $R^2$ | 0. 3916 | 0. 3693 | 0. 3879 | 0. 3739 |

注：*** 表示 1% 的显著性水平；** 表示 5% 的显著性水平；* 表示 10% 的显著性水平；黑体部分表示在 10% 的显著性水平上成立。

## 一　产出效应

通过表 15 - 3 可以看到，种植面积增加引起总产量增加的效应并不显著，主要在于单位面积产量增加。同时我们应该注意到，资金投入增加对于总产量增加的效应并不显著，基于此原因，生产融资方式通过影响资金投入进而影响总产量的方式也不显著。农户的负担比也对农产品的产出起到正向的作用，这是农户进行农业生产的内在压力。

表 15 - 3 的经济变量中，农产品价格和补贴效度比较显著。这说明，粮价上涨实际上提高了农户生产的积极性，因此形成了农户增加投入或提高生产效率的市场激励。补贴效度说明了成本收益状况的改善有助于提高农户进行农业生产的积极性。

这就在经验上进一步证实：理论模型建立在 $w$—$p$—$s$ 价格体系上是比较合理的，改进价格体系有助于农户增加农业劳动供给和农产品供给。

## 二　投入效应

通过分析表 15 - 3 发现，农产品产出略微增加的原因在于单位面积产量的增加。根据农产品生产函数 $f_1 = l_1^\alpha$，需要进一步区别造成单位面积产量增加的原因：可能是物质投入、劳动力投入的增加，还是技术水平 $\alpha$ 的提高。对于单位面积产量的回归方程如表 15 - 4 所示。

表 15 - 4　　　　单位面积产量（productivity）的因素分析

| 单位面积产量 | 模型 1 | 模型 2 | 模型 3 | 模型 4 |
| --- | --- | --- | --- | --- |
| 农业生产比 | **0.574779** * | **0.5486398** ** | **0.6734606** ** | **0.5545566** * |
| 劳动投入 | **1.238493** ** | **0.9475919** ** |  | 0.6089767 |
| 种子投入 | 0.7322541 |  |  |  |
| 农药化肥投入 | 0.6011697 |  | **0.9577913** ** | 0.7076692 |
| 机械化程度 | 0.3148799 |  |  |  |
| 农产品价格 | **1.166653** *** | **1.302249** *** | **1.295189** *** | **1.280991** *** |
| 样本数 | 163 | 186 | 187 | 184 |
| LR 检验 p 值 | 0.0000 | 0.0000 | 0.0000 | 0.0000 |
| Pseudo $R^2$ | 0.2027 | 0.1061 | 0.1174 | 0.1187 |

注：*** 表示 1% 的显著性水平；** 表示 5% 的显著性水平；* 表示 10% 的显著性水平；黑体部分表示在 10% 的显著性水平上成立。

表 15 - 4 的分析结果说明，农业劳动力的增加、化肥使用量的增加和农产品价格是促进农产品单位产量增加的主要原因，而种子费用增加虽然起到了正向的作用，但是良种促进农业单位产量增加的效果并不显著。也就是说，虽然农户的粮食产量略有增加，但这种增长主要表现为要素投入如劳动力、化肥和机械化的投入的增加而没有引起技术水平的相应提高。

另外，劳动力投入增加，更可能表现为同样的劳动力但数量更长的劳动工时。对比模型 2、模型 3、模型 4 容易发现，在模型 2 中劳动投入显著，模型 3 中农药化肥投入显著，但二者在模型 4 中同时不显著。这说明劳动投入和农药化肥投入之间存在着替代关系。

### 三　福利效应

我们进一步分析农业补贴对农户的福利影响以及政策评价发现与福利水平紧密相关的变量有两类：一类是客观的生产和收入的情况，包括农业生产比、补贴占农业收入比重、补贴效度、农产品价格和家庭负担比；另一类是主观的心理评价，包括生活水平、农业补贴的政策预期。农业补贴政策评价回归如表 15 – 5 所示。

表 15 – 5　　　　　　农业补贴政策的福利效应 （Living）

| 福利效应评价 | 模型 1 | 模型 2 | 模型 3 | 模型 4 |
|---|---|---|---|---|
| 农业生产比 | 0.9092425 ** | 0.5540037 | 0.5456021 | 0.8576799 *** |
| 补贴效度 | 0.1602121 | 0.3121761 | | |
| 补贴占农业收入比重 | – 0.1304818 | | | |
| 生活水平的变化 | **1.49513 *** | **1.358118 *** | **1.356504 *** | |
| 农业补贴的政策预期 | **1.38516 ** | **1.099553 ** | 0.7911011 | **0.8544203 ** |
| 农产品价格 | **2.274653 *** | **2.253854 *** | **2.241434 *** | **2.090173 *** |
| 家庭负担比 | **2.911079 * | **2.536592 ** | 1.948714 | |
| 样本数 | 153 | 157 | 164 | 190 |
| LR 检验 p 值 | 0.0000 | 0.0000 | 0.0000 | 0.0000 |
| Pseudo $R^2$ | 0.2726 | 0.2335 | 0.2152 | 0.1410 |

注：*** 表示 1% 的显著性水平；** 表示 5% 的显著性水平；* 表示 10% 的显著性水平；黑体部分表示在 10% 的显著性水平上成立。

由表 15 – 5 的分析结果可知，农户更加看重补贴是否显著改善自己的生活水平，但是注意到补贴占农业收入的比重为负数，这可能是因为，补贴标准对个体保持一致，补贴占农业收入的比重越大，则说明该农户的农业收入越小，非农部门的收入相比较高，因此他个人对补贴政策的评价越低。

农业补贴的政策预期在 5% 的显著性水平上显著，说明农户不仅仅考虑到当期的收入状况，更会对于政策的走向作出理性的选择。农产品价格的变量始终显著地说明，改变 w—p—s 价格体系中农产品价格偏低的状况，更可以大幅度提高农业生产的积极性。

不过，根据世界贸易组织规则，采用价格补贴这种扭曲市场价格的红箱政策已经不再适用。采用收入补贴是一种次优选择。但是，提高农产品的相对价格还可以从降低农作物生产成本上着手，建设良好的制度环境，降低交易成本，这些措施都可以极大地促进农业的发展。

## 第六节　补充调查的整体结论

通过补充调研的问卷分析，我们得到了与前几次调研并无实质性差异的结论：

第一，农业补贴政策推出之后，农产品的产量确实微量增加，但是这种增长的效应并不是由于补贴政策本身引起的，而是由劳动力的劳动工时增加、化肥使用增加及机械化生产引起单位面积产量增加带来的。总产量的增加与粮食生产面积增加有正向联系，但是这个渠道产生的效应不明显。单位面积产量增加的效应不是由于技术水平提高，而是由于追加生产要素引起的。

第二，农业补贴政策在很大程度上得到了农户的正向评价，主要体现在补贴通过收入效应和替代效应两种渠道影响了农户的效益。收入效应让农户花更多的时间从事生产，替代效应则相反，不过收入效应更大些，因此农户的生活水平有所提高，从而对政策总体评价较高。但是也注意到，农业补贴政策没有在根本上改变 w—p—s 体系，因此，长期中农户对于补贴的评价可能会降低。

总的判断是，当前影响农户生产积极性的主要原因在于，农产品价格相对过低，补贴水平跟不上生产资料价格上涨的速度。农业补贴在一定程度上提高了农户的生活水平，即实际福利，但对于生产方面的激励，由于农产品价格、粮食价格、工资水平等作用，当前的农业补贴不足以改变农户对农业投入和生产的激励，农业生产有可能会进一步下降。

# 第七篇
## 整体评价及政策含义

# 第十六章

# 公共政策的整体评价及
# 政策改进措施

## 第一节　农业公共政策整体效应评价

中国的农业政策极为独特。独特性在于，长期以来征收了大量的农业税，而且是对产出直接征税；而西方国家广泛采取的农业补贴，在中国只是起步，并且补贴的方式仍然以不透明的生产补贴为主，对农户的直接补贴仍然很少。

### 一　农业税的代价

大量的农业税可能客观上造成了当前农业的滞后、农村的落后和农户的贫困。前文的研究表明，无论是定额税还是比例税，都会对农户的消费产生影响，这表明客观上降低了农户的生活水平和福利。

1950—2006年间，由于税制本身设计是按照产量征收比例税，并且在此过程中进行了多次调整，所以具有比例税特征，在理论上，我们证实，这种税制会对农户的资本积累和产出产生实质性的影响，从而降低农业生产投入、资本积累和农业产出。对此期间的经验分析进一步印证了理论模型的判断，这种税收导致了农业生产的停滞不前和农村经济的滞后。

中国政府通过集中的方式，向农业、农户和农村征集了不少的资金，以此来推进中国的工业化进程，但集中的方式很有可能导致短时间内是有效率的，比如快速推进了工业化进程，但从长远看，这种集中的方式可能是无效率的。中国经济发展的实践大体证实了这种替代关系：快速建立的国民经济体系是以国民经济低效率为代价的，以国有企业为载体的国有经济大体上是无效的，尽管有着管理上和体制上的原因，但更根本的是，通过政府集中的资源配置效率终究是会低于市场配置的效率。

这种集中快速的工业化方式的另一个代价是，脆弱的农业更为脆弱，贫困的农户更为贫困，落后的农村经济更为落后，二元经济特征仍然在很长时间内延续。

**二　农业补贴的局限性**

中国政府开始实施农业补贴政策，但对于农业补贴政策定位不清晰，在设计上和农业税一样，过多地根据产量和投入发放补贴。

发达国家实施的农业补贴大多以维持农户的生活水平和福利为主要目标，因而以直接补贴为主要方式。这种与产量和实际投入脱钩的补贴方式在理论上也被证实不会对生产产生直接的改变，而更多地影响农户的福利。

对生产投入和产出进行的补贴被证实会不同程度地影响农业的投入和产出，从而带来实质性的影响。

中国的农业补贴对农户的影响很小。主要原因在于，当前的农业补贴并不以农业直接补贴为主，农业直接补贴额度太小，所以，对农户的福利只有微弱的影响，整体作用不明显。

在生产投入和产出的补贴，更多地被中间环节或生产资料价格上涨所抵消。

在服务补贴上，对农业生产的影响过于间接，对效率的提升作用有限。事实上，农业和农村的基础设施仍然是独立于整个国民经济的，远远滞后于生产需要。

很难期望农业补贴能实质上提高农户生产积极性，因而生产资料的价格处于垄断之中，原材料价格上涨的幅度抵消了政策可能的收益，同时，农户的规模过小的问题仍然没有得到很妥当的解决，因而农户在农业生产的投入上并不会因为各种形式的农业补贴而显著改变，这在我们的问卷调查和经验分析中得到了较好的印证。

## 第二节　农业公共政策的改进措施和可能的效应

农业、农户和农村领域的公共政策在改善农业的比较收益、农户的相对收入和农村的发展方面有可能发挥一些作用。结合公共政策的本质和实际，政策应该是尽可能实现社会福利最大化，因而对农业和农户而言，从整个社会看，农产品的供应应该得到有效的保障，农业生产效率能得到真正意义提高。

一 税制

税收是财政收入的最重要的来源，因而取消农业税并不意味着在农村和农户的所有税收都被取消，而是需要根据实际收入来征收相应的税种。需要征收的税种包括社会保障税和收入所得税。只有征收相应的税种才能保证以后在农村和农户中的支出，而如果从农业中获得的收入足够高，那么也应该征收相应的所得税。而对从事农业生产的农户也应该征收相应的社会保障税，这样才有可能在真正意义上纳入养老保障范畴。

对于大多数从事农业生产的农户来说，收取所得税并没有意义，主要是收入较低，但对部分时间从事农业、部分时间从事非农业生产的农户而言，这后一部分收入也应该有纳税义务。而对于养老保障税，则有可能成为年轻人向老年人进行转移支付的一种途径，从而为老年人提供基本保障的一种方式，部分地解决过度依赖家庭养老的问题。

事实上，农业生产过程中也承担了相应的税收，比如，购买生产资料过程中也缴纳了税收，农户的日常生活中缴纳了消费税，等等。

二 补贴

补贴的具体形式和规模是当前需要迫切解决的现实问题。我们的研究表明，对中间投入和最终产出的补贴，在中国的现实中，对农业生产的作用非常不明显。同时，这种补贴的形式与国际通行的准则相悖。联系中国的实际，更多的补贴资金很有可能在流通环节被挤占，也就是对实际农业物质资料的供应并没有太多的影响。

对于服务支持性质的补贴，可能对农业生产的影响主要是良种的影响，种子的研究开发和推广对农户有一定的正向作用，而其他类型的研究开发作用并不明显。

可能需要强化的补贴形式是直接补贴，而直接补贴的政策目标将是提高农户的福利，而对农业生产提高的作用有限。相反，有可能的是，农户处于收入和替代效应之间的替代选择，将有可能更多地选择休闲，也就是降低农业生产的劳动力投入，从而降低农业生产，这在我们的多次调研中得到了印证。事实上，联系到中国农户的实际，在很多地区，真正从事农业生产的农户往往都是年龄较大或者留在农村的妇女，因而对生产的积极性难以有实质性的提高。

**三 中国农业公共政策的前景**

农业公共政策在各国都和政治环境相关。西方发达国家，一方面有着强大的经济和财政实力，客观上能够给予农业和农户大量的补贴，尽管财政赤字也较大；另一方面，农户有着较大的政治影响力，作为整个社会较为弱势的一个群体，他们有着足够的吸引力来推动政治团体为他们的利益考量，以获取政治支持。

中国长时期的农业税政策也有这两方面的原因：第一，很长时间内是以农业为主，因而政策选择上以农业为征收对象；第二，很重要的原因是，中国的农户分散，数量很多，但每个主体的影响力极小。在整个社会中，农户所具有的影响力有限。这导致了即使是其生产力很低，收入较少，同样被征收与收入没有直接关联的产出税。

至于补贴，政策制定者出于整个社会福利的考虑，开始对农户进行补贴。但由于农户政治力量分散，对政策的影响有限，补贴很难在短时期内达到一定的规模。

# 第三节　中国公共政策的展望和一般性评述：
## 税收准则与补贴政策

本书并不着重研究政策建议，因而只做一般性的概述。

农业的公共政策虽然具有其独特性，但并不是孤立存在的，它的特性与整体国民经济和社会的实际紧密联系在一起，因而我们探讨农业税和农业补贴的同时，需要把它们放在更普遍的背景下探讨方能得到更贴切的结论。

农业税的粗放式征收和农业补贴的不明确定位的发放，无疑表明了农业公共政策的低效率，而这种低效率与整个公共政策的低效率是联系在一起的。在税收征收方式上，中国的税收还是以流转税为主，对整体经济的效率扭曲最大，所带来的无谓损失最大，而对于收入税的征收比重很低。

　　造成公共政策低效率的原因和整个国家的行政能力有着直接的联系。虽然中国的经济规模庞大，获取个体的信息难度很大，但由于中国的行政系统同样庞大，这种设想并非不可能。制度设计需要尽可能地提高整个社会的透明度，包括个体信息和政府信息的透明度，要尽可能地让社会个体主动承担报税和纳税的义务及行为习惯，而政府需要尽可能地提供公共收支的信息，并且有效率地提供公共服务。

　　收集尽可能详细的个体信息，将能更好地进行税收征收工作，在此基础上，对于收入较低的个体进行转移支付，只有信息较全才可能进行恰当的支付。在获取个体收入等信息基础上，能根据总收入进行转移支付，才能避免简单地在农业领域内实施不明确的公共政策。

# 参 考 文 献

1. World Bank, East Asia Decentralizes: Making Local Government Work, 2005.

2. Golosov, M. , Tsyvinski, A. , Werning, I. , et al. New Dynamic Public Finance: A User's Guide [with Comments and Discussion]. NBER Macroeconomics Annual. 2006, 21: 317 – 387.

3. House, C. L. , Shapiro M. D. , Phased – In Tax Cuts and Economic Activity. *The American Economic Review*, 2006, 96 (5): 1835 – 1849.

4. House, C. L. , Shapiro M. D. Temporary Investment Tax Incentives: Theory with Evidence from Bonus Depreciation. *The American Economic Review*, 2008, 98 (3): 737 – 768.

5. Card, David and Dean, R. H. , Estimating the Effects of a Time – Limited Earnings Subsidy for Welfare – Leavers. *Econometrica*, 2005, 73 (6): 1723 – 1770.

6. Card, David and Sullivan, D. , Measuring the Effect of Subsidized Training Programs on Movements In and Out of Employment. *Econometrica*, 1988, 56 (3): 497 – 530.

7. Busch, L. , Shi S. , Wen Q. , Bargaining with Surplus Destruction. *The Canadian Journal of Economics / Revue Canadienne d' Economique*, 1998, 31 (4): 915 – 932.

8. Snower, D. J. , Converting Unemployment Benefits into Employment Subsidies. *The American Economic Review*, 1994, 84 (2): 65 – 70.

9. Phelps, E. S. , Low – Wage Employment Subsidies versus the Welfare State. *The American Economic Review*, 1994, 84 (2): 54 – 58.

10. Chéron, A. , Hairault, J. , Langot, F. , A Quantitative Evaluation

of Payroll Tax Subsidies for Low – wage Workers: An Equilibrium Search Approach. *Journal of Public Economics*, 2008, 92 (3 – 4): 817 – 843.

11. Dennis, Epple R. R. H. S. , Admission, Tuition, and Financial Aid Policies in the Market for Higher Education. *Econometrica*, 2006, 74 (4): 885 – 928.

12. López, R. , Galinato G. I. , Should Governments Stop Subsidies to Private Goods? Evidence from Rural Latin America. *Journal of Public Economics*, 2007, 91 (5 – 6): 1071 – 1094.

13. Wise, T. A. , The Paradox of Agricultural Subsidies: Measurement Issues, Agricultural Dumping, and Policy Reform, 2004. , GDAE working paors www. ase. tufts. edu/gdae/pubs/wp/04 – 02 Agsubidies. pdf.

14. 胡霞:《关于日本山区半山区农业直接补贴政策的考察与分析》,《中国农村经济》2007 年第 6 期。

15. 冯继康:《美国农业补贴政策: 历史演变与发展走势》,《中国农村经济》2007 年第 3 期。

16. 沈晓明、谭再刚、伍朝晖:《补贴政策对农业上市公司的影响与调整》,《中国农村经济》2002 年第 6 期。

17. 林万龙、张莉琴:《农业产业化龙头企业政府财税补贴政策效率: 基于农业上市公司的案例研究》,《中国农村经济》2004 年第 10 期。

18. 李传建:《经济研究参考》,《选择适当的农业补贴方式,实现农业多功能性》2007 年第 48 期。

19. Harris, M. N. , Zhao X. , A Zero – inflated Ordered Probit Model, with an Application to Modelling Tobacco Consumption. *Journal of Econometrics*, 2007, 141 (2): 1073 – 1099.

20. Laroque, G. , Income Maintenance and Labor Force Participation. *Econometrica*, 2005, 73 (2): 341 – 376.

21. Acemoglu, Daron and Robert Shimer. Efficient Unemployment Insurance. *Journal of Political Economy*, 1999, 107: 893 – 928.

22. Acemoglu, Daron, and Veronica Guerrieri, Capital Deepening and Non – Balanced Economic Growth. *Journal of Political Economy*, 2008, 116 (3): 467 – 498.

23. Acemoglu, Daron. *Introduction to Modern Economic Growth*, Princeton University Press, 2008.

24. Acemoglu, Daron and Robert Shimer, Productivity Gains from Unemployment Insurance. *European Economic Review*, 2000, 44 (June): 1195 – 1224.

25. Acemoglu, Daron, Philippe Aghion, Claire Lelarge, John Van Reenen, and Fabrizio Zilibotti, Technology, Information and the Decentralization of the Firm, 2006, NBERWorking Paper No. 12206. *The Quarterly Journal of Economics*, Forthcoming.

26. Acemoglu, Daron, Michael Golosov, Aleh Tsyvinski, Political Economy of Mechanisms, Forthcoming, *Econometrica*.

27. Acemoglu, Daron, Michael Golosov, Aleh Tsyvinski, 2007, Markets Versus Governments, MIT Working Paper, http: //econ – www. mit. edu/files/218. forthcoming. *Journal of Monetary Economics*, Carnegie – Rochester Conference Proceedings.

28. Aghion, Philippe and Jean Tirole, Formal and Real Authority in Organizations. *Journal of Political Economy*, 1997, 1, 1 – 29.

29. Alderman, Harold and Joachim von Braun, Egypt's Food Subsidy Policy: Lessons and Options. *Food Policy*, 1986, 11 (3): 223 – 237.

30. Alston, Julian M. , Daniel A. Sumner, Stephen A. Vosti, Farm Subsidies and Obesity in the United States: National Evidence and International Comparisons. *Food Policy*, 2008, 33 (6): 470 – 479.

31. Arcidiacono, Peter, Affirmative Action in Higher Education: How Do Admission and Financial Aid Rules Affect Future Earnings? *Econometrica*, 2005, 73 (5): 1477 – 1524.

32. Bagwell, Kyle and Robert W. Staiger, Will International Rules on Subsidies Disrupt the World Trading System? *American Economic Review*, 2006, 96 (3), 877 – 895.

33. Battisti, David S. , and Rosamond L. Naylor, Historical Warnings of Future Food Insecurity with Unprecedented Seasonal Heat. *Science*, 2009, 9, 323 (5911): 240 – 244.

34. Beaumont, Nicholas, and Christina Costa, Information Technology Outsourcing in Australia, in Khosrow – Pour, Mehdi Editor. *Advanced Topics in Information Resources Management*, 2003, 192 – 219.

35. Bénabou, Roland, Tax and Education Policy in a Heterogeneous – Agent Economy: What Levels of Redistribution Maximize Growth and Efficiency? *Econometrica*, 2002, 70 (2): 481 – 517.

36. Bernheim, Douglas, and Michael Whinston, Incomplete Contracts and Strategic Ambiguity. *American Economic Review*, 1998, 4, 902 – 932.

37. Bolton, Patrick and Mathias Dewatripont, The Firm as a Communication Network. *Quarterly Journal of Economics*, 1994, Issue 4, 809 – 839.

38. Braun, Joachim Von, The Food Crisis Isn't Over. *Nature*, 2008, 456: 701.

39. Card, David and Orley Ashenfelter, Using the Longitudinal Structure of Earnings to Estimate the Effect of Training Programs. *Review of Economic and Statistics*, 1985, 67: 648 – 660.

40. Chang, Myong – Hun, Joseph E. Harrington, Jr., Centralization vs. Decentralization in Multi – Unit Organization: A Computational Model of a Retail Chain as a Multi – Agent Adaptive System. *Management Science*, 2000, Volume 46, Issue 11, pp. 1427 – 1440.

41. Chetty, Raj, Consumption Commitments, Unemployment Durations, and Local Risk, Working Paper No. 10211, Dec., 2003.

42. Chetty, Raj, Why do Unemployment Benefits Extend Unemployment Durations? Moral Hazard vs. Liquidity. Working Paper No. 11760 NBER, Cambridge, MA. 2005.

43. Chetty, Raj, A General Formula for the Optimal Level of Social Insurance. *Journal of Public Economics*, 2006 (a), 90: 1879 – 1901.

44. Chetty, Raj, A New Method of Estimating Risk Aversion. *American Economic Review*, 2006 (b), 96: 1821 – 1834.

45. Chetty, Raj, and Adam Szeidl. Consumption Commitments and Risk Preferences. *Quarterly Journal of Economics*, 2007, 122: 831 – 877.

46. Chetty, Raj, Moral Hazard versus Liquidity and Optimal Unemploy-

ment Insurance. *Journal of Political Economy*, 2008, 116 (2): 173 – 234.

47. Demirguc – Kunt, Asli and Ross Levine, Bank – based and Market – based Financial Systems – Cross – country Comparisons, Policy Research Working Paper Series 2143, 1999, The World Bank.

48. Demange, Gabrielle, On Group Stability in Hierarchies and Networks. *Journal of Political Economy*, 2004, Vol. 112, No. 3, pp. 754 – 778.

49. Diamond, P. , Optimal Income Taxation: An Example with a U – Shaped Pattern of Optimal Marginal Tax Rates. *American Economic Review*, 1998, 88 (1), 83 – 95.

50. Engelhardt, Gary V. , Tax Subsidies and Household Saving: Evidence from Canada. *Quarterly Journal of Economics*, 1996, 111 (4): 1237 – 1268.

51. Gokcekus, Omer, and Richard Fishler, The Cotton Influence Index: An Examination of U. S. Cotton Subsidies. *American Journal of Agricultural Economics*, 2008, 19: 1 – 15.

52. Guo, Hongdong, and Robert W. Jolly, Contractual Arrangements and Enforcement in Transition Agriculture: Theory and Evidence from China. *Food Policy*, 2008, 33 (6): 570 – 575.

53. Hart, Oliver and John Moore, On the Design of Hierarchies: Coordination versus Specification. *Journal of Political Economy*, 2005, 4: 675 – 703.

54. Huang, Jikun, Scott Rozelle, and Carl Pray, Enhancing the Crops to Feed the Poor. *Nature*, 2002. 418 (8): 678 – 684.

55. Huang, Jikun, Hu Ruifa, Scott Rozelle, and Carl Pray, Insect – Resistant GM Rice in Farmer Fields: Assessing Productivity and Health Effects in China. *Science*, 2005, 29 (308): 688 – 690.

56. Horton, Susan, Cost Analysis of Feeding and Food Subsidy Programmes. *Food Policy*, 1993, 18 (3): 192 – 199.

57. Harris, N. , Mark, Xueyan Zhao, A zero – Inflated Ordered Probit Model, with an Application to Modeling Tobacco Consumption. *Jourual of Elonometrics*, 2007, 141: 1073 – 1099.

58. Ichimura, Hidehiko, and Christopher Taber, Semiparametric Re-

duced – Form Estimation of Tuition Subsidies. *American Economic Review*, 2002, 92 (2): 286 – 292.

59. Kocherlakota, Narayana R. , Zero Expected Wealth Taxes: A Mirrlees Approach to Dynamic Optimal Taxation. *Econometrica*, 2005, 73 (5): 1587 – 1621.

60. Koo, Won W. , P. Lynn Kennedy, The Impact of Agricultural Subsidies on Global Welfare: *American Journal of Agricultural Economics*, 2006, 88 (5): 1219 – 1226.

61. Lu, W. C. , Effects of Agricultural Market Policy on Crop Production in China. *Food Policy*, 2002, 27 (5 – 6): 561 – 573.

62. Löfgren, Hans and Moataz El – Said, Food Subsidies in Egypt: Reform Options, Distribution and Welfare. *Food Policy*, 2001, 26 (1): 65 – 83.

63. Ljungqvist, Lars, and Thomas J. Sargent, *Two Questions about European Unemployment. Econometrica*, 2008, 76: 1 – 29.

64. Leathers, Howard D. , Agricultural Export Subsidies as a Tool of Trade Strategy: Before and After the Federal Agricultural Improvement and Reform Act of 1996. *American Journal of Agricultural Economics*, 2001, 83 (1): 209 – 221.

65. Nault, Barrie R. , Equivalence of Taxes and Subsidies in the Control of Production Externalities. *Management Science*, 1996, 42 (3): 307 – 320.

66. Ngai, L. Rachel and Christopher A. Pissarides, Structural Change in a Multisector Model of Growth. *American Economic Review*, 2007, 97 (1): 429 – 443.

67. Nicholson, Walter and Karen Needels, Unemployment Insurance: Strengthening the Relationship between Theory and Policy. *Journal of Economic Perspectives*, 2006, 20 (3): 47 – 70.

68. Qian, Yingyi, Gérard Roland, and Chenggang Xu, Coordination and Experimentation in M – Form and U – Form Organizations. *Journal of Political Economy*, 2006, Vol. 114, No. 2.

69. Rajan, Raghuram, and Julie Wulf, The Flattening Firm: Evidence from Panel Data on the Changing Nature of Corporate of Hierarchies. NBER

Working Paper No. 9633, 2003.

70. Rodrik, D. , Policy Targeting with Endogenous Distortions: Theory of Optimum Subsidy Revisited. *Quarterly Journal of Economics*, 1987, 102 (4): 903 - 911.

71. Rosegrant, Mark W. and Sarah A. Cline, Global Food Security: Challenges and Policies. *Science*, 2003, 302 (12): 1917 - 1919.

72. Sah, Raaj Kumer and Joseph Stiglitz, The Architecture of Economic Systems: Hierarchies and Polyarchies. *American Economic Review*, 1986, Vol. 76, No. 4: 716 - 727.

73. Stein, Jeremy, Information Production and Capital Allocation: Decentralized vs. Hierarchal Firms. NBER Working Paper 7705, 2000.

74. Strumpf, Koleman S. , Felix Oberholzer - Gee, Endogenous Policy Decentralization: Testing the Central Tenet of Economic Federalism. *Journal of Political Economy*, 2002, Vol. 110, Iss. 1: pp. 1 - 36.

75. Shapiro, Matthew D. and Joel Slemrod, Consumer Response to Tax Rebates. *American Economic Review*, 2003, 93 (1), 381 - 396.

76. Shimer, Robert and Ivan Werning, Liquidity and Insurance for the Unemployed. *American Economic Review*, 2008, 98 (5): 1922 - 1942.

77. Shimer, Robert and Ivan Werning, Reservation Wages and Unemployment Insurance. *Quarterly Journal of Economics*, 2007, 122 (3): 1145 - 1185.

78. Suryanarayana, M. H. , Beyond Implicit Subsidy and Urban Bias — the Indian Experience. *Food Policy*, 1995, 20 (4): 259 - 278.

79. Schrage, Michael, The Innovation Subsidy. *MIT Sloan Management Review*, 2004, 45 (3): 23 - 24.

80. Xie, Danyang, Piyabha Kongsamut, and Sergio Rebelo, Beyond Balanced Growth. *The Review of Economic Studies*, 2001, 68 (4): 869 - 882.

81. Tekin, Erdal, Child Care Subsidy Receipt, Employment, and Child Care Choices of Single Mothers, NBER Working Paper 10459, 2004.

82. Todd, Petra E. , and Kenneth I. Wolpin, Assessing the Impact of a School Subsidy Program in Mexico: Using a Social Experiment to Validate a Dy-

namic Behavioral Model of Child Schooling and Fertility. *American Economic Review*, 2006, 96 (5), 1384 – 1417.

83. Yang, Jun, Huanguang Qiu, Jikun Huang, Scott Rozelle, Fighting Global Food Price Rises in the Developing World: The Response of China and Its Effect on Domestic and World Markets. *Agricultural Economics*, 2008, 39, Supplement 1: 453 – 464.

84. Zhang, Xiaobo, Shenggen Fan, Linxiu Zhang and Jikun Huang, Local Governance and Public Goods Provision in Rural China. *Journal of Public Economics*, 2004, 88: 2857 – 2871.

85. Zhu, Jing, Public Investment and China's Long – term Food Security under WTO. *Food Policy*, 2004, 29 (1): 99 – 111.

86. Duarte, Margarida, and Deego Restuccia, The Role of the Structural Transformation in Aggregate Productivity, *The Quaterly Journal of Economics*, 2010, 125 (1): 129 – 173.

87. 秦富、王秀清、辛贤、何秀荣、张莉琴:《国外农业支持政策》,中国农业出版社 2003 年版。

88. 秦宏、李嘉晓、罗剑朝:《优化财政对农业投资行为的路径选择》,《开发研究》2005 年第 4 期。

89. 罗剑朝:《中国政府财政对农业投资的增长方式与监督研究》,中国农业出版社 2004 年版。

90. 钟甫宁、顾和军、纪月清:《农户收入分化与农业补贴政策的收入分配效应》,《管理世界》2008 年第 5 期。

91. 孙香玉、钟甫宁:《对农业保险补贴的福利经济学分析》,《农业经济问题》2008 年第 2 期。

92. 钟甫宁、宁满秀、邢鹂:《我国政策性种植业保险制度的可行性研究》,经济管理出版社 2007 年版。

93. 傅龙波、钟甫宁、徐志刚:《中国粮食进口的依赖性及其对粮食安全的影响》,《管理世界》2001 年第 3 期。

94. 宁满秀、邢鹂、钟甫宁:《影响农户购买农业保险决策因素的实证分析》,《农业经济问题》2005 年第 6 期。

95. 宋海英、周应恒:《美国实行直接定额补贴政策的经济学分析》,

《中国农村经济》2004 年第 3 期。

96. 黄季焜等主编：《21 世纪的中国农业与农村发展》，中国农业出版社 2006 年版。

96. 孔祥智：《粮食产业保护的国际经验及对中国借鉴》，《经济理论与经济管理》1999 年第 3 期。

97. 韩俊：《中国农村改革的基本经验、问题剖解与下一步》，《改革》2008 年第 8 期。

98. 韩俊、王宾：《完善我国农业支持和保护制度》，《国务院发展研究中心研究报告》2008 年 4 月 1 日。

99. 吴坚、黄祖辉：《试论现阶段我国粮食保护政策及其改革》，《管理世界》2000 年第 4 期。

100. 白钦先、王伟：《政策性金融可持续发展必须实现的"六大协调均衡"》，《金融研究》2004 年第 7 期。

101. 吴晓求、赵锡军、瞿强等：《市场主导与银行主导：金融体系在中国的一种比较研究》，中国人民大学出版社 2006 年版。

102. 王伟：《中国政策性金融与商业金融协调发展研究》，中国金融出版社 2006 年版。

103. 尹凤梅：《美国农业补贴政策的演变趋势分析》，《重庆工商大学学报》2007 年第 1 期。

104. 张晏、龚六堂：《分税制改革、财政分权与中国经济增长》，《经济学》（季刊）2005 年第 5 卷第 1 期。

105. 许庆、尹荣梁、章辉：《规模经济：规模报酬与农业适度规模经营》，《经济研究》2011 年第 3 期。

106. 王永钦、张晏、章元、陈钊、陆铭：《中国的大国发展道路——论分权式改革的得失》，《经济研究》2007 年第 1 期。

107. 史宇鹏、周黎安：《地区放权与经济效率：以计划单列为例》，《经济研究》2007 年第 1 期。

108. 伍丹戈：《中国农业税问题》，立信会计图书用品出版社 1952 年版。

109. 《中国农户负担史》第三卷，中国财政经济出版社。

110. 《中国农村统计年鉴》各年度。

111. 《中国财政统计年鉴》各年度。

112. 《中国统计年鉴》各年度。

113. 傅光明：《论我国农业税的起源及历史演变》，网络文章。